The Moral Life of Schools

学校的道德生活

〔美〕菲利普·W.杰克森 罗伯特·E.布斯特鲁姆 大卫·T.汉森◎著

李 艳 李潇君◎译

人民出版社

The Moral Life of Schools

Philip W.Jackson，Robert E.Boostrom，David T.Hansen

ISBN: 1-55542-577-1

ISBN: 0-7879-4066-6（平装版）

©1993 by Jossey-Bass Inc.

北京市版权局著作权合同登记号：01-2023-5653

总　序

一

问题是时代的注脚，时代是问题的集结，理论则是在思想中把握到的时代。理论对时代问题的把握与破解，折射着人类理论思维发展的高度，也推动着人类实践探索的前进和深化。马克思说："问题就是时代的口号，是它表现自己精神状态的最实际的呼声"，"一切划时代的体系的真正的内容都是由于产生这些体系的那个时期的需要而形成起来的"。

当今时代是个全球化的时代。伴随全球化的飞速发展，国与国之间的相互依存日益紧密，不同思想文化间相互激荡、彼此碰撞，中外经济文化交流不断向纵深发展。在此情况下，我们所面临的"中国问题"越发具有时代性和世界性，反过来世界经济文化发展大环境、大趋势也越来越深刻地影响着"中国进程"。中国与世界越来越成为你中有我、我中有你的"命运共同体"。正因如此，十八大以来习近平总书记从人类和谐共处、存续发展的高度先后六十多次论及"命运共同体"问题，充分展现出中国共产党人面向未来的长远眼光、博大胸襟和历史担当。

对于当代中国马克思主义理论工作者来说，我们应该深刻领会、努力学习习近平总书记直面时代问题、关切人类命运的情怀和视野，自觉从当代中国实际与全球化的时代背景出发，运用马克思主义立场、观点和方法，凝练揭示出复杂现象背后的重大时代性命题，并以理论的方式回应和破解这些命题，从而对外向世界传播"中国声音"，对内服务中国特色社会主义建设。这是当代中国马克思主义理论工作者最为根本的社会责任和最为深层的理论自觉。

思想政治教育作为马克思主义理论研究和实践传播的重要力量，也要顺应时代发展，推进自我创新。应该看到，全球化时代的到来，使思想政治教育的外部环境已经由间接点位式面向世界转变为直接全方位面向世界。更加开放的外部环境给思想政治教育提供了广阔的世界舞台，也使之面临着多元文化交融交锋交汇的严峻挑战。如何既利用好世界舞台以广泛吸收借鉴不同国家思想政治教育的经验教训，又确保我国思想政治教育建设发展的正确方向，是全球化时代思想政治教育面临的重要课题。

"文明因交流而多彩，文明因互鉴而丰富。"破解全球化时代思想政治教育问题，既要立足中国，也要面向世界，努力在中外文化的交流互鉴中打造兼具中国风格与时代特征的思想政治教育理论和实践体系，从而为建设社会主义文化强国作出新的更大贡献。为此要坚持"以我为主、学习借鉴、交流对话"。"以我为主"就是要坚持中国立场、聚焦中国问题、彰显中国价值，确保思想政治教育能够始终担负起"围绕中心、服务大局"的基本职责。"学习借鉴"就是要树立自信开放的世界眼光，按照习近平总书记关于"中国要永远做一个学习大国，不论发展到什么水平都虚心向世界各国人民学习"的要求，学习借鉴各国人民创造的优秀文明成果，特别是国外道德教育、公民教育、爱国主义教育等相关教育形式的有益经验和做法，从而了解世界、壮大自己，始终掌握中外文化交流的主动权。"对话交流"就是要以更加开放包容的姿态，积极推动中华文化走出去，加强与世界一切优秀文明成果的交流互动。总之，全球化时代的思想政治教育要在坚持社会主义意识形态立场的基础上，树立国际视野，加强对外交流，立足对中国发展的深刻把握、对时代主题的深刻理解和对马克思主义的坚守，在穿透不同文化异质中捕捉时代精神、发现价值活力，为我国思想政治教育理论研究和实践创新提供有益借鉴。这就是新时期加强比较思想政治教育的本质意涵与根源所在。

二

做好全球化时代思想政治教育工作需要加强比较思想政治教育研究，促进思想政治教育学科发展也需要加强比较思想政治教育研究。新时期思想政治教育学科发展是创新发展、科学发展与内涵发展的有机统一。其中，创新发展是动力，科学发展是原则，内涵发展是抓手，三者相互联系，共同构成新时期思想政治教育学科发展的总趋势和总要求。

"创新是引领发展的第一动力。"思想政治教育学科发展离不开对党的思想政治教育优良传统和成功经验的总结继承，也离不开结合新的时代背景与实践条件的积极创新。推动思想政治教育学科创新发展，关键在于充分调动学科内部各要素的发展潜能，通过强化学科管理、整合学科力量、优化学科体系，不断增强学科建设服务实践工作的能力和水平。与此同时，也要立足开放多元的时代背景，进一步拓宽学科视野，将学科建设放置在中外文化交流对话的历史进程和实践活动之中，不断加强比较思想政治教育，通过与国外相关教育形式的切磋比较，找准自身定位，汲取发展经验，增强思想政治教育的时代性和有效性。

科学发展的核心是全面协调可持续。然而，一门学科在建设初期由于建设任务比较繁重，往往不能平均使力，只能有所侧重，以局部突破带动整体发展。思想政治教育学科也是如此。学科初创之时我们在基础理论研究上建立了思想政治教育学原理、思想政治教育方法论、思想政治教育史与比较思想政治教育等四个主干学科领域。其中，原理、方法论、史论的建设投入力度较大、产出成果较多、发展速度较快，形成了较为完整的原理体系、方法论体系和史论体系，但比较研究相对滞后，致使其成为学科体系中较为薄弱的板块。立足全球化时代思想政治教育"面向世界、面向未来、面向现代化"的客观需要，推动学科科学发展，应该在进一步深化原理、方法和史论研究的同时，加强比较思想政治教育研究，努力形成学科建设合力，推动学科建设整体跃进、协调发展。此外，加强比较思想政治教育，也有助于增强原理研究对不同国家思想政治教育现象的解释力，提升历史研究的恢宏感，推动方法研究从局部实践经验的归纳上升为具有广泛意义的方法论指导。

经过三十多年的建设，思想政治教育学科正在从注重规模扩张的外延发展转向注重质量提升的内涵发展。破解这一问题，不仅需要研究思想政治教育的中国特色和中国经验，还要将之放在各国历史文化背景下，把握其存在发展的具体样态、历史成因和文化品格。这就需要在更为广阔的世界视野中，通过方法互动、资源汇通，透视不同国家思想政治教育现象的理论品质与实践策略的异同，从而更好地把握思想政治教育的本质和规律。

总之，顺应新时期思想政治教育学科发展趋势，促进学科建设的创新发展、科学发展与内涵发展，需要加强比较思想政治教育。

三

我国比较思想政治教育研究兴起于 20 世纪 80 年代中后期。"比较思想政治教育"名称的正式出现，是在 1988 年 6 月在广州召开的思想政治教育专业会议上。从学术研究角度第一次提出思想政治教育比较研究，并把其正式列入教材编写计划之中，是 1995 年 10 月在北京召开的开展思想政治教育比较研究会议。此次会议以课程建设为主题，讨论编写被誉为国内第一本比较思想政治教育学教材《比较思想政治教育学》（苏崇德，1995）。后来又陆续出版了多本教材，并开始设置"比较思想政治教育"方向，招收硕、博研究生。与此同时，人们用"名实之辩"解决了国外是否存在思想政治教育的问题，用"实践论"解决了不同政治制度下思想政治教育的可比性问题，使比较思想政治教育获得了广泛认可，具有了学术上的"合法性"（陈立思，2010）。

面向未来，比较思想政治教育还面临着夯实理论基础、创新研究范式、整合研究力量等任务。但一个前提性、基础性的工作就是加强学术资源的开发，特别是要拥有域外思想政治教育相关理论和实践的第一手资料。这就需要开展深入细致的文献翻译工作。然而，目前围绕国外思想政治教育（德育）理论及实践，学界虽不乏翻译力作，但成规模的译丛还不多见，还难以满足比较思想政治教育长足发展的需要。

正是从思想政治教育的时代背景和学科立场出发，我们精选国外思想政治教育相关领域较具权威性、代表性、前沿性的力作，推出了具有较高研究价值与应用价值的系列翻译作品——《思想政治教育前沿译丛》（以下简称"译丛"）。

译丛坚持"以我为主、学习借鉴、交流对话"，旨在丰富我国思想政治教育在国外译著、理论研究与实践探索等方面的学术资源，实现译著系列在学科定位、理论旨趣以及国别覆盖上的多重创新，为推动中外相关学术交流和对话提供支撑。

译丛力争选取与我国思想政治教育相关性较大、国际学术界反响较好的学术著作，既译介国外相关领域知名专家学者的扛鼎力作，也译介对这些代表人物的理论有见地、有深度的研究专著，以及对美国、日本、俄罗斯、加拿大等国相关教育形式有独特研究的代表性著作，以期为广大读者掌握国外相关领域的前沿动态提供方便。

译丛主要面向三大读者群：一是教育学、政治学、思想政治教育学等领域的理论工作者；二是教育主管部门决策者、中小学及高校一线教师、辅导员等教育工作者；三是思想政治教育、道德教育、比较教育等相关专业的本科生与研究生。

译丛在翻译过程中特别重视研判作者的价值取向和意识形态立场，努力按照国家要求和中国实际对所选书目及其内容进行甄别。但是由于作者所处国家及学术立场的限制，有些内容可能仍然并不适合于我国国情，需要读者在阅读时各取所需、为我所用，批判地吸收其中有益的成分。

杨晓慧

2015 年 5 月于东北师范大学思想政治教育研究中心

目　录

致　谢

　　本书的写作和研讨很多都是在芝加哥大学教育系"本顿课程与教学中心"进行的。很感谢中心提供的众多设施，特别感谢中心的行政助理Diane Bowers女士，在许多方面为我们服务，从管理预算到授权使用电话以及手稿排版，她总是在需要时出现，并乐意提供帮助。

　　特别感谢那些教师和行政管理人员，让我们能够进入他们的学校和班级，并表达了自己的观点。尽管有协议在先，我们不能使用他们的真名（文中出现的名字均为化名），在此，还是要感谢他们为本书得以出版作出的不可替代的贡献。尤其要将最真挚的感谢送给那些教师，起初大部分人对我们来说都是陌生人，但很快就成了朋友，我们将本书献给他们。

　　此外，还要感谢本书的编辑Lesley Iura提供的建议，以及两位匿名评审批评指正，他们的建议极大地促进了本书的完善。本书仍有许多不妥之处，我们为此承担全部责任。

引　言

读者和目标

本书主要面向三大读者群体：在职教师和学校管理人员、有志成为教师或学校管理人员的人、培养及指导目前或未来成为教职人员的人。我们尤为希望，本书可以为众多教育研究者，尤其是当前正在以自然方法研究教室或打算以自然方法研究教室的人，提供丰富的精神食粮。父母和广大公民也会有所受益，因为我们对学校和教室内所发生的事情进行的最终分析与每个人息息相关。因而，我们预料这本书主要能够吸引以上这些专业群体，也欢迎所有关心学校教育的人都能进行品读。

正如本书标题，本书讨论的是道德问题，道德问题事关学校的运行，也是当今人们热议的话题。不过，我们研究这一话题的方式同大多数其他作品使用的方式不同，我们关注的不是改善学校道德状况的具体方法。比如，我们很少涉及道德指导，而是描述我们所观察的学校中正在上演的、一幕幕关乎道德问题的场景。我们也不会去解答如何规划日常的课堂活动，以及如何让其带来积极的道德结果。事实上，我们更多忽视了结果本身，同样，我们也并不关注使用何种方法来达到某种结果。

相反，我们提供的是一种观察和思考教室的一般性方法，强调的是教室中所发生事情的道德意义。这个视角很重要，因为只有当教室的道德复杂性（即教室充分传递周围一切事物的道德含义）开始展现出来的时候，教室这个小世界和我们所处的大世界才更为有趣、更加充满活力。只有这样，我们才会意识到，把学校的功能看作是单纯教授学生在这个世界安身立命的知识和技能这种观点是多么浅薄。虽说这一功能是我们创建学校的重要原因，但学校对学生的塑造远远不止教学大纲设定的课程目标那么单一。

对于任何一个仔细观察教室的人来说，显而易见，学校不仅仅是为学生传授必备知识那么简单（不过有的学校可能连这一点也没做到）。学校影响着学生对自己和他人的认知方式；让学生感受到学习的价值，并努力求索知识，为他们一生的思维方式和行为举止奠定基础；帮助学生树立正确的观念，提升品位，让他们知道善恶美丑；一定程度上也作用于学生品格的发展，在某些情况下，甚至会成为导致学生品行败坏的因素。大体上，这些都是学校带来的影响，但绝非全部。尤为重要的是，相关教职人员没有充分意识到这一点，也没有投入更多思考。

本书提供的视角可以加强教职人员，以及间接加强其他相关人员的敏感性，让他们认识到当前被他们忽视的、发生在自己学校和教室内的各种事件以及道德影响的特点。我们的视角或许还能帮助教职人员进一步意识到他们对学生以及工作总体要求中所含有的道德意义。部分读者会因此形成新的观察和思考方式，但有些也许仍旧无动于衷。对于前者，我们则无需赘言这一视角的意义。已经采用这一视角去观察学校和教室的人会发现他们一些惯常的观点会得到确认或是再次验证。这些益处是我们在项目实施过程中所发现（或反复发现）的重要事情之一。

简要介绍下本书的形式和风格。鉴于我们的目标读者能够将本书的观点付诸实践——直接在学校和教室内，或是在培训教师时，所以我们试图以一种便于他们采纳和应用的方式来呈现我们的观点。最主要的一种方法便是在我们自身的写作中加入反思的过程，这也是整本书鼓励读者去做的。因此，在第二章和第三章中，我们列举了许多我们自己观察和思考的方法，不仅有大量的观察资料，也有我们对观察内容进行的反思。我们希望读者也可以用这些方法去思考自己教室中所发生的事情，以及我们所描述的发生在其他教室内的种种活动。

此外，出于为读者考虑，本书在书末的参考文献部分列举了一些推荐书目，以便于读者进行更深层次的阅读。起初，我们主要是依据本书中探索的主题来选择推荐书目，但后续我们又增加了一两处与本书研究主题间接相关的书目，以便于满足一些可能对此领域感兴趣的读者。我们针对每个主题都列出了几篇文章供读者进一步获取知识，还在每篇文章或同一作者所著的词条后面增加注释或是一些简短的信息，而不是单单给出题目。显然我们无意让这些要点和评论具有绝对的权威性。提供这些内容是为了回答这个问题：我将何去何从？每一组参考文献只是提供了进一步的帮助。

研究背景

本书中涉及的场景、事件以及我们表达的观点都源自一个名为"道德生活"的项目。考虑到这一研究是针对所有参与教师的言谈举止和涉及的教室的观察，此处有必要简要介绍一下这一研究的目标和设计，一些额外的细节会在全书中呈现。

参与者们称为"道德生活项目"的这一研究，目的是探究道德思考渗透进入学校和教室日常生活的方式。这项研究从 1988 年 1 月开始到 1990 年 6 月结束，为期两年半。在此期间，研究人员仅有我们三个。项目的观察取地广泛，涉及中西部地区的两所公立学校、两所私立学校以及两所郊区学校（每一类型的学校分别包括小学和高中），多达 18 间教室。项目还包含我们同相关教师的谈话和定期讨论。九所小学的教师来自不同年级，每个年级至少有一位教师代表。九所高中的教师涵盖教授英语、科学、数学、社会科、体育以及特殊教育的教师。其中，10 名为女性，8 名为男性，4 名是非裔美国人，其余皆为白人。2 位教师的教龄不足 10 年，6 位教师已有 20 年的教学经验，有的甚至更久。

项目一启动，教室观察便随之启动了，而且贯穿项目始终。在两年半

xiv

的时间里，我们对每间教室的观察次数达到几十次。一般情况下，观察会持续大半个上午或大半个下午，但有时只用一个小时左右，有的会持续一整天。除了观察教室，我们也会不定期参加每个学校的特色活动，如集会、徒步、动员会、班级聚会、家长会和运动会等。我们还会花很多时间在每所学校的大厅和操场上单纯闲逛。每次参观都是临时决定的，而且不会提前通知学校。

我们同教师的对话有时是在正式场合，有时是在非正式场合。通常我们会在参观教室前或参观刚一结束同他们进行非正式交谈。我们也会在见面会和其他社交活动中与他们随意交流。在正式场合中，我们三个人分别对每一位教师进行单独采访。每隔一周我们还举行研讨会，会后同教师共进晚餐，整个学年都是如此。这些正式和非正式的交流极大地丰富了我们对所观察事物的理解。

我们很早就决定了这个项目的名称——学校的道德生活，但那时我们还没能确切地想好项目启动后我们到底要观察什么，甚至也不清楚"道德"和"道德生活"这类词语用在描述学校内部发生之事时可能会表示的含义。因此，在招募自愿参与项目的教师时，我们向他们坦白说明了这一情况。我们告诉每一位有兴趣加入我们的教师，现在我们对"道德"的定义并没有正式的概念，还只是按照常规的理解，认为"道德"指的是人们追求的某种品行，以及个人品质如美德或坚强（有时我们还未来得及说明这一情况，许多教师就已经要求我们对此处的"道德"进行解释）。但是，我们经常会紧接着补充说，我们非常相信学校在道德教育中的作用。虽然那时我们已经说过，但我们要再重复一次，因为现在我们对此更加深信不疑——我们相信大部分学校和学校内大部分教师在许多重要方面都为学生道德发展带来了良好影响。但我们也相信（这一点我们也是从一开始就想到了），教师和学校管理人员并非总会意识到他们的行为具有道德效力。

教师和行政管理人员只是在一定程度上意识到他们对学生的道德培养会产生何种影响，这一直觉使我们相信学校和教师给学生带来的道德影响在许多方面是值得我们去研究的，也是我们最初启动"道德生活项目"的原因。它也解释了我们的另一个直觉：如果教育者们能够更多地了解他

们在这一方面已经做了什么，他们就会有能力把这件事做得更高效，至少　　
能够更加自觉。无论哪一种方式都会有助于当前教育实践的改进。

我们如何得知学校和教师在道德方面产生的影响大于他们通常所理
解的那样？这源于最普通的途径，即常识结合个人经验。我们知道，学校
从一开始就以最大化服务于学生的利益为目标采取了一系列政策。这些政
策虽未明示，但自然而然地将促进学生道德发展这一目标纳入其中。有力
的证明就是，学校将名声不端人士拒之门外；避免录取有过犯罪记录或是
看上去可能会给学生带来"不良影响"的人作教师，这些都是在道德层面
净化校园环境。

就这些努力所带来的成效而言，校园中的成年人基本上是"好人"，
他们尽自己所能为学生带来好的影响。既然这样，我们便可以推断，他们
的某些"好"显得朴实无华，或者至少不需要刻意表达，甚至对此毫无察
觉就能很明显地体现这种"好"。这一推断同样可以扩展到学校这个整体
中去。我们认为，虽然不是刻意为之，但学校的构成需要有道德这一前
提，正如建筑者和工程师在建造一间房屋、一座工厂时并没有刻意去考虑
居住者，但事实上这种考虑已经融合在建筑物之中了。一所学校的运行也
是如此。学校的管理方式与商业或公共机构的管理方式很相似，即都是无
意识地反映出了某种道德假设。

就这一点而言，我们估计有些读者会提出异议，因为到目前为止我
们谈及的都是学校行好事、为学生带来积极影响的潜质。但很显然，我们
都知道，学校和教师也可能会给学生带来不良的道德影响。毫无疑问，一
些学校和教室中的生活也确实给学生带来了某种伤害。那为何我们不去提
及这种可能性呢？这些消极影响不是我们应当关注的吗？　　

简单回答一下这个问题：我们目前不去提及这种可能性，主要是因为
它不属于我们调查的核心内容。我们过去和现在关注的主要都是理解学校
作为一种积极的道德力量应当具有的潜力。我们知道一些教师，甚至是有
些学校，在现实生活中为学生带来的消极影响要大于积极影响，所以为了
避免这种糟糕的情况（我们希望这种情况不多），我们选择仅在口碑良好

的学校和优秀的教师之间进行研究。当然，即便是在这些学校，同这些教师合作，我们也做好了发现道德层面缺点的准备，并在第二、三章中对此进行了审视。但我们并非是刻意去寻找这种现象。

我们回避了许多实证研究方法下的范例，一部分原因是"道德生活项目"的探索性本质，也是因为我们希望同参与教师建立起融洽的关系。我们不会在开头提出正式的假设，我们的工作也不依赖某种理论框架。在每个结尾部分我们也不会以结论收尾，至少不会像通常情况那样，给出一系列以统计学意义的测试当作有力支撑的观点主张。而且，我们尽量避免使用研究人员经常采用的一些术语。因而，我们不会称参与教师为"主体"，也不会将我们的观察记录称为"数据"，甚至是"报告"。相反，在整个项目的实施阶段以及在我们工作的最后总结部分，我们都尽可能地让我们的语言"不那么正式"，尽可能地贴近日常用语。

这种非正式性也延伸到我们观察教室所采取的方式以及每隔一周讨论会的方式和行为中。我们不运用观察时间表，不指望用任何方式让我们的观察更加系统或更加规律。通常我们会突然去参观某间教室，而且不会提前想好要特别去观察哪些东西。相反，我们只会特别关注当天吸引我们注意的任何事物。在与教师的隔周讨论和正式采访过程中，我们也是如此。隔周的见面会没有设定好的日程，设置访谈问题时，也不是想要得到预先设想的回答。相反，每次讨论的主题都是教师们作为一个整体共同设立的，主题每次都不同，主持人也是每次都更替。采访的地点由参与者共同决定，任何地方都可以。这种工作方式所带来的优点越来越凸显，它甚至让我们观察到了教室内更细微的事情，并成为我们开展这个项目所得到的主要收获之一。

教室和学校的道德生活

回到书名，我们有必要解释一下为何决定用项目的名字来命名这部

xviii

著作。从本书的具体内容来看，或许《教室的道德生活》要比《学校的道德生活》更适合作本书的书名，因为我们所运用的观察几乎都是在教室里采集的，我们记录中所描述的言行举止的主体也皆为教室中的教师。毋庸置疑，这本书更像是在讨论教室，而非学校，那么为何要在书名中出现学校这个词呢？

我们是为了向"学校的道德生活"项目致敬，向所有帮助我们成功完成这一项目的人士致敬。没有这个项目，没有这些人，本书就不会问世。但将学校这个词保留在书名中还有一个更深层的原因，即虽然我们观察所处的实际地点大部分都在教室，但书中所述的一切既适用于教室，也适用于整所学校。从校长室的内部装饰到学校餐厅的管理、从学校评阅试卷的大体准则到规范学生在走廊走路的规定，学校生活的每一个细节都彰显着道德意义。因此，学校这个词凸显了本书试图追求一种更广泛的应用性。

当然，教室是每所学校的核心。俗话说，有教室的地方，就有行为。这也解释了我们为何几乎将所有的观察都集中在教室内发生的事。但是班级所处的大环境，即学校，作为道德影响的源头，也是不容忽视的。学校同样也能够对身处其中的人产生强大影响。这再一次证实了为何我们邀请学校管理人员和其他相关教育人士（从校长到州教育主管）也作为教育同道，共同培养对周围环境道德意义的高度敏感性。我们发现，教室是绝佳的起点，这里人、事、物俱全，片刻时间就会有值得观察的事物映入眼帘——一小段对话、教师的一个动作、物理环境的一个特点，一切在道德意义上都闪耀着光芒。

从粗略地观察教室中所发生的事到精确地洞察一些微妙的细节，这一转变需要的主要是实践和耐心。我们会自然而然地对所观察到的内容进行不断反思。在这一过程中，如果有可以相互探讨的人，尤其是有着同样目标并愿意将自己的观察同我们分享的人出现，就会大有裨益。我们希望本书可以帮助我们建立起这样的友谊，至少是同任何一位拿起本书、开始阅读的读者。虽然这种友谊和联系在帮助个人加深理解时的作用不能代替同事和学生所起到的作用，但对于追求更深刻洞察学校生活复杂性的个人和群体而言，本书的确可以提供一个起点。这场发现之旅一旦开启，终点将无法预知。从更大的意义上讲，它永无止境。

菲利普·W.杰克森

罗伯特·E.布斯特鲁姆

大卫·T.汉森

1993 年 7 月于美国伊利诺伊州芝加哥

第一章　寻找道德：观察者指南

　　试想一下，三位研究者打算走访一所学校或一组分散在不同学校里
的教室，其明确目的是研究在那里所发生之事的道德意义。他们会从哪里
开始？会寻找些什么？这就是我们的研究在开始时面临的情况。在启动课
堂观察之前，我们明确宣称自己对一切有可能给在场者造成道德影响的事
物感兴趣，哪怕这种影响微乎其微。在场者，当然主要是学生，但也有可
能是教师和学校管理者，甚至是普通观察者。于我们而言，这听起来像是
一个相当明确的目标。这也暂时缓解了受访教师的恐惧，其中一些教师对
我们将成为课堂常客有些许不安，他们都想知道我们将在课堂上寻找些什
么。然而，尽管我们的目标直截了当、全面丰富，但是当我们到达之后，
我们却对能够发现什么一无所知；更重要的是，我们对应该如何去寻找我
们感兴趣的事物，没有任何线索。在缺乏这种指南的情况下，当我们第一
天访问十八个参与调查的教室之一，并坐在教室后面时，我们能做的就是
准备好笔记本、铅笔，睁大眼睛，竖起耳朵，期盼最好的结果。

　　在这种情况下，一开始所发生的一切与我们的预料几乎一致。我们
首先关注在内容和目的上明确属于道德范畴的活动是否存在。这些活动包
括各种类型的道德"课程"，有时作为课程的一个独立部分展示，但更常
见的是融入更大的语境中。这些道德"课程"可能是贯穿学校日常教学的
经常性活动，也可能是偶尔打断课堂教学的偶发性事件。然而，我们对周
围所发生之事的道德重要性的认知逐渐扩展到很多方面，包括事件、行
动，乃至物质环境的许多方面，它们在本质上的道德性远不如最初引起
我们注意的显性教学的努力那么明显。学校对道德问题的参与不易被发

现，有些方面我们花了几天时间才察觉，有些则需要我们花费几周甚至几个月。

事实上，我们花了很长时间才意识到，本章讨论的道德影响的诸多类别给作为观察者的我们带来许多困难，这也引发了一系列关于道德发展过程实际上如何运作的问题。例如，它必须有意识地发生吗？如果学生没有意识到学校在向他们施加教育，他们是否会在道德上受到影响？如果是（似乎是合理的假设），这是否意味着由于他们无法回想起何时发生了何事，导致他们的证言毫无价值？那么教师呢？为了达到教育效果，教师是否需要事先意识到自己所做之事可能会导致的道德结果（moral consequence）？同样，我们有理由假设，他们不会像父母、朋友等人那样，必须意识到在其朝夕相处的人身上施加的全部影响。话虽如此，我们依然想要了解这种忽视的程度，尤其是教师对此事的忽视程度。对所有的教育工作者而言，无论他们做何工作或在何处工作，若能逐渐意识到自己的行为具有的道德效力，这难道不是一件好事吗？

很明显，上述问题与那些对学校教育的道德结果感兴趣的人相关。
3 我们会在适当的时候解决每一个问题，以及一系列相关问题。但是，目前我们将暂时回避这些问题以及其他问题，以便继续兑现本章标题的承诺：这是一个观察者指南（有人将其称为"分类法"），便于观察者理解和领会发生在教室内的道德影响的类别。我们将在随后的章节中顺便回顾这里提到的各种问题。

目前，我们需要重申，我们认为一些具有道德意义的事情在我们访问的第一天或者之后不久，就在这十八个参与的教室中很明显地表现出来，而另外一些方面的事情则是慢慢显现的。我们所介绍的类别也会反映这种差异。我们将从最易引人注目的地方开始，之后再进展到花费更长时间才能认识到的事情和想法。这样的计划还使得我们遵循惯常做法，从最容易的地方开始，之后循序渐进，描述和解释一些更难的问题。

当然，正如在我们进行教室观察的那几个月里反复发现的那样，这些难易的区别都是相对的。有些事情，我们乍一想是容易的，之后我们越长时间去观察它们以及讨论它们的重要意义，这些事情就变得越来越难以理解，越来越复杂。而那些需要我们花费长时间关注的现象却逐渐变得十分明了，以至于我们会有这样的感慨：我们最开始是否本可以忽略它们的？但总而言之，随着观察次数的增加，对于我们应该描述的类别，我们的理解变得更加丰富、更加深入。

道德教学

很长一段时间以来，我们认为就单一一组类别而言，也是按照可被发现的难易程度连续地排列。但后来我们开始发现，实际上我们有两组类别，可以用多种方式加以区分。第一组的五个类别由明确的道德性活动组成，它们意图促进道德教学并鼓励道德行为；第二组的三个类别由隐含的道德性活动组成。辨认这些活动中的道德性就要求我们透过事物表象进行探究。虽然第二组类别的影响并不会立刻显现，但是我们发现它们普遍存在于教室生活的方方面面，包括直接的道德教学。因此，我们将花更多时间讨论第二组类别。然而，我们先从第一组类别开始。

第一类别：作为课程正式组成部分的道德教学

虽然我们所寻求的正式道德教学是最显而易见的，但是它作为一个经常性和容易识别的课程，在我们访问的课堂中却几乎找不到，除了两所罗马天主教学校之外。在其他两所高中里，都没有公民课程或道德课程，没有"价值澄清"研讨会，没有科尔伯格讨论小组或作为一个独立课程实体存在的其他形式的道德教学。

虽然这两所天主教学校经常教授礼拜、地理和历史知识，但其宗教教学在内容上也彰显出道德性。在讨论期间，教师鼓励学生结合自己的经验，并将其与课本的道德信息联系起来；在其他时间，教师会引导学生讨论时事，并要求他们在天主教教义的指导下做出道德选择。例如，一堂五年级的宗教课，讲授了莎莉（Sally）的故事。莎莉被父母派去杂货店买东西，她拿到的钱比实际需要的多，并试图自己留下多余的钱。老师问五年级学生："哪条教义帮助她做出决定？"（显然希望他们引用《摩西十诫》中"当孝敬父母"和"不可偷盗"的诫命）。一些课上还会布置练习簿上的练习题和书面作业。

就我们观察者所知，从教学的角度上看，这些宗教课程没有什么非同寻常之处，它们的教授方式与其他科目相同。学生似乎既没有倾注比其他课程更多的热情，也没有表现得更加虔诚。同样，与其他课程相比，这些课程的任课教师是以相同的投入程度教授学生的。

第二类别：常规课程中的道德教学

虽然这些课程是常规课程的一部分，但是几乎在所有的教室里，我们都遇到了具有道德性的课程。这些课程通常涉及真实人物或传说人物（如："挑战者"号宇航员、马丁·路德·金博士、安娜·卡列尼娜、电影《夏洛特的网》中的夏洛特），或者涉及一些社会非正义问题（例如，希腊奴隶制、欧洲殖民者导致的美国印第安人流离失所、当今社会中的流浪汉问题）。这种研讨会特别频繁地出现在三所高中的英语和社会科课程中以及小学的相应课程中。

在这些研讨会中，老师经常要求学生结合个人经历提出自己的观点；也经常要求他们将自己置于正在讨论的角色或角色类型之中，设身处地想象他们在类似情况下会有何感受、做何反应。这种讨论经常很难达成共识，有时产生尖锐的分歧。时常，研讨会变得十分活跃，导致负责的老师很难维持秩序。

虽然不同类型的道德判断在这些课程中很突出，但是很少有老师在试图讲授道德课程本身。他们通常将重点放在试图理解社会现象或虚构人物上，而不是试图在学生中灌输一种特定的道德习惯或态度。当然，他们所讨论的人或行为会受到钦佩还是鄙视，这一点会很明确。因此从这种意义上讲，这些人或行为就会作为道德模范或反例在全班学生面前树立起来。但他们行为的"道德性"对于教室里的学生而言更是一种暗示，而非明示。简而言之，虽然这些课程的设计明显是使学生注意到一些道德问题，例如英雄主义行为和社会非正义问题，但是它们通常缺乏如两所天主教学校中宗教课程那样的强硬规定性。

例如，乔丹先生是一所私立学校的老师，为了纪念马丁·路德·金的诞辰，他给二年级学生播放了布克·T. 华盛顿饰演的电视剧，剧中布克饰演一名童奴。他选择布克·T. 华盛顿而非马丁·路德·金的原因是，他认为金不是孩子们容易欣赏的人物。他解释道："金只是一个成年人而已"，"七岁的孩子确实对他所做的事情不感兴趣。他发表演说，同时是一个牧师，这两件事情对于七岁的孩子来说都是无聊之事。"老师解释说，布克·T. 华盛顿的影视作品至少会将孩子们带入马丁·路德·金一生为之奋斗和演讲的种族歧视问题中去。并且，由于影视材料聚焦的幼年布克·T. 华盛顿与乔丹班级里的学生年龄相仿，他们将会接触到一个自己很容易认同的人物。

第三类别：仪式和典礼

在我们访问的所有学校和教室中，我们遇到了带有道德属性的仪式和典礼。有一些是学校范围内的事务，如赛前动员会、毕业典礼和有特定主题的集会（例如，演讲嘉宾发表关于禁止滥用毒品的演讲）。其他的仪式和典礼（包括开幕式）则在个别教室里举行，例如，主祷文或效忠誓词、学生的生日派对、为纪念最近去世的市长举行悼念仪式等。虽然这些活动在教学日发生，但是通常不是常规教学活动的一部分，从正式的意义上讲仍是课外活动。

这些活动试图引发的情绪或态度，包括自豪、忠诚、鼓舞人心、敬畏、虔诚、悲伤、审慎、感恩和奉献的感受，使我们认为这些活动在本质

7

上具有道德属性。这些活动还呼吁学生将自己与事业、社会使命，以及社会和政治实体联系起来，这些活动的目标和宗旨不在学生个人兴趣和日常关切的框架之内。活动中的许多仪式（例如，全体学生在学校礼堂或在教室里集合时保持站立）、音乐伴奏（随同音乐总监、歌手、啦啦队等）和特别来宾（如校长、家长团体、受邀演讲者或警察）的出席都赋予这些场合一种特质，并增添了诱发情绪的效果。

  我们访问的公立小学每月举行的全校大会就是这类活动中的一个例子。每月由不同的年级负责为大会提供方案。二月份的方案题为"和平—友情—伟大"，由学校五年级班级和特殊教育班级联合举办。按照惯例，他们负责讲述故事，表演短剧以及展示其他与本月主题相关的内容。有一个班级提出的主题是"伟人"：孩子们刻画（以及背诵的作品来自）乔治·华盛顿（George Washington）、索杰纳·特鲁斯（Sojourner Truth）、弗雷德里克·道格拉斯（Frederick Douglass）、哈丽特·塔布曼（Harriet Tubman）、亚伯拉罕·林肯（Abraham Lincoln）、苏珊·B.安索尼（Susan B. Anthony）、拉尔夫·本奇（Ralph Bunche）和玛丽·白求恩（Mary Bethune）。另一个班级表演了一个名为"热爱我们的地球"的默剧。在舞台中心的大型纸质地球前，两个男孩在进行一场不断升级的搏斗。首先他们戴着拳击手套彼此以拳出击，然后假装向彼此射击，开始投掷大纸团，最后，他们向彼此所在的方向移动，手中拿着火箭，在舞台中央的地球处相会。这时，舞台突然暗了下来，他们突然倒地。这样的安排给观众理解这部哑剧传递的信息及整个大会的主题留下想象的空间。这种仪式象征意义的丰富性（我们在所有的学校里都有所见证）几乎毋庸多言。

第四类别：道德内容的视觉呈现

  在每间教室里、每所学校的墙壁上，我们都看到了各种标语、图片和海报。它们中的许多内容是劝诫观众在某一问题上以道德上允许的方式行事，例如，禁止毒品或婚前性行为；或者鼓励他们对即将来临的挑战保持或采取积极的态度，如取得优异成绩或保证出勤。一所高中的教室布告栏上写道："嘿！毕业生！我们期待 1988 年 5 月！但是对于不太幸运的人来说，结局会不会不同？"在某些情况下，这种信息鞭策了学生对自己的定位，例如"在这里坚持自我"或"对所做之事引以为豪"；在另一些情况下，主张采取更加全球化的视角，例如，"地球上的和平"或"加入人类的家园"。

通常，这些材料上展示的信息言简意赅、直入主题。但是，那些内容上刻意传达鼓舞人心的、具有道德规劝意义的诗歌和文章并不罕见。这些作品大部分来自著名人物的语录，但有时候这种展示完全是由学生设计和创作的。例如，一间教室里设有一个醒目的公告牌，中央以粗体字写着"1989 年的价值观"。四周张贴着学生写的各种话题的文章，如友谊、爱情、诚实和努力。在另一间教室里，一个标题为"美无处不在"的公告板里张贴着大量关于大自然的彩色照片，总共有十几张，每张都有一本杂志封面的大小。

其中一些展示定期更换，有的则保留整个学年，有时甚至不止一年。9 一般来说，小学教室中的海报和标语更换得比高中频繁。此外，前者比后者更加丰富多彩、更具装饰效果。对于任何访问过这两类学校的人来说，这种差异并不会令人吃惊。关于这一点，我们稍后会有更多的讨论。一些标语和装饰是由教师或学生手工制作的，抑或是由他们共同制成的，也有一些是花钱制作的。有些海报包含知名的卡通人物，为在校学生提供道德建议，这种情况很常见。例如，史努比说，"去上学吧，不要成为傻瓜！"也有一些带有体育明星的照片，橄榄球明星沃尔特·佩顿（Walter Payton），他正在阅读一本书，并说，"阅读是我生命中重要的一部分"。

我们自己也开始谈论这些标语和口号，形成一种"车尾贴式的道德"，其简洁的措辞和吸引眼球的设计，似乎是供路人快速消费的，而不是旨在进行反思和讨论。当然，并不是所有的展示都是这样的，我们承认，仍有足够的进步空间让这些标语看起来更恰当。展览给人们的印象更多的是为了展示和即时识别而设计的，而不是经过深思熟虑的，因为我们很少看到老师和整个班级讨论展览的内容。当然，可能也有很多这样的讨论发生，我们却恰巧错过了。然而，就我们访问的频率而言，这种情况不太可能出现。

第五类别：道德评论的自发介入

有时，在每间教室中，教师都会介绍与当前课程或正在进行的活动几乎毫无关系的道德主题，引发这种介绍是因为出现性质恶劣而不容忽视的违反道德的行为，例如，偷盗行为，或粗鲁行为或操场上违反体育精神的行为。在这些戏剧性的、令人情绪不安的状况下，当时不论在进行什么，老师通常都会停下来，然后与整个班级进行讨论，同时表达自己的惊愕、沮丧、失望和遗憾之情。从众多例子中挑选一个，一位七年级教师在一节课上描述了这样一件事情，一个学生因为被学校勒令停课而向同学的物品泄愤。老师花了相当一部分时间提问学生为什么这样的行为是错误和危险的，以及他们应该如何共同努力以防止此类事件再次发生。这位教师显然对此事感到困扰，她的学生似乎也同样不安。

并不是所有引发这种谈话的事件都像此事一样出人意料，实际上，绝大多数都不是，更多的都是一些相当普通的事件。然而，一个带有道德色彩的事件，将导致老师暂时离开正题，以提供道德性的评论。例如，在一节社会科的讨论中，老师回应了一个学生对某个问题的"机敏"回答，老师说："罗伯特，你是在为我们的讨论作贡献，还是只是想炫耀？"在我们的访问期间，像这样的短暂中断和离题不计其数，几乎没有一间教室例外。

迄今为止，我们用来说明这一类别的例子可能会造成一种印象，即教师会摆脱教学计划的限制，进行道德评论，仅仅是为了回应类似的不当行为。但是事实并非如此。有时，教师的离题话是由学生的模范行为引发的，他们的意图是赞美而不是谴责，例如，"同学们请注意，大家都看到玛莎和莎拉是如何认真地为今晚的访客准备展览了吗？做得好！"这样的事情不胜枚举。事实上，一些教师在习惯性地一边评述一边插入赞美和鼓励的话语，并未干扰教学流程，这些言语似乎是课程本身的一部分，例如，"萨曼莎，好问题！这真的值得注意！现在我们看，如果由 X 限制的区域是圆周的三倍……" 11

这些正面的例子引发了一个关于例子本身的问题。它们言简意赅，无处不在，引发了我们的思考：老师的一切赞美或责怪，无论是多么短暂的沟通或看似多么微不足道，是否都应该被视为一种在本类别范围内探讨的道德评论？我们认为，这是由于判断一个人的行为最终是否是道德的行为，是基于"什么应该做"这个意义上说的。这些判断暗示着一种进行比较之后得出的善恶标准。教师通过明确的言行来传达那些比较的判断，毫不含糊地判断学生所做之事有无价值。他们经常这样公开评判，这通常会使被评判者感到不安，或者感到自豪和喜悦。此外，教师通常在评判中增添一种明确的指示，表明他们对此事的个人感受。例如，面对整个班级的同学，老师可能会说："维吉尔，你真令我失望，我以为你告诉我你会更努力地……"在我们看来，所有这样的谈话都是道德评论的一种形式。

道德实践

道德影响的第二组类别在视角上发生了变化。关注的焦点从直接道德教学转移到课堂实践和教师的个人品质上，有时是无意识地体现了一种道德观念或立场。虽然第一组类别涉及的现象可以被那些在学校和课堂上寻求道德事件的人相对较快地辨认出，但是接下来的三个类别远不如前五个那么明显，并且可能需要观察者付出很多努力才能发现，至少于我们而言是这样。据我们判断，在这两组类别中，第二组类别对学生可能造成的道德影响更加重要。正如古话所说：它们帮助我们了解道德是如何"被吸引，而不是被教授"。这些类别还揭示了这种道德传播的媒介可能不仅包 12

括教师，还包括教室环境本身。

第六类别：教室规章制度

每间教室构成一个小社会，嵌入在复杂的社会实体网络中，其部分共享的重叠的法律体系、习俗体系和传统体系，有时相互促进，有时相互矛盾。在许多教室中，尤其是在低年级的教室里，那些对教室中成员的行为和福祉至关重要的规章制度，都在学年初或之后不久明确地告知给学生，有的甚至张贴出来给所有人看。这些小型管理系统的功能有点像法律条文，通常包括各种各样该做的和不该做的行为准则，其内容从抽象（"相互友善"）到具体（"在消防演习中禁止说话"）。在一些教室中，这些规则每年都保持不变，无论是否给出了解释或理由，它们都是由教师简单地宣读给每位新生。在其他教室中，这些规则每年秋天都会重新制定，学生为此组织多次讨论，并亲自参与其中。一些规则适用于不同班级和年级（"在讨论中请举手示意"）；另一些规则则具有特殊性，只适用于某个班级或年级（"未经许可禁止喂食沙鼠"）。

从那些在教室里寻找道德影响来源的人的立场上看，在教室里发现的规章制度乍一看明显是观察和反思的主题，因为它们是我们迄今为止提到的最接近构成一种明确的道德准则的事物，是一种教室里所有学生都应该遵守的道德准则。尽管在教室中还有许多方式惹上麻烦，但是没有任何一种方式比去侵犯班级内限定的权责边界更加"严重"。大多数学生很快就会发现，遵守规则的人被称为好学生；而对于那些违反规则的人，教师会很愤怒，另外他们还将承担被贴上"捣蛋鬼"标签的风险，同样也会面临老师和同学们给予的差评。

通过我们的观察一再发现，对班级成员来说，遵守这些规则是一件严肃的事情，即使许多这样的规则对于教室以外的人来说有时有些随意甚至奇怪（就如有左侧驾驶习惯的英国人看待美国人那样）。例如，在我们访问过的一间小学教室里，老师给学生分配了一项任务——给想象中的下一届班级成员写一封建议信。几乎毫无例外，他们的信里都包含了一份新人必须遵守的规则清单，这是他们能想到的最好也是最迫切的建议。

然而，当规则用言语表达时，它们听起来简单直接（"保持注意力集中""禁止打架""发言请举手示意"），但是，当我们尝试了解这些规则的实施时，情况就变得相当复杂。在一定程度上是由于这类规则多数在执行过程中首先看起来就不是一致的。有时老师会忽视学生注意力不集中的情况，有时则不会；有时打架会招致迅速而严厉的惩罚，也有时候，仅仅带来了喝止的命令和皱眉的表情。那些喊出答案却不举手的学生，并不总是因此受到指责，有时他们甚至会得到表扬。然而，逐渐清晰的是，许多明显的不一致实际上并不是规则被忽略；相反，它们反映出除了观察者外，在场的几乎每一个人都能精准地把握规则的精髓。换言之，上述规则其实是一般性的规则，但也有许多例外。

这些细小的但具有场域意义的规则体系令人困惑的另一个方面就是同样的规则，如"集中注意力"或"发言请举手示意"，在不同的教室里是如何奏效的，不仅在其应用和执行的细节上，而且在其对教室的道德氛围的营造上。在我们观察的一间教室里，"集中注意力"的实际意思是："一直按照老师的要求行事。"在另一间教室里，我们逐渐意识到，它的意思是："尊重同学，以便让自己成为班级团体中的优秀成员。"简而言之，我们发现，规则通常是更广泛的道德原则的浅层表现，反映了教师对自己在教室中的角色的看法。这些细微差别虽然对我们来说是显而易见的，但是对外行人来说只有经过多次观察和反思才能发现。 ₁₄

第七类别：课程子结构的道德性

对大多数人，甚至可能对于许多经验丰富的教育工作者来说，课程仅仅是某一科目的讲授，它包括应该教授给学生的知识，或者反过来说，学生渴望学习的知识。然而，课程的内容，教材中包含的实际材料或考试中包含的内容，并不是全部。除了（以上）包含的内容外，每门课程的结构也是多种多样的。

在最基本的层面上，结构决定了课程内容如何组织和呈现给学生。组织的原则是多样的，并且对于不同的科目或年级会有显著的差异。在某一个科目中，学习材料按时间排列；在另一科目中，按叙事排列；在又一科目中，按主题排列，当然还有其他的排列方式。这种结构的可见性对参与教学和学习的人来说也随着科目和年级的不同而不同。有时不仅需要引导学生看到结构的存在，还需要学生将其作为知识吸收进去。换言之，结构成为了课程的一部分。例如，在历史课上经常如此，年表（时间顺序）通常是组织的原则。学生不仅必须学习史实，而且必须能够将其放在一个时间框架内，这个时间框架大致接近于课堂上所展示的顺序。在数学和其他以技能习得为目的的课程中，根据难易程度对材料进行排序是最突出的特征，不需要发布任何正式的公告让每个人都知道这些课程的教学进度。先易后难，这是再明显不过的。

15　　　　但在其他的情况下，课程结构元素决定教材的讲授顺序，然而，它们在教学过程中得到的关注却很少。因此，对于在场者，包括许多课堂上的任课教师本人，课程结构元素也几乎很难察觉。这种情况尤其发生在教师严重依赖教科书和教学用书的地方，还发生在课程材料按主题排序的学校科目中，正如在社会科课程中。在这一科目中，为什么A主题出现在B主题之前？"因为它在文本中就是这样出现的，"这是一个很容易直接从教师那里得到的答案。当然，像社会科这样的课程，以及其他按主题排序的课程，一点儿也不缺乏结构；只是，对将要学习的内容进行排序，排序的原则显然不是由学习材料本身所展现的性质来决定的。相反，顺序安排是教科书的作者或教学材料设计者的想法，他们可能会不辞劳苦地向使用教科书或材料的人进行解释，但也可能不会这样做。

在访问教室期间，我们慢慢开始意识到情况比刚刚描述的要复杂得多。除了一些组织原则，如我们命名的那些原则之外，我们还发现了其他起作用的因素，这些因素在大多数情况下也是看不见的，但仍然在幕后发挥作用，似乎对理解全局至关重要。在我们看来，这些因素中有许多也应该被认为是结构性的，即使它们与课程本身的形式或内容没有任何关系。我们认为它们是结构性的原因是：它们似乎对正在开展的活动有所助力，像气垫、地基或是基岩那样推动事情的发展。事实上，它们似乎经常深深地存在于课程本身所做和所探讨之事的表面下，所以我们最终放弃了结构这个术语，而选择了子结构一词。

但是，任何一个术语对于现在而言都是有用的，只要它设法传达了一个基本概念，即在课程系统内的每一个科目中，都有维持和促进每个教 16 学环节的一些情形（conditions）。重申一下，这些情形都有一个奇怪的特征，就是它们在大部分时间里几乎不可见，除非它们在一开始就不存在或出了什么问题，否则教师或学生很难清楚地意识到它们的存在。事实上，我们会冒昧地认为，许多教师和学生在一开始就从来没有意识到这些情形的存在，它们却深深地蕴含在许多教室的日常运行中。这些情形另一个引人注目的特点就是它们具有道德色彩。我们在这里描述的每种情形都处在义务和责任构建的复杂网络之中，网络中的线条纵横交错，形成一种认识事物的道德基础——缺少这种基础就会使教学毫不可能。

到目前为止，在试图理解这些使教学成为可能的情形方面，我们找到的最有帮助的方法是：将这些情形视作一种由共识、信念、假想和假设构成的精美组合，组合中的所有元素都能促使教学情境中的参与者彼此友好互动、团结协作，从而让他们身心得到释放，更专注于手中的任务。某些元素是学校特有的，甚至是一些科目和课堂特有的，而其他元素适用于更广的范围。事实上，许多元素看起来近乎具有普遍性，在许多社会环境中都能发挥作用。然而，即使如此，这些广泛的共识和信念在教室中的运行方式也不同于其他地方。之所以出现这种情况，是因为社会理解的所有形态都不可避免地、常以一种重要的方式受到它们所运行的环境制约或限定，这就是我们在具体情境中研究它们的原因。

为了说明这些子结构元素的实质和运行，我们选择从大众普遍期待的"说真话"开始，就像课堂上的"说真话"一样。我们的选择几乎是随机的，其他的例子也可以作为选择，我们讨论完这个之后再讨论那些。

17　　　全世界的教师在给学生授课时都应该说真话，并且学生在课堂上说话时也应该这样。此外，这种对"诚实"的期望不仅是一种道德义务，其本身也是一种荣誉，尽管这可能是教师和父母通常教授给年轻人的。教师和学生都讲真话对于教学来说是至关重要的。为了理解这种期望的决定性作用，想象一下，一名老师了解历史事实，却歪曲史实，或对学生提出的科学或数学等任何其他学科的问题故意给出错误答案，这会产生什么样的教育后果呢？这种做法当然会导致他（她）立即遭到解雇。此外，一个行为如此不端的老师，如果不是全然的邪恶，那么毫无疑问也会被所有人视为道德堕落。

　　　学生故意捏造回答老师问题的答案会怎么样？他们很可能会被视为病态或有罪之人。教师不能允许这种行为发生，因为学生的虚假行为会不可避免地破坏教育的过程。如果教师不能辨别学生知道什么和不知道什么，那么他（她）就不能规划接下来的课程或评估过去上课的效果。只有当每个参与者都在讲真话或者说接近事实的话时，教学才能顺利、恰当地进行下去。

　　　然而，大多数时候，教师和学生都只能假设"诚实"的情形存在，那么一方如何才能知道另一方总是诚实的？显然，他们永远无法确定。此外，试图找出一方或另一方在某个特定时刻是否在说谎的过程在很多层面上都代价高昂。首先，消耗大量时间；其次，扰乱教学过程；最后，也许是最重要的，如果处理不当，就会对双方的人际关系造成不可挽回的损失。基于上述原因，教师和学生，如同大多数其他社会情境下的参与者一样，通常要努力创建和维护一个相互信任的框架，在这个框架内可以开展

18　日常工作，从而尽量减少这种信任被质疑的情况。这种关于"诚实"的假设是整个默契组合中的一个子结构元素，这些元素结合起来，使教学得以顺利进行。

　　　正如我们所了解的那样，在大多数社会情境中，真实性假设在一定程度上起作用。在其中一些情境中，比如当医生询问病人了解病史时，这种真实性假设决定了整个沟通过程。在其他情境中，例如，当人们砍价

时，或者当他们玩某些游戏时——这种真实性假设只能决定部分说话内容。一国的外交官不能假定一个敌对国家的外交官所声称的一切都是真实的；二手车的买家也不能假定经销商所声称的关于汽车的一切都是真实的。但外交官确实可以假设他们的对手声称代表自己国家的立场是真的，而买家也确实会认为经销商声称代表代理方是真的。同样，扑克玩家如果认为对方玩家所说的关于手中的纸牌的一切都是真实的，那么他就是对这个游戏存在误解。但是如果要玩游戏，玩家就必须假定所有人都遵守游戏规则。

当教学正在进行时，真实性假设就呈现出一个特殊的特征，它不仅区别于其他的社会情境，而且与学校和教室范围内发生的其他情况也不同。在教学情境中，真实性假设主要围绕着最易识别的"知"与"不知"的问题而展开。我们相信教学是可能的，这里面包含一个假设：教学中有可以被教授的事实，"知"和"不知"是有差异的。我们期望每一个人在上述情景中都非常诚实地对待他们所知道的或不知道的，或者更宽泛地说，他们所理解的或不理解的。我们可以把这种义务看作是对学术诚实的要求，不是一般概念上的诚实。然而，上述要求通常是我们对高级学者和知识分子的期望，然而，当开展教学时，我们所假定的教室中存在的那种学术诚实则是纷繁多样的（a far humbler variety）。那么在实践中，真实情况又会怎样呢？至少从教师的角度来看，可以假设学生们诚实回答关于自己知识水平的问题，他们诚实回答自己对课程的掌握程度，并且相信他们自己说的话。从学生的角度来看，等效的假设是：老师知道他们自己在说什么，不试图不懂装懂。

当然，在每一间教室中都发生了无数次真实性假设站不住脚的情况，或因为发生的事被证明是错误的，或者有充分的理由怀疑它是错的。在某些情况下，是教师自己渐渐地破坏了师生之间对于所讲内容真实性的信任。然而，至少在我们访问的教室里，往往是学生破坏了这种假设。

学生破坏真实性假设的最常见做法是他们假装自己掌握了知识。最典型的情形是，当学生进行书面考试（paper-and-pencil test）时，作弊或涉嫌作弊。事实上，在教室中，作弊这个术语几乎专门用于指代这种特殊

19

形式的"不诚实"。在许多教室中,考试对真实性假设造成的压力值得深入探讨。在这里,我们先谈一下考试作弊的一些常见形式。

在考试作弊的诸多方面中,细心的课堂观察者迟早会发现,没有什么比不同学科间作弊的方式不同更加令人关注。这主要是因为考试的实施形式随科目的不同而存在显著差异,主导教学的模式也是如此。这些差异充分说明了课程和道德问题之间相互作用的方式。例如,在数学和拼写两科中,小考和测试比其他科目更常见,而测试题的答案通常很短,可以快速和远距离看到,或者很容易在整个教室里传递,这是一种诱惑学生作弊的原因。因此,在这两科中作弊和涉嫌作弊发生的频率要明显高于那些"长答案题目"居多的科目,诸如英语或社会科。因此,数学老师和拼写老师在监考时,往往比其他科目的老师或他们监考其他科目时更加警惕(从而传达了一丝不信任)。我们观察到一位数学老师总是给学生调座,打消他们作弊的念头。他以一种特别正式的说话方式来执行这种(座位)重新安排,喊出学生的姓氏——"帕特森先生,罗宾逊先生……"同时指出学生应该调换到哪儿。他的这种正式感为考试增添了严肃的气氛,可以进一步警示学生不要作弊。

除了这些科目的差异之外,在不同的课堂上花费大量时间的观察者也会发现,一些教师很明显就是比其他教师更容易起疑心,因此在进行测试时更加警惕。在一些教室里,像"答自己的题"和"看自己的试卷"这种命令出现的频率明显高于其他地方。我们访问过的一位低年级教师,她有一种习惯,就是用幽默来掩饰她的怀疑,尽管这样却依然显露无遗。当她监考拼写或数学的测试时,她转动着眼睛说:"我觉得在这间教室里有人的眼睛一直在乱看"或"我的天啊,今天早上有些人的眼睛这么好用啊!"这些行为除了揭示教师关注作弊发生的可能性之外,还充分体现了对工作的总体定位。我们稍后将进一步谈论这些普遍特征。正如我们先前指出的那样,这些例子有助于证实:"作弊"这个通常在教室里使用的词语,更倾向于指代在考试或类似考试的环境下发生的不诚实行为。此外,在教学过程中,还有许多其他形式的不诚实的情况发生。例如,当老师问整个班级："有多少人做了作业？"或者，正如我们在数学课上所听到的，"有多少人和理查德的答案一样？"每个举手的学生未必都是在讲真话，接下来的事有时可以验证。然而，在继续上课之前，老师注视着那些举手和没有举手的学生，并且说出一些含糊的话语，像："好"或"就这些？"这些迹象象征着教师假设每个学生都在讲真话。

但是，正如我们在观察过程中经常发现的那样，情况可能比这更复杂。例如，和我们一起工作的一位高中英语教师经常在课堂上进行小考，以确保学生在做指定的阅读。然而他说他并不喜欢对他们进行测试，因为在每次考试前他都要求学生将座位移得远一些，所以他特别担心这会给他们释放出一些信号。为了解决新座位安排的问题，他会说："不是我不相信你们，而是社会不相信你们，所以你们只能习惯。"他似乎不明白的是，其实测试的做法本身就是一种不信任的象征，这与他对作弊的担心完全不同。他担心学生们相互抄袭，但又不承认自己会担心，同时他不相信学生已经完成阅读任务的保证（所以需要一个测试来检查）。因此，他的做法两次对真实性假设提出了质疑。

假设学生对他们所知道的和不知道的事情在讲真话，那么推论出的结果就是：他们也在讲自己真实的想法和感受。这种随着假设而得出的推论在英语和社会科这样的科目中特别重要，因为在英语和社会科中，人们的注意力往往集中在信念和观点的形成上，就像集中在知识的习得本身上一样。因此，当教师提出强调个人信念或观点的问题时，例如"有多少人相信阿基里斯（Achilles）[1] 像英雄一样行事？"或"你认为这首诗怎么样？"或者"如果你处于霍尔顿·考尔菲德（Holden Caulfield）[2] 的困境

---

[1] 阿基里斯（Achilles），希腊勇士，是海洋女神忒提斯与国王佩琉斯的儿子，出生后其母握其脚踵倒提着在冥河水中浸过，因此除未浸过的脚踵之外，浑身刀枪不入。——译者注

[2] 霍尔顿·考尔菲德（Holden Caulfield），《麦田里的守望者》的主人公，一个不学无术、满口脏话的孩子，在第四次被学校开除后因怕父母责怪，带着自己不小的一笔钱前往纽约挥霍、厮混了两天两夜。最后打算收拾行李离家出走，去一个没人打扰的地方，最终在妹妹的恳求挽留下而留下来了。——译者注

21

中，你会有什么感觉?"他们对被告知之事的真实性的信任与他们问"谁知道某某?"这类问题没有什么不同。

22　　在讨论课程的另一个子结构元素之前，我们不得不对教师频繁进行的一种掩饰行为简单加以评论，尽管我们在访问教室的过程中并没有看到很多类似现象。我们说的这种现象是教师在课堂教学中假装感兴趣和热情的做法，大概是为了引起学生的相似回应。有这种行为的教师显然违反了真实性假设的条件，似乎是在引火上身，因为这种假设对于课程本身的顺利进行至关重要。然而，这种违反真实性的行为或其他形式的不诚实行为是否会对另一方造成干扰，完全取决于对方是否察觉到这种行为。换言之，关键问题是：当老师以热情涌动或其他的方式表达的感情不是自己的感情时，学生是否察觉到老师是在伪装。

我们注意到一件事：当我们感觉老师不像他（她）所表现的那样惊讶或兴奋时，学生们似乎常常没有注意到这种欺骗。相反，他们似乎完全被老师的"噢"和"啊"欺骗了，而我们观察者却认为老师是在夸大其词，尤其在较低的年级更是如此，低年级教师这种行为往往比在高年级或高中更普遍。

这些观察带来的一个问题是：当成年人与儿童互动时，这种形式的掩饰是否是自然且几乎不可避免的？换言之，一个成年人在与七八岁的孩子交谈时，有没有可能一点也不伪造他（她）的正常反应？如果没有，我们是否应该继续把这种行为看成是说谎的一种形式？这就好比当别人用常规的"早上好，你好吗?"和一个人打招呼时，他会自然地产生一种愉悦感。我们不知道有多少成年人以这种方式回答儿童的问题。但我们注意到，我们观察到的一些教师似乎比其他教师在与学生互动中更加积极和富有童

23　心。前者几乎总是让我们觉得比后者更虚伪。我们可能也注意到，这种回应方式不仅限于低年级的教师，高中教师也会不时地涌出热情，或以其他方式做出回应，这有理由使观察他们的成年人开始怀疑他们是否真诚。也许正是这种行为的盛行导致一些人声称每一位教师都是蹩脚演员。

然而，即使这是真的，我们仍然会发现，一些教师明显比其他教师

更倾向于这样做。我们不知道为什么如此，但是一种可能性，是将其与课程问题联系在一起，即某些科目相比其他科目会为教师提供更多的机会去装腔作势。例如，数学可能需要教师表现得比英语或社会科的教师更严肃。此外，在某些科目中，教师似乎不合适表演。例如，一所天主教学校的一位教师经常对学生发出夸张的威胁，例如警告吵闹的学生："你还想升入四年级吗？"或"我准备好用胶布粘你的嘴了"。但我们从来没有听到她在祈祷时这样说话。另一种对于涌现热情和夸张反应的解释是将这些现象与教学问题联系在一起，即某些教学形式（如讲座）比其他教学形式给教师装腔作势的机会多。例如，当组织小组讨论的时候，老师们可能不会像站在全班同学面前那样，更倾向于戏剧化的表现。也可能有些教师喜欢戏剧化的表现，只是因为他们有这方面的天赋。科目、教学模式和戏剧天赋都是影响课堂表演的因素。

当我们在思考这种行为对真实性假设的影响时，我们不禁提出这样一个问题：低调的宣讲是否比华丽的表演更加真诚？为什么人们会认为热情涌动的情绪比目光坚毅的冷静更做作或更不真实呢？所有的教学实例，无论多么枯燥乏味，都涉及表演的元素，我们将会在探讨教学表达时回归这一问题。就目前而言，我们会得出这样的结论：真实性假设不需要因那些给观察者留下欺骗印象的行为而遭到否定。

我们现在讨论第二个子结构元素，对此我们不打算像第一个那样做过多的陈述。这是一种公认的假设，即教学材料是有其重要性的，所从事的活动是有价值的。我们将这种双重期望称为价值性假设（assumption of worthwhileness）。就像真实性假设一样，它也是教学进行的必要条件之一。相反，价值性假设的缺失实际上会导致教学故障和各种困难的发生；如果老师或学生完全不相信他们所做的事情是值得的，那么很难想象教学或学习如何发生，至少是无法有效地进行下去。事实上，很难想象有哪一方想在这样的情况下留在教室里。

为什么在教学过程中，我们必须假设教室里发生的事情是值得的呢？为什么不能将这些条件足够明晰地呈现给相关人员而不必做任何假设呢？

例如在一些所谓的习得基本技能的课程中，教学内容的有用性和重要性确实对每个人都是显而易见的。讨论阅读或算术作为课程的价值，听起来很奇怪，但是很少有人会怀疑小学生学习阅读或理解算术基本法则是有价值的。我们可能认为，就连孩子自己也不可能怀有这样的疑虑。然而，许多科目的价值却不那么明显。对许多学生而言，历史和几何便是如此。教师可以解释这些科目的益处，许多教师显然会这样做。但是如果没有任何解释，那么就必须假定该科目是有价值的。然而，课程中某些科目的正当性只是价值性假设起作用的一个方面。因为即使人们想当然认为一个科目是有价值的，但不能因此就断定以该科目的名义开展的活动同样具有价值。学生可能认识到英语的价值，却没有看到阅读《哈姆雷特》或写学期论文的价值。

想象一下，例如，二年级学生问他那苦恼的老师为什么自己需要完成一个数学练习册。这个男孩质疑的不是数学的价值，而是这个具体活动的价值。在回答这个问题时，老师说："去做吧！"这个回答可能听起来毫无帮助，但它可能反映了对课堂生活需求的一种务实的反应，也反映了一种对价值性假设重要性的认识。对每个学生而言，如果开展活动都必须要有充分而正当的理由，那么就没有时间开展任何活动。老师要求这个男孩相信这个作业是有价值的。老师的要求是否奏效不取决于这个男孩完成了练习册（他可以做，虽然他认为这是在浪费时间），而取决于他重新获得的价值性假设，一种其他孩子似乎（通过他们的工作）都接受的价值性假设。这个二年级学生的问题说明了价值性假设的脆弱性。人们对"有价值的东西"往往信以为真，为了认识到这一点，人们往往会对某项活动是否真正有价值提出质疑。一旦有人问了这个问题，就很可能一直得不到令人满意的答案。

这个假设与道德问题有什么关系？为什么要在这样一本书中谈及？我们之所以这样做，是因为我们有一种默契。我们有一个更深层次的假设，即学校和教室是一个能让学生接受帮助、成为更博学和有技能的人的地方，这种假设使价值性假设具有道德性。把学校和教室设计成涉及学生切身福祉的场所，这意味着，为此事负责的人关心他们所服务人群的福祉，只要求他们做一些预期会对他们有益的事情。如果没有这个根本性的假设，学校就会像监狱一样，这种情况会使学生们觉得这些负责人对学校的良好发展缺乏信心。因此，价值性假设是对学校道德性特征的一种默认。

我们如何在行动中观察价值性假设？我们应该寻找些什么？我们发现的最好的指标之一，虽然非常粗略，但是我们必须补充的是，这项指标是指学生和老师对学习工作的重视程度，尤其是当手头的工作艰巨或枯燥时。这个指标之所以不太精准，是因为学生在课堂上集中注意力的原因有很多，而不是假设要求他们所做之事在根本上是值得的。他们集中注意力是因为该工作在本质上是有趣的，或者因为他们的老师在注视着他们，或者他们试图给教室后面的观察者留下深刻的印象。将这些注意力与受价值性假设驱动的注意力区分开是不容易的。事实上，往往不可能区分开。然而，如果我们认真仔细并定期观察，有时可以发现区别。若有老师站岗监视，学生会表现出强制性集中，往往会伴随着狡黠的目光和表现出自我意识的许多动作——眯眼、故意皱眉、偶尔挠挠头，以表示注意力高度集中。从本质上讲，当某人对某一事物感兴趣时，他（她）的注意力会产生一种完全不同的肢体语言，全身心投入通常很容易识别。这些姿势是不自觉的，常常看起来是不舒服的，甚至是怪诞的；抓头发、啃指甲、咬铅笔。我们在这里所说的是一种守本分的注意力集中，更多是介于两者之间。这种注意力既不是高度的集中，同时也不是像那种抓头发的学生，为了试图给教师或观察者留下深刻印象而表现出的弄虚作假。这是一种有事儿做的人表现出来的姿势，这些人可能不完全理解他（她）工作背后的理由依据，但会想当然地认为布置工作的人是睿智的。

学生向老师提出的关于"为什么要做某事"的问题，直接证明了价值性假设被搁置，至少当时是这样。无聊和注意力不集中的迹象构成了下一类最好的指标。然而，重申一下，没有一种万无一失的方法能知道为什么学生在手头的工作上走神儿，或为什么坐在后排的孩子大部分时间都盯

26

27

着窗外。直接向这样的学生询问他（她）注意力不集中的原因，得出的答案可能在某些情况下是有意义的。但即使在某些情况下这种方式是可能的或者可取的，对我们来说，它也几乎从未提供任何信息。我们很难指望学生靠这些话来证实他或她不能接受价值性假设。相反，我们更有可能得到的答案是，他们觉得工作或活动只不过是无聊或乏味。

最后一种可能性引发了一个有趣的问题，是关于我们一直在讨论的这两个假设的心理现实性（或哲学家所说的本体状况）。实质上，问题是这样的：我们可不可以说大多数时候教师和学生都会主动假设每个人在教学过程中都是诚实的，并且他们所从事的工作根本上是有价值的？或者我们只是认为他们的行为与这些假设是一致的？到目前为止，我们一直在说，好像这些假设或类似假设的东西在上课时被参与者有意识地接纳了。然而，事实上，如果问一问，学生可能不会使用这些词语来描述自己，这表明这样的假设要么只对一些类似无意识层面的事物起作用，要么就是它们只适合可观察到的事实，而不必参考任何其他东西。正如我们前面所提到的，我们的直觉是，许多教师和学生并没有意识到这些假设对他们日常课堂生活的重要性。

从道德的角度来看，这些假设之所以重要，是因为在相当长的一段时间内，在几年甚至几十年的时间里，在这样的条件下生活和行动将有可能对参与者的道德构成产生持久的影响。这意味着我们一直在谈论的假设实际上的确是以有意识或无意识的方式让在场人铭记于心，而不是简单地描述事物的样子。像这样的问题能回答吗？这是一个实证问题吗？也许有人会收集一些证据，可以一劳永逸地解决这个问题？

28　　我们认为，我们提出的核心问题和附属问题都是针对当前学校在学生道德培养中所扮演角色的担忧。我们将在第四章继续讨论这些问题，就目前而言，我们只需要注意的是：我们现在所考虑的道德影响的形式远远超出了我们在讨论道德教育时关注到的形式。

在讨论学校教育的第八个道德维度，也是最后一个类别之前，我们还需要提到另一组属于课程子结构类别的假设。这些假设都聚焦社会正义问题，包括假设教师会公平地提问并进行合理的考试；当到了发言时间，学生就会轮流作答，发言者将有足够的时间来组织自己的想法，其他人会倾听他们发言的内容；在评分和评价方面，每个人都将面临同样的评判标准。许多这样的假设可能被归为公平竞争的一般标准，这可能使它们看起来很普通。但是，和我们讨论过的其他子结构元素一样，它们是特殊的，因为它们在教学环境中是独一无二的。

为什么在课堂上公正的实践是理所当然的？仅举几条线索佐证：学生们举着手耐心等待发言机会；愿意分享他们的观点、感受和想法；同时他们心甘情愿接受论文、考试和成绩单上的成绩，因为这真实反映了他们的学习成果。但同样，当不公正行为发生时，关于正义的假设最容易被观察者注意到。公开抱怨教师不公正，向老师告发那些背后不守规矩的同学，对所谓的偏袒主义感到愤慨——所有这些行为都有助于让观察者明白：一种潜在的假设即公正的实践会经常占上风。

在寻找道德性事物的教室观察者可能会发现，除了这里所讨论的假设之外，毫无疑问还有一些其他的假设和期望。我们试图去做的就是介绍这一类别，并用一些相当明显的例子去佐证。我们要铭记于心的关键点是：有一组潜在的、无形的有利条件，这些条件在本质上与道德有关，并有助于教学顺利开展。

第八类别：教室内的道德表达

我们认为，在寻找教室内的道德性事物时，介绍最后一个类别最简单的方法是研究教师们的表情，以及表情所传达的道德信息。同时，我们也预料到了使用这一方法会随之而来的一个问题。我们担心，使用面部表情这种为人熟知、容易理解的概念来开始研究会使我们不自觉地去使用一些词条（如，"表达"和"有表达力的"等）的狭义用法。这样做的话，我们后续就很难像我们本应该坚持做的那样，去扩展它们的使用范围。不过，到了真正决定的时刻，使用熟悉概念所带来的吸引力还是战胜了其潜在的风险。因而，我们决定采取这种容易的方式，等到必要时再去考虑如何扩展普遍用法的范围。

首先是一些老生常谈。无可争议，面部尤其是眼部，是人体最具表达力的部分。当人们想知道如何回应他人时，总会聚焦他们的目光。圣·杰罗姆（Saint Jerome）曾写道："脸是折射心灵的镜子，而眼睛不会说话，却告解着内心的秘密。"① 的确是这样，我们都必须承认。正如另一句古老的谚语所说的那样——如果眼神能杀人，那么杀人率肯定要高出天际了。

就面部反映内心所想这一方面，教师当然是无异于他人的。正如每一位教室观察者很快了解到的那样，通常来说，教师脸上的表情是理解当时情况的关键。学生们也知道这一点，所以他们才会经常看着教师，即使他或她并没有向他们投来目光。他们盯着教师想了解教师是如何"待"物的；想明确他们嘲笑另一位同学自作聪明的言论是否合适；或是他们自身的聪明才智是否已经得到了教师的欣赏。他们很快掌握了如何"待"教师。他们学会了区分不同的表情——教师是严肃认真的，抑或是他或她只是在开玩笑。比如说，在我们观察的一所小学的教室里，当孩子专心于教育者们口中的"课堂作业"时，教师突然一脸怒火，在教室一角的书桌旁吼道："所有人都安静！要不然我就割掉你们的舌头！"学生们都立刻抬起了头，眼睛望向教师。后来，孩子们察觉到了她抑制的笑容，教室里便又充满了咯咯的笑声。

就活动本身的日常性来说，一堂课中教师面部表情的变化要比我们想象的多。而且，教师和学生面部表情变化非常迅速，尤其是教师，以至于几乎无法完全记录下来。当然，就这方面而言，也并非只有教师如此。比如说脱口秀中的表演就常依赖于快速的表情转换。但是，在道德视角下，教师的面部表情之所以引人关注，是因为他们传达了对当前情况——好或坏——的评价。友好、烦躁、幽默、严厉、质疑、愤怒、遗憾、气馁、反对、高兴、敬佩、疑惑、怀疑等表情——凡此种种，不胜枚举——

---

① John Bartlett，Familiar Quotations，15ᵗʰ ed.，Boston：Literature，Brown，1980，p. 128.

这些表情都是一名教师日常教学期间组织课堂活动时所展现的所有表情技能中的一部分。所有表情都传达着聚焦于整个班级以及个人言行的某种道德观念。

通常，这些表情还会伴随着手势和肢体动作，这样他们的含义就更加明晰了。一位教师双臂交叉在胸前，脚尖不耐烦地点地，等待教室安静下来。这个做法要比单单站在那沉着脸更具表达力，也更为坚定和明显。大部分学生都能迅速领悟教师的肢体语言，就像他们能够顺畅地解读他们的面部表情一样。

归根结底，我们目前所说的所有关于"道德表达"（expressive morality）的内容可以简单概括为我们观察到的教师教学时所展现的频繁微笑与皱眉，我们可以将其看作是对教师所进行活动的一种道德评价。这个概括目前来看很准确，但未来不得而知。尽管观察仅限于教师的面部表情和与之相伴的姿态，但并未捕捉到大多数课堂中体现出的"道德表达"的复杂性。我们希望能追溯这种复杂性的来源。正如前文提到的，我们的目标从最初仅关注过度狭隘的"表达"概念转移到讨论更具广泛性和包容性的概念上来。

教师的面部表情并非总是像我们先前列举的几个表情那样容易解读。当教师突然停止讲话，走到教室的一边，靠在书架上，一脸严肃地看着孩子们，我们应该怎样解读他这严肃的表情呢？他是和孩子们生气了，还是在逗他们？当一个学生刚回答完问题，教师就扭过了头，她直接忽略这一回答，还是在思考答案是否正确？当一位科学课教师在等待一位有疑惑的学生组织语言进行提问时，对于他茫然的表情，我们如何解读？他是在展现自己的耐心，还是用其呆滞的神色来掩饰焦躁的内心？有时辨别这样的事情很容易，但是并非总是如此。而且，正如这些例子所示，要决定教师的某一表情是何含义并不仅仅事关破译表情本身，另一个常有的问题是，这些表情是否值得我们相信？

教师的意图真的是其面部表情或身体姿态所展现出来的那样吗？这个问题并不陌生。它提醒我们，有时表情是具有欺骗性的。如果我们进

31

一步剖析这个事实，我们就会发现像人的面部表情这样具有表现力的客体（object），其运作方式并不像我们透过窗户观察另一个世界那样，虽然有时我们普遍认为表情和玻璃原理相同，但表情不是透明的，我们无法透视。表情要更为直接，也更具表面性，其含义体现在客体的表面上。我们虽看在眼里，但是当别人要求我们描述该物体的物理特征时，我们却不能描述出我们所观察到的特征。我们从一位教师的脸上看出愤怒的表情，也同样会看到我们所描述的耐心、惊奇或其他的心理状态，但并非来自其内心深处。正是通过对耐心和专注等表情的分析，才让我们学会了辨认其他面部表情。

怎样看待"表达"与"表达"如何被感知，以及如何既适用于物体又适用于人类，对认识和理解这两件事情具有重要意义，这将随着我们研究的展开而逐渐明晰。当前我们仅仅需要意识到，我们感知到的含义不必与外部媒介想表达的情况一致。如果改述一下几十年前马歇尔·麦克卢汉（Marshall McLuhan）的著名标语，我们可以说，媒介包含信息。再回到面部表情上，媒介并不需要如实报告一个人对某件事有什么感受或是一个人的某种意图有什么结果。当然，这就意味着人们可以像说谎话（教师自然也不例外）那样，用表情和肢体动作来作假，而且人们也的确这样做了。这还意味着一个人的表情和动作所传达的甚至要超出其本意，而且自己还浑然不知。"你真应该看看你脸上的表情"，我们时常会对一位对自己表情全然不知的朋友这样说。教师也经常会不经意地流露出内心所想。

我们在这总结两点。一个是教室观察员们能够成功获取到许多教师面部表情的本意，另一个是表情并非总是值得相信，甚至做表情的人自己也未必会相信。单是这一事实就使解读教室内"表达"的本质变得棘手。另一个导致此复杂性的原因——也是一个主要原因——便是面部表情只是一种最为明显的表达方式。我们已经注意到手势和肢体动作能够深化面部表情，或与之相矛盾。但表达的界限并非止于此，实际上表达是没有界限的。只要愿意去观察，那么教师与学生们所说和所做的每一件事、进行的每一项活动，教室中的每一样物体，甚至于整个环境，都是具有表现力的。挑战在于要知道何时观察、如何观察。

为了寻找"表达性含义"，观察者会撒下一张巨大的网，作为例证，可以想一想学生和身为局外人的观察者们对教师逐渐培养起来的强烈信任感（或不信任感）。如果信任是存在的，那这必定是一种与道德相关的品质，仅适用于教师。毕竟，身为对年轻人有着深远影响的人，我们还能要求他有什么比值得信任更伟大的品德呢？

这种信任感从何而来？是什么使一名教师或相关人士看起来值得信任或不值得信任呢？举个例子，我们观察到一名二年级学生先是让教室观察者检查他的拼写，随后自己又查了字典，最后为了确认，去向教师请教。他对教师所流露出的这种信任我们该作何解释？或者，再举一个发生在同一间教室的例子，有一群学生决定询问教师"地狱"是否是个"不好的词"（他们都一致表示自己不想去问父母这个问题），这件事我们又该如何看待？是因为这名教师展现了良好的词语使用能力以及对词汇选择的敏锐性，使他成为一个让人放心去请教的人吗？还是因为他看起来值得信任？

当然，仅需几步，老师便可以建立起这样一种值得信赖的声誉。我们都知道，一次出人意料的不诚实肯定会让一个人终生都成为反面教材，而且自此会一直被打上贼或骗子的标签。但在我们看来，导致此种结果的原因并非如此。我们一般相信或怀疑某个人不是因为他们所做的某件事，而是他们给我们留下的感觉，这才是我们看待他人的方式。我们甚至会毫无理由地去相信或怀疑他人，就算有理由也绝非是合理的理由。我们会说"我不知道，但是就是有些感觉让我不想去相信他"，或"她的眼神鬼鬼祟祟的"，或"他的举止大方迷人"，抑或是"和她在一起时，我就是觉着舒服、放松。"

如我们所知，这种判断并非不会出错，有时错误还很严重。而且，这些错误有时会促使现阶段的判断成为现实，或至少让判断出来的某一特点凸显。这种情况发生时，判断就自然成了自我实现的预言。据说欧文·戈夫曼（Erving Goffman）曾经说过："一个患妄想症的人，别人都觉

34

得他疑神疑鬼。"当然，他说的没错，但是他这句话忽略了一点——正是其他人的多疑才使得这个有妄想症的人胡思乱想。

然而，排除规则之外的所有特例，我们对他人的判断通常是对的，即使当我们无法确定自己的判断来源时，也是如此。我们猜想，这种正确的判断是具有表达力的，它会通过一个人的言行表达出来，就像微笑散发出一种友好的气氛，而眼泪表达的是一种悲伤的情绪。爱默生曾明确地提出过这一说法："别人根据我们的表现认定我们是什么样的人。品格不受我们的控制，将我们透露给他人。人们认为只有通过外部行为才能传达他们的善与恶，殊不知善与恶本身每时每刻都在散发着气息。"① 品格的展现总是像蒸汽一样，即使是最轻微的一个举动也能体现出一个人的品格。这意味着，我们对于品格的判断，如"值得信任"，并不是依赖于任何单一事件或某一明显的事例才得出的，这也解释了为何我们有时很难确定判断的来源。我们的这种发现不是一蹴而就的（尽管偶尔也会这样），而是经过很长一段时间才意识到的。一位教师所说和所做的一切，包括她站在那里什么都不做，都会默默地揭示着许多信息，这些信息将使观察者对她的信任度加强或减弱。当然，前提是观察者——学生或是局外人——主动搜寻这样的内涵。

35　　之前我们提到，一种物体的表达力（如人的面部）是存在于其表面之外的。现在我们要改进一下或者说在某种程度上修改一下这一观察到的结论。为了准确，我们现在不妨说我们所看到的和经历过的表达的含义存在于一个事物的表面"里"，而不是表面"上"。基于此，我们认为，一个物体、一个人，甚至是整个情境所表达的信息是不能与其自身分割开来的，虽然讨论的时候，我们可以分开讨论它们属于某一物体、某一人或是某一情境。这不像是从信封上撕下一张邮票或是剥掉香蕉皮那样从物体表面完好无损地取下来一张标签，而是像一条编织毯的图案那样，与观察到的毯

---

① Ralph Waldo Emerson，"Self-Reliance," *Essays & Lectures*，New York：Library of America，1983，p.166.

子融为一体。它属于这一物体或情境，正如笑容属于表达它的脸庞一样。在《爱丽丝梦游仙境》中那只消失的柴郡猫，它咧着嘴的笑容仍挂在半空中，这幽默地提醒着我们，现实中这样的分割是不可能的。

这种嵌入性对于教室观察者来说意味着若脱离事物本身，我们将永远无法真正体会或理解我们所见事物的表达性意义。每当我们向他人描述时，其中的一部分含义注定会被遗漏。因此，作为教师行为的观察者，我们能说的只有我们希望教师在进行工作时能尽量真实地展现。但若想充分理解这一判断的依据，必须要亲临现场，和我们并排坐在教室后面，甚至这样也还不够，因为即使与我们一直坐在一起，也未必会与我们观察到的完全一致。为什么会不一致呢？因为表达性含义通常很微妙，而且人们对它的接受能力不同，就像是每个人对艺术的欣赏力不同一样。再比如，对孩子的言行细微之处观察能力不同。而且，即使是最为敏锐的观察者，在开始描述其所见所闻时，也一定会遗漏掉一些信息。试图向他人描述一名学生或教室情境的教师一定会对此深有体会。

难道这意味着表达的含义是纯粹主观的，从根本上无法分享吗？在第二章开篇，我们将进一步讨论这个问题，在此我们先简单地说，答案是否定的。相反，对事物表达力的高度敏感性明显是可以培养的，这已被艺术鉴赏课的流行所证明。从大范围来讲，学习任何一种艺术鉴赏都是如此：即对某种艺术媒介，如文学、戏剧、绘画或舞蹈等的表达意蕴变得越来越敏感。 36

现在清楚明了的是，确定教师用道德性的语言对学生传达的信息，要比尝试弄清他或她在某一特定时间的动作和面部表情传达的信息更为艰难。教师的行为方式不同，要想识别形态各异的行为，则需进行长时间的反复观察。比如说，校长日复一日地站在教学楼前，监督学生们早上上学、下午放学。想想看，这意味着什么呢？这种行为传达着一个怎样的信息？对行为本身而言也许没有什么。若只见过一次这种行为，也几乎没什么意义——也许只是因为当时其他人没空，而现场又必须有人履行职责。但是，作为整体行为的一部分，只有通过密切而持久的观察，才能为我们所理解。这样一来，校长习惯性地在清晨迎接学生，一天结束后目送他们离开便开始呈现出完全不同的含义。我们开始从其象征意义来解读，也就是从表达力上来解读。从这个角度看，现在它则反映了校长对其工作的恪守。

或者想象一下，一名高中教师每节课站在教室门口，指挥着快要迟到的学生们进入教室，铃声一响，他立刻关上了门，然后快步走到教室中间，让同学们准备好迎接新一天的课程。教师的行为本身是很常规的，意义也相当清晰。他们传达出一个事实：这节课已经开始了，课堂应该准备就绪。但是教师们执行的方式，尤其是日复一日地重复，会传达出更多的信息。教师突然的动作传达出教室里即将发生的事情的重要性，这种重要性和其他更多的信息是很有表达力的。学生们会说这位教师很重视他现在所做的事，这个人不想浪费一分一秒。教师并非有意让他的行为表达出这层含义，但是这些行为本身始终表达着这样的含义。

最后这个例子提醒我们，随着时间的流逝，教师在教室内的举动具有某种一致性。这种一致性可以帮助我们相当准确地预言他或她会对经常发生的情形（如课堂秩序混乱或学生无法清楚表达自己的需求等）做出何种回应。这种行为、反应、姿态等的一致性，我们习惯称为风格。风格是指教师处理工作需求时的典型方式。什么使得教师的风格在道德视角下尤为引人注目？即教师风格蕴含的具有道德属性特质的展现方式。事实上，我们发现，许多相似的特质都浓缩在面部表情里。一名教师的风格可以保守，可以高冷，也可以热情亲密；可以表达友善，也可以表达出严苛；可以是思绪紊乱的，也可以是条理清晰的。教师的风格不等同于其自身的性格，虽然这两个概念的关系十分密切。与性格不同，风格更具因事而异的特征。教师在一天结束时，不必带着这种风格回家，虽然有些教师的确这样做了。但其他人貌似都会收起他们的风格，将其留在身后，就像他们将工作服挂在教师衣柜里那样。一跨出门，他们便成了另外一个人，开始了他们的校外生活。

在后续章节，我们将提供一些此种风格特质的详细剖析，并会讨论它们的道德关联性。而现在我们只需指出风格——正如本章所描述的其他词条一样——是一种表达性特征。我们用以修饰这些词条的形容词（如缄默的和善于表达的）仅传达了一小部分的复杂性，即通过反复观察，正如我们看到的，我们发现了教师引导讨论、讲课、监督课堂作业，甚至是日常在教室门口和讲台这段狭小空间踱步的独特方式。

目前，关于学校教育的表达性维度，我们仅仅将观察集中在教师层面。这样做很合理，因为教师很显然是大部分教室中的关注焦点。但是，我们前面提过，教室中的一切，包括教室内部各种各样的物品，若从某一角度观察，都蕴含着表达性含义，现在我们进行详细阐述。

当然，不同教室的明显区别之一便是它们摆设的多少。一些教室陈列相对简单，因为要留地方摆放桌椅；另一些教室则相对拥挤。一些拥挤的教室在墙上和桌子上展示着许多物品，除了学生的桌面就没有剩余的空间了。这种教室可能还有活物展览——可能是植物、一两个动物育养箱、一对小动物如沙鼠或兔子，有时还会有一瓶捕到的昆虫或是未成熟的蚕茧。我们观察的一间教室还在天花板上挂了一排小东西——学生制作的电话模型、纸面具、玻璃装饰品等。相反，在非常空荡的教室内，墙上几乎是空的，只有必备的黑板，或是一个贴通知用的公告牌。这种教室中的摆设通常只有学生的书桌和教师的讲桌，讲桌与其他人的书桌分开摆放。也许教室前面还会有一个小讲台，教师在讲课时会站在上面滔滔不绝。

教室的陈列随着学生年龄和年级高低而不同。总体来说，小学教室内的物品更多，因此要比高中或大学的教室显得拥挤。当然，也有一些明显的反例，比如——科学实验室，哪的实验室都会放置一大堆物品——但是这只是特殊例子。小学教室视觉上就是比高年级的教室更加"热闹"。

对于那些对教室内道德影响感兴趣的观察者而言，问题大致如下：这些陈列上的差异表达了什么？不管如何陈列，其道德方面的意义是什么？这两个问题的回答肯定会因教室的不同而不同，也许不同的观察者也会给出不同的答案，因为并非每一个人都对这方面同样敏感，而且每个人阐释的方法也不尽相同。有时拥挤给人一种无人管理的印象，就像是一个有待整理的衣橱。而其他时候，它则像是一间古董店，所有物品摆放的位置都是精心安排的，它们的主人总是走来走去为它们除尘。至少表面上看来，道德方面的区别非常直接：房间被忽视了，还是被人悉心照料。

缺乏装饰的教室与装饰较多的教室相比，它们在用心的程度上的区别并非特别明显。从房屋管理的角度看，前者看上去或多或少都是被人忽视了，至少比起后者，它的确是这样。但是即使在这些"斯巴达式"(Spartan)① 的教室中，我们也能发现一个地方给人表达性的"感觉"并不相同。其中一些看上去空荡荡的，让人感到寒冷和反感，就像是医院走廊或是一个废弃的仓库。而另一些则散发出一种营房般的温暖肃穆，但不会拒人以千里之外。对于此种区别的根源我们难以确定。在某一间教室里，可能是教师桌下的一堆尘土，或是破旧的百叶窗；在另一间教室中，可能是贴着一张褪了色的海报或是一块从未有人拾起的粉笔头，这些都给人留下被忽视的印象。

从教室内表达风格的差异中，我们可以得出怎样的结论？教室看上去被人忽视就意味着主管教师通常不在乎吗？当然不是。但遗憾的是，反之也不一定成立。一个看上去备受照料的环境并不一定就意味着教师关心教学，虽然这两种用心的形式是紧密联系的。然而，过多地关注陈列品和装饰品，这倒引起了我们的怀疑。这种教室中陈列品的特性让我们想起了家居杂志中房屋内部装饰的照片，那些屋子很漂亮，但是并不适宜居住。我们越深入观察这类教室，我们越想知道教师是否像关心教室外表那样热切地关心着教学。这也就是说，任何简单地将教室装饰程度与教学投入程度画上等号都是不对的。

然而，若教室引人注目的外表和教师总体上的工作态度没有一对一的关联性，那么教室看上去的样子好坏，或它给参观者留下的印象如何又有什么差别呢？第一个问题的回答是，教室的外表与管理它的人之间总是

---

① 来源于词语斯巴达，古希腊斯巴达人崇尚质朴简单的生活清苦和严格的军事化管理，此处形容教室陈列简单、质朴。——译者注

有一些关联的，尽管这个关联未必很明显，甚至会与我们所猜想的关系完全相反。因此，当我们遇到一个非常整洁或是异常杂乱的教室时，至少我们可以有理由猜想，这间教室的环境也许透露出主管教师的性格。我们一看就对这样的教室产生疑问。

一间教室的外表除了可以透露主管教师的信息外，还透露着房间自身的信息，而且常常带有一丝道德意味。一些教室明亮欢快，另一些则阴暗压抑。在某种程度上，谁使其如此并不重要，因为这只是它们外在的表现形式。教师与学生们别无选择，只能让自己花大量时间去适应这种环境。当然，有很多种方式，最为常见的便是当环境无趣又不宜人时，他们会将其"关闭"，将注意力转移到别处。在许多教室中，这种情况都如实上演。而且，我们可以有理有据地说应当如此。毕竟，教室是人们应该专注于工作的地方，而不是关注整体环境。不过，如果我们进一步观察这些本应只关心自身学业的学生们，我们会很快发现，这种专注并不会让学生们完全不关心他们的周围环境。即使是班上最用功的学生，他们也会时不时抬头。在专注书本的同时，他们的眼睛也会扫视整个教室——从地板到天花板。眼睛间歇地离开手里的任务也许并不能囊括教室中所有陈设物品的特征，但是不难想象，它们的确记录到了一些信息。

在一个无趣、不适的环境还是开心、宜人的环境中每天待上几个小时，连续数月甚至数年是什么体验？认为道德上的得失也源自此种经历是否合理？我们会在第四章回答这一问题。现在，我们只需要将上述内容作为讨论的中心，即每间教室，就像每个人或每个情境一样，是独一无二的。更重要的是，其独特性的一部分能够通过在场者偶尔流露出的情绪或感受有效地表达出来。这一感受通常无法追溯其来源，至少在刚开始时是这样。某种程度上，它属于整个空间，就像是气候或大气弥漫在地球上的某一地区一样。若想明确在某一教室中产生的情感，观察者可以抓住其显著特征，比如斑驳的画或是五彩缤纷的公告板，并用这一部分来推断整体。但是孤立的一个或者多个特点不能因此作为一间教室氛围的解释。

41

我们所说的将教室环境看作整体这一原则甚至适用于教室内最小的物件，比如靠在黑板上的满是灰尘的黑板擦；挂在教室遥远一角的，已泛黄的乔治·华盛顿画像；或是曾经一名学生钉在公告板上的一张感谢卡。若观察者愿意解读，这些小物件也具有表达力。对于一些人来说，磨损的黑板擦可能代表着所写话语存在的短暂性，而对另一些人而言，它可能象征着这间教室里年复一年的繁重工作。褪色的华盛顿画像可能引起一种怀旧之情，也可能是用作提醒人们过去的某种教育已经逝去，在那个年代学校的孩子们能够背诵出历代总统的名字，甚至对自己的这种能力感到非常自豪；那张感谢卡可以代表许多事情，并非仅代表着教室内所提倡的给予和收获。

什么时候适合对教室内的物品以表达性的术语进行细节的解读呢？这个问题要求我们回看一下我们所讨论过的八大观察类别，因为我们不仅需要知道何时去寻找教室物品的表达性意义，还要知道何时使用以及怎样使用目前已经明了的所有类别。开始这样做之前，让我们先按照前面阐述的顺序列出这些类别。

第一组包括：

1. 作为课程正式组成部分的道德教学

2. 常规课程中的道德教学

3. 仪式和典礼

4. 道德内容的视觉呈现

5. 道德评论的自发介入

第二组包括：

6. 教室规章制度

7. 课程子结构的道德性

8. 教室内的道德表达

观察者指南的使用

介绍八大类别的"使用"也许并不是阐述我们想表达的内容的最佳方式。一般来说，使用指的是为了实现将来的某种目标，让某一物品工作运行，就像是一个人使用工具去修理一件坏了的物品一样。但是使用观察者指南，即我们上述所说的两组类别，与使用普通的工具有所不同。它的主要功能是帮助人们"观察"事物，改变他们对世界的传统观念。人们常说，教学是一项道德事务。但是我们对这种分类法最期待的是它能有效地唤醒读者们对道德意义多种表达法的注意，即在教室中的全部所见所闻都在展现道德意义。我们希望它能让人们知道这类事物无处不在，让人们像观察者们那样警觉，否则很多东西就会白白溜走。

这些类别也应该发挥第二种功能。如果说这一大纲的主要功能是让人们注意道德在影响教学事务时具有广泛性，那么与第一个功能同样重要的第二个功能便是要揭示这一影响的微妙之处。这种微妙之处反映在我们设计的两组类别之中。第一组是关注容易识别的道德影响，第二组是关注不易识别的道德影响。但是观察的难易仅仅是在这一观察框架下工作的一个原则。此外，第一组与第二组类别的不同之处在于，作为观察的单个条目，它们的周密性和独立性不同。简单说一下这些差异或许有助于使它们清晰明了。

教师和学校管理人员们所做的一些事情都是有意而为的，目的是培养学生良好的道德情操。比如，当教师粘贴一些标语去鼓励学生们学会慷慨或是用积极的态度对待个人目标和抱负时，他们大多是希望这些举动能让学生成为更好的人。同样，他们举办动员会或是在课堂上花时间讨论一些过去发生的事情的道德意义，这些举动的目的毫无疑问也是相同的，所有这些有意为之的行为都是想留下某种道德印记。当然，并非教师与管理人员所有的活动都能如其所愿产生这种结果，有时留下的道德印记也许会

43

与其本意有所差别。

然而，这一讨论更为深远的意义是基于一个完全相反的事实：从道德角度看，许多影响深远的事物并非来源于故意做出来的道德行为。我们的发现还不仅如此，我们认为学校教育中无意识的行为，如教师与管理者未提前计划的行为，具有更深远的道德意义，相比于那些有意或精心设计的行为，其影响更为持久。就我们的分类法而言，这意味着我们在第二组类别中放置了比第一组类别更多的有长期道德影响力的事物。目前相当清楚的是，我们这样做的一个主要原因是无意识的影响几乎贯穿活动的始终，而有意识的影响却更具有偶然性和独立性。组织教室的规则、支撑课程的一些假设以及教师的风格和性格几乎始终存在。它们也许很少成为关注的焦点，却一直在活动中得以体现。

我们在这一章中用了大篇幅介绍后三个类别，并不仅仅是因为我们认为"规则""子结构"以及"表达力"具有长久的道德效力，而是因为我们发现其广泛性改变了我们对前面提出的几种类别的看法。当我们最终写到第八类时，我们对道德生活观察的视角已经非常开阔——这一视角重组了其他类别中被考查的一些条目。正因为这一原因，表达力将成为贯穿本书的主要关注点。

观察者指南不是将教室中有待搜寻的一系列显著的道德影响以一个死板的方式罗列出来。相反，我们提供的是一些关于去哪里寻找这些影响的建议，同时，还提供了一种视角，一种看待事物的方式，这种方式绝非是仅仅将目光集中在道德教育的某一显性项目上。在现今的学校中，这些事关道德教育的项目引起了人们激烈的讨论。我们绝非小瞧这类项目，教室观察者也不应该忽视它们。反之，在我们的工作中，这类项目是我们首先注意到的事物之一，我们希望与我们工作目标相同的人也能够快速地发现它们。然而，我们极力主张调查不应止步于此。一些人已经超越了观察容易被发现的事物的阶段，他们也许会感到本章中所列出的类别是一个实用的指南。

第二章　学校环境中道德的复杂性：

基于四组观察

在第一章中，我们提供了两组类别，其内容包括理解一所学校及其教师的道德功能所需要寻找的事物。同时，我们还提供了一系列的建议，关于如何去寻找这些事物。"如何寻找"这部分并不包含具体的观察技巧，而是仅强调了以一种象征或表达性视角去观察教室内活动的重要性。我们认为，只有这样，一个人才能开始意识到某些特征的潜在影响，如教师的品格与性情，或是教室整体氛围对在场者道德养成的影响。

然而，想完全掌握教室内发生之事的道德微妙性并非只是转换观察方式这么简单。我们必须对观察到的事物进行反思，在观察完毕后的相当长一段时间内继续用心灵的双眼去反复审视，根据我们对事物的记忆以及对任何可能包含道德意义的事物的记忆的反思。本章我们将阐述对表达力的反思过程。

开放作业

事实证明，反思过程相当复杂。它涉及的不单单是对所观察事物的思考，还包括说和写，通常二者兼有。虽然思考、说、写一般不会一连串地进行，但它们也不会同步进行、同时出现。相反，它们会偶有交错，有 时持续几个小时，有时则长达几日或几周之久，甚至更长。这一过程的长短取决于我们观察的事物、观察的目的以及观察的时间限度。

我们可以将这一过程分为两个阶段：描述阶段和反思阶段。描述阶段发生在我们坐在教室里时——如果观察者碰巧是主管教师，那可能意味着他可以从管理教室的事务中暂时脱身——这一阶段主要是记录下来打动你，以及你认为有意义的事物，此时不必过多担心事物潜在的道德意义。你可以在当天或者日后对这些笔记进行补充，添加上那些你当时遗漏，但后来仍有印象的细节。这一过程结束后才进入反思阶段。

这两个阶段——对我们的所见进行描述及过后对其进行反思——都包含着"解读"这个过程。有些读者可能会对这一说法感到困惑。有这种感觉的人可能认为教室中所进行的活动都是事实，根本无需解读。他们坚持认为反思是事后才加上去的，是观察者主观地添加到事实上去的。对于秉承此种观点的人我们表示强烈反对。而且，我们这种反对所依据的基础能够帮助我们更好地理解本书中提出的观点。因为它事关整个研究，所以在正式观察之前，先简要阐明一下我们的立场。

如目前我们理解的那样，教室里所进行的各种活动并不能贴合某一种单一的描述框架。这些活动过于多样，而且内涵过于丰富。因此，从这样一个复杂、拥挤的环境中得出的每一项描述都会不可避免地受到观察者解读方式的影响——关于记录什么以及如何记录。即使当两名观察者关注的是展现在眼前的同一件事，他们的记录也会大相径庭，一方面是由于个人的经历不同、当时的心态不同等造成看待问题的视角不同；另一方面原因是描述时使用的语言不同。但这并不是说两种解读肯定会完全不同。描述的内容注定会有重叠，而且通常它们几乎是毫无二致的。但是当研究物体具有瞬间性（比如教师执行某一活动时呈现的表情和动作）时，报告完全一致的可能性就减小了，而描述的解读性和选择性就格外明显了。

为什么说认识到这一点对理解本书中的观点至关重要呢？因为对学校生活的道德解读方法看上去不同于对当前活动或眼前物体的直接的解读方法。我们说方法"看上去"不同是因为我们怀疑这种不同只是在程度上，而非性质上，尽管我们在此不打算纠结于这种怀疑。在任何情况下，例如，列举教室内的物品，或者为我们在教室中观察到的主要活动命名——做作业、讨论、背诵等——让我们有所触动，是因为它们与描述教师处理某一棘手情况采取的方式不同，或者我们也可以说，与描述一个因特权被剥夺而阴沉的班级所采取的方式不同。这种不同指的并非是描述字数的不同——一种寥寥数语，另一种长篇大论；也不是一种意义重大、影响持久，另一种稍纵即逝、瞬息万变，虽然这两对不同可能是存在的。差异的来源要比这两种差异本身更为深层。也许有人声称差异大小与观察者对当前发生之事的整体敏感度有关，但是将这种对比归于这种模糊的心理原因对我们来说同样没有什么帮助。

我们发现，"客观"和"主观"是两个最常用来描述这种差异的词语。描述物理对象和常见活动属于"客观"，而关注看得到的情绪和行为则属于"主观"。这一应用的含义之一是：客观描述指的是一个人外部的事物，如"事实"这种植根于外部世界的事物等。而所谓的"主观"，其基础则来自于内部，根本上是一个人对某物的感受或某种观点。这种说法的必然结果便是将一种描述归结为理性，另一种归结为感性。一个主张要描述真实事物，而另一个则要描述虚构、想象出来的东西。

48

在我们所从事的这一领域，这种"客观—主观"的二分法事实上不是一种帮助，而是一种阻碍。我们很容易确定，描述教室的物理布局相对于谈论教师如何履行职责或是整个班级如何呼应教室的氛围容易得多。我们反对将"客观"与"主观"总结为一个指代真实事物，另一个指代虚假事物的观点。我们还发现外在与内在、亲眼看见与亲身体会之间的区别并没有什么价值。这并不是说这些区别是无法应用的，或是无法帮助任何人。相反，在某些情况下，这些区别或许可以恰如其分地使用。构成"区别"的主要基础是本体论假设——一种观点可以打开现实和真理之窗，而另一种则不能——我们就认为它很麻烦，且不必要。

我们认为，当我们在描述教师坦诚地回答学生的问题，或是耐心地等待教室安静下来这些场景时，这一描述是完全真实和客观的，就像描述教师眼睛的颜色或是他衣袖上的粉笔灰一样真实和客观。这并不是说每个人都观察到了同一事物，并与我们的观点相一致。教室中的其他在场者也许并未注意到坦诚和耐心这些品质，如同他们没有注意到教师眼睛的颜色或是他衣袖上的粉笔灰一样。当观察者是年轻的学生时，这种情况会尤为明显，他们可能会因为缺乏概念工具而导致当坦诚和耐心传达出来时，他们无法识别。但是他人观察不到我们所观察到的东西，并不能表示我们的观察没有可信度，也不能表示我们的观察在某种程度上是不真实的。只有那些关注于寻找这种本质，而且自身具有概念观念，并有识别能力的观察者才能够质疑我们的描述。

49

对我们而言，在讨论我们对事物的观察和反思种类时，有一组比"客观"和"主观"更实用的词条，即"开放"和"封闭"。这个区别来自于我们看到的一本最近被翻译出来的安伯托·艾柯（Umberto Eco）的作品①。艾柯使用了这组词条，而我们也想将其应用于此处，开放式的描述或报告可以引发进一步的反思评论。而封闭式的作品则并非如此。持续的探究有时可能导致话语或文字的真实性令人怀疑，因为结果也许证明了之前的结论是错的、缺乏远见的或者滞后的。但更具有代表性的是，至少根据我们的经验所知，最初的言论或文档通过不断地思考将变得更加丰富、完善。随着我们理解的加深，我们开始注意到一些起初不明显的内部层面。所说的和所写的也会发生变化。并非随着理解的加深所添加的一切都是起初的样子，有时需要修改。总之，这个过程是个演变发展的过程。而且它也没有确切的终点。当我们暂时对思考失去了耐心，或是再也想不出新思路时，我们就会停止反思。但是在某一天就有了一个崭新的开始，我们可能又会产生其他想法，而且，其他人很可能会在我们放弃的材料上滋生新的想法。

现在我们来审视一下我们在教室中所看见的一些事物吧。我们的描述和评论都遵循着艾柯"开放作业"这一词条，我们也欢迎读者效仿。

---

① Umberto Eco, The Open Work. Cambridge，Mass：Harvard University Press，1989.

第一组观察：汉密尔顿的课堂

第一组观察来自对一个一年级教室的几日观察。观察者写道： 50

> 这是汉密尔顿女士所教的一年级班级的一个平常早晨。她在教室一角的黑板前忙碌着，每一个阅读小组依次展示——首先是蝴蝶组，然后是彩虹组，接下来是棒棒糖组，最后是星星组。她坐在一把一年级的小椅子上，面向全班。孩子们围着她在地毯上聚集在一起。

通过此观察开始的方式来看，显然这位观察者曾经来过这间教室，或许在很多场合，他称其为一个平常的早晨，还清楚地知道这四个阅读小组被叫到前面的顺序。顺便提一句，这些组名是孩子们自己选择的，它们都是那种"讨喜"的名字。有人会好奇，为什么不选择叫"怪兽"或是"昆虫"呢？是因为学生们从不会提出这种名字，还是因为教师否决了（委婉地或直接地）这些名字呢？

值得注意，观察者做的第一件事是确认老师的方位，描述其具体位置。据我们的经验，这本身便是一个很典型的观察步骤。它强调了教师的中心地位——正是该环境中观察者应当关注的对象。孩子们或许也如同观察者那样敏锐地感觉到了这一点。反过来，教师将自己的位置选择在视角尽可能开阔的地方。她需要看见每一个人，正如同每一个人也需要看见她一样。这种视角安排传达出一种"主导"和"从属"的关系，大多数教室都具有这种特征。但是在这个特定的情境中，这种典型的关系有了一点不同，值得我们注意。

可以推断，教师在教学时，试图选择一个能让他们看到指导组中所 51
有学生的空间位置，尽管一定会有一些情况让他们无法像平日一样，比如当教师视频授课的时候。但是在这间教室里，教师选择了一个位置，甚至能够看到那些坐在座位上学习的学生。她为什么要这样做呢？这一问题可能有几种回答，比如最有可能的是她想给坐在座位上示意的学生提供指导性帮助。当然，教师如此安排自己位置的主要原因，从根本上讲是道德原因：她想观察到任何的不良行为或其即将发生的征兆，并在一定距离内采取正确的行动。总之，教师椅子的角度表达了一种道德意图。

讲到教师的椅子，她坐在一把为儿童设计的椅子上是否具有什么意义？可能没有。她使用一把小椅子可能只是因为它占用空间较少，或是当阅读环节结束时便于移动，也许是因为小椅子可以拉近她与孩子们的距离，以便轻声交流。同时，我们想知道若她坐在一把成人型号的椅子上，这种安排有什么道德含义？会凸显她作为权威人物的形象吗？通过坐在一把小椅子上，她是在传达她对这些幼小学生的接纳吗？

观察者继续写道：

> 在她检查每一组的时候，教室中其他组的孩子们都各自紧张地忙碌着。他们要写句子，算数学题。有一些孩子还在教室后面轮流使用着电脑。

对这一段，我们有两点简要评论。首先我们要关注到教师在所述情景中的主导性。教室很显然是教师和学生们工作、学习的地方。若非如此，教师道德权威的很大一部分便不复存在了。她所强制实施的许多道德约束都有其目标：维持一种工作环境以及传达一种职业道德。继续阅读观察笔记，这一事实会越发明显。另一个评论是关于在教室后面轮流使用电脑这一活动。资源需要共享是许多教室里的常见现象。愿意分享是道德人生观的组成部分，也是一项通常需要监督和强制的实践活动。

观察者继续写道：

> 当她叫棒棒糖组做阅读展示时，加里从他的座位上站起来，倒着跳到教室前面。汉密尔顿女士喊道："加里，你难道不能走着过来吗？"

他转过身，开始正常走路。

"好多了。"汉密尔顿女士说。

过了一会儿，汉密尔顿女士需要她桌子上的剪刀，便让加里去取。刚开始他没能找到，于是克里斯从他的座位上起来去帮忙。

"不必了，克里斯，"汉密尔顿女士说。"加里已经找到它了，不过谢谢你的帮助。"

这两件小事加起来不过很短的时间，但是它们都充满了道德意义，而且看上去相互关联。首先，是加里向后跳着到教室前面这件事。他为什么要那么做？有没有必要问他？问他有意义吗？为什么汉密尔顿女士认定那是不得体的行为呢？她是担心其他的孩子会开始模仿吗？但如果他们模仿了又会怎样？会导致混乱吗？或者倒着跳只是不符合该情境中的工作导向？（不难想象在操场上有教师亲自监督下的那种倒跳竞赛，所以说不是这个行为本身被认定为错或不得体的，而是因为所处的情境。）汉密尔顿女士使用了哪种方式来改变加里的行为呢？她用了一个反问句，加里相当明白其含义，因为他立刻遵守了，就好像是刚刚教师提出要求或是下达了命令一样。为什么她不直接让他别跳了？这一问题的答案在观察记录中不大可能出现，直接下达命令不符合汉密尔顿女士的性格，她很少这样做。换句话说，她的行动体现了她的教学风格（以及教室的道德氛围），尽管只有反复地观察才能了解到这一点。汉密尔顿女士立即说了一句话，对加里的服从表示认可。这也是她与学生们相处的一个典型特征。

不当行为→教师评论→服从→认可：这一顺序在大部分的小学教室里每天都要上演几十次，每一次仅持续很短一段时间。而且，它不但会发生，还会被在场的每一个学生和观察者注意到。这无疑是一种道德教育形式，虽然人们很少用术语来描述它，但它无所不在，令人注目。

第二件小事也与加里有关。这次，他带着任务去教师的桌旁。倒跳事件刚发生不久教师就让他帮忙，这只是巧合吗？她心里还在想着他刚才的行为和她对此事的反应吗？注意看她是如何处理克里斯的介入。她的那

句"不必了，克里斯"听上去好像是她在试图谢绝他的帮助，想让加里靠
自己找到剪刀。还要注意一下她是如何对克里斯的帮助表示感谢的，尽管
显然他并没有帮上忙。他只是试图去搭把手。很显然，我们无法从类似的
孤立事件中得出任何结论，但是同时我们也不禁猜测到此类事情是否透露
出汉密尔顿女士的一些重要信息。用我们喜欢的话来说，它表达了一种风
格和品质。如果我们必须选择一个词来描述这一品质，那么我们或许会
说，至少在这一事件中，她的举止很友善。

54 　　观察者继续写道：

> 　　她继续检查棒棒糖组，她让棒棒糖组的一个成员读出她之前写
> 在黑板上的 mad 一词。然后她写下 bad 一词，让另一个学生读。之
> 后又写了 had 一词让费莉西娅读，费莉西娅读不出来。
>
> 　　"好的，"汉密尔顿女士说，她指着 bad 和 had，"这两个词有什
> 么相同之处？又有什么差别？"费莉西娅刚刚有所发觉，突然汉密尔
> 顿女士注意到理查德（坐在距她最远的教室一端）正在大声地同邻
> 座女孩讲话，一直在同她讨论挑选万圣节南瓜的事。
>
> 　　"理查德！理查德！"汉密尔顿女士叫道，"你是在闲聊还是在帮
> 忙？"话音刚落。理查德便说，"帮忙。"
>
> 　　"那你能小点声吗？"

　　这个简短的片段包含着一种道德类型，有很多值得评论之处。也许
最有趣的是汉密尔顿女士对理查德大声讲话的反应，导致了教学过程的中
断。关于此事，首先要说的是，它强化了我们之前提到的汉密尔顿女士椅
子的战略位置。看上去理查德距离汉密尔顿女士相当远，横跨了整间教
室，但事实上，他并没能达到足以摆脱她监视的距离。理查德的行为引起
了教学的中断，更为有趣之处在于它的时机。汉密尔顿女士正在进行教
学，而且似乎正是她教学环节的关键时刻。教学遭遇中断时，费莉西娅正
在努力破解 bad 和 had 的区别。这个事情发生的时机是否足以说明，在汉

密尔顿女士的课堂中，教学和道德孰轻孰重？若我们假设教师让理查德小声说话后，立刻将其注意力转移至费莉西娅身上，我们也许会说这一打断 55 是不易察觉的。或许汉密尔顿女士班级的孩子们已经非常习惯于这种打断，所以他们并不会注意，就像他们不会注意恼人的苍蝇或是头顶传来的飞机噪音一样。

我们停下来思考如此明显的一件小事是不是有些离题？也许是。对此类事情的敏感什么时候转化成高度敏感了？这一问题一直困扰着那些努力探讨其所见事物道德意义的观察者们。但是如果我们担心过于夸大所见事物的道德意义，那么我们可能就会面临忽视一些信息的风险，而事后往往证明那些信息是非常值得注意的。至少，这是我们的经验。

汉密尔顿女士对待理查德的方式是她典型的处理方式。她急切地叫了他的名字，但并没有直接让他闭嘴，而是问："你是在聊天还是在帮忙？"她班级中的孩子们对这两个词的区别颇为熟悉，都曾被问过这个问题。"帮忙"指的是帮助一位同学学习。"闲聊"的意思是交流打趣。有时两者都是允许的，但在作业检查期间只允许"帮忙"，"闲聊"是被禁止的。值得注意的是，理查德没有讲真话（显然他不是在"帮忙"），但是汉密尔顿女士并没有质疑他的回答。她是相信了他说的话吗？还是她故意忽略了他的谎言，以便回到教学环节，避免陷入一场更为复杂的对话？或是她的这一行为还另有原因？

在我们看来，汉密尔顿女士频繁使用"帮忙还是聊天"这一问题，能够引导学生以一种第三方的视角看待他们自身的行为，并客观地审视自己，这可以看作是走向自我批评的第一步。而且，当回答老师的问题时，他们不仅仅要像理查德那样被迫做出选择，讲真话或是撒谎，而且要在全体同学面前做出这样的选择。这意味着每一次他们做出回答，尤其是当他们有不当行为时的回答，都将"讲真话"这一声誉置于极大的风险之中。 56

难道汉密尔顿女士故意要去追求这些效果吗？还是说她提问的方式是道德教育的一个环节？答案是否定的。我们调查的一个重要前提是教室内发生活动的道德影响与教师的意图无关。这些意图并不是毫无关联的，因为如果我们知道或怀疑这些行为是有意为之，并且这些意图被我们察觉到了，那么，这些行为着实会产生更大的影响。然而，随意的或无意识行为的影响力是不容置疑的。

这时，有些读者或许会猜想我们是否曾直接询问过汉密尔顿女士她的意图呢？事实上，我们的确这样做了，对于一些问题她也给予了充分回答，包括她对自己作为教师的评价。然而，对于我们所观察到的汉密尔顿女士的任何具体行为，我们都未曾问过她。这样做有几点理由，在回到观察记录前值得提一下。

我们决定不去询问汉密尔顿女士是出于政策原因。我们从未对任何教师就其在教室中被观察到的行为进行提问。我们将观察活动限于教室中真实的所见所闻。这样做的原因之一是为了避免让教师们处于防御状态，刻意纠正自己的行为。我们担心，如果不这样做，他们很快就会希望我们离开。我们也不想让他们觉得我们是在以某种正式或专业的方式来评估他们，尽管他们从一开始就明白，作为观察者，不论我们多努力地保持中立或不加评价，我们在观察过程中都会不可避免地做出一些评估和批判。第二，我们通常只在观察结束，最初的笔记转化成更深刻的文字描述后，才会对所观察到的东西进行提问，而这一过程有时需要花费几天或几周。到那时，我们经常会觉得问得太晚了，因为教师对几天前一闪而过的想法早已遗忘。

57　　　我们不去询问教师的第三个原因是，希望尽可能将我们对于活动道德意义的猜想限制在可以直接观察到的层面。我们认为，这样的限制使得我们作为观察者与同一间教室中学生的所见所闻趋于一致——因为正常来说他们也不了解教师的目的和计划——即使我们与学生的经验背景存在较大差距。以这种方式限制自己，我们希望能够关注学校生活的诸多层面，它们的道德意义可以潜在地被每一位在场者所发现和经历，尽管并非每一位观察到的人都会将其视为具有道德意义。

观察者继续写道：

棒棒糖组回到座位后，星星组走到前面。当星星组展示时，伊莱恩决定要捉弄一下塔拉。伊莱恩快速蹿到塔拉的身后，假装在她的运动衫后面写上了塔拉的名字。塔拉试图扭过身子，看看写了什么，但她什么都没看到。

"哦，我写的要再往下边儿一些，"伊莱恩说，"你看不到的。"

塔拉正要准备把运动衫脱下来看看伊莱恩写了什么，突然汉密尔顿女士开口了，"三号桌和五号桌吵得我都听不到阅读小组了，请礼貌点儿。当你在阅读组时想让别人怎么对你，你现在就应该怎样对别人。"

三号桌和五号桌安静下来了，伊莱恩向塔拉坦白说她只是在开玩笑，所以塔拉不必脱掉她的运动衫了。

尽管教师对三号桌和五号桌（两个女孩所坐的位置）吵闹的声音做出了回应，但是伊莱恩和塔拉之前短暂的疯闹似乎全程都逃过了教师的注意。这个小片段提醒我们，在教师身后正在上演着多少好戏，而这些没被发现的活动假如教师发现了的话，这其中有多少又会引发道德评论？如果汉密尔顿女士看见并真的听到了伊莱恩和塔拉之间的对话，她会怎么做呢？或者她是否真的观察到了一切，但决定不予评论？她对三号桌和五号桌的总体评论是对伊莱恩和塔拉的具体回应吗？观察者、伊莱恩和塔拉都无法确定。

汉密尔顿女士对坐在三号桌和五号桌的孩子们的评论包含了明确的道德教育，包括对黄金准则（Golden Rule）（想让别人如何对待你，你就要如何对待别人的）的改述，以使其适合这一具体情形。孩子们对教师要求的遵循引发了许多问题，她们是在按准则做事吗？她们理解并赞同汉密尔顿女士要求她们安静所套用的准则吗？记录本身无法回答这种问题，但是我们很难想象孩子们会迅速理解汉密尔顿女士所说话语的理性力量。在我们看来，孩子们安静下来更有可能是因为她们看到教师生气了，或是仅仅因为教师要求她们安静。如果她以"请礼貌点儿"来结尾，那么教室也

许会即刻安静下来。然而,教师诉诸了一个准则,而且所有学生,不单单
是制造噪音的学生,都听到了这一准则。汉密尔顿女士下达的指令以及她
接下来所说的话都是我们第五个类别(活动进行时道德评论的自发介入)
的经典例证。她经常口头提出这样的要求,想象一下,这些要求来来回回
重复了多次之后再一次提出来是不是很愚蠢?我们不这么认为。

观察者继续写道:

> 汉密尔顿女士的目光回到星星组,他们正在展示代词 she(她),
> me(我)和 you(你)。他们正在用其造句,这时,汉密尔顿女士注意
> 到理查德绕着她的桌子走来走去,东瞧瞧,西看看。
> "你在找什么,理查德?"
> "没什么。"他手里拿着一张纸,把它放进了桌子上的篮子里。
> "哦,我还以为你在找什么。"
> 理查德回到座位上坐下了。

这个理查德便是几分钟前被提问是"闲聊"还是"帮忙"的那个理
查德。我们知道他对之前的那个问题说了谎,那么现在他讲的是真话吗?
汉密尔顿女士相信他吗?她说她以为理查德在找什么东西,但是当他否认
后,她似乎相信了他的话。她是真的相信吗?我们有种感觉,汉密尔顿女
士并不相信他。只是因为他在先前事件中的表现吗?不,不止于此。某种
程度上是由于观察者描述这一情境的方式。他描述理查德"绕着"桌子
走,"东瞧瞧,西看看。"由此可以推断,即使他没有在寻找什么东西,他
至少也是个好事者。我们推测教师也是这样想的。她的问题听起来像是一
种帮助的姿态,大概是要掩饰其内心真实的想法,这一想法很有可能是
"他在我的桌子上乱翻什么呢?"她对于理查德出现在她的桌边的确感到有
些不安,但是她对他非常温和。她告诉理查德她以为他在找东西,然后便
没有了下文。理查德迅速地回到了他的座位上,结束了这个小片段。但是
这使我们不禁好奇,这个小波动的道德意义是什么。这一片段似乎与她之

59

前处理理查德那件事的方式以及她对待加里倒着跳的方法如出一辙。她似乎总是间接行事。她提出问题，而非下断言或评论，然而她的问题所暗示的要比它们表面上包含的信息多得多。此时我们所看到这些事情的前期表现形式是否会成为我们后续对汉密尔顿女士教学风格的描述？或者至少是其风格的一项重要内容呢？

观察者继续写道：

> 汉密尔顿女士刚要向星星组解释什么是代词，这时她注意到马克正在用卷笔刀。
>
> "我刚刚不是给了你一整根新的铅笔吗，马克？"
>
> 马克小声嘀咕道，"额，啊……"
>
> "那根怎么了？"汉密尔顿女士问道，她看见那根铅笔现在只有两英寸（大约五厘米）长了。
>
> "哦，也许是我削得太快了。"马克说。
>
> "好吧，也许如果你慢点儿削，也许下次它就能多用一会儿了。"
>
> 马克同意地点了点头。

为了处理教学内容之外的情况，汉密尔顿女士再一次中断了她的教学。我们也再一次目睹了她通过使用问句来解决不当行为，并可能阻止其再次发生。同先前一样，她的问题很明显是在反问。我们毫不怀疑她相当清楚地记得刚刚给过马克一支新铅笔，而且现在也亲眼看到了铅笔的样子。即使当她在告诫他时，她还以一种戏谑的口吻与其开玩笑。注意她是如何重复使用"也许"一词来回应马克对该词的使用的，她以一种逗趣的方式这样说，使大家清楚地认识到她并不相信马克说的话，但是同时，她并没有想强制他承认这个谎言。

然而，想一想倘若她根据她的所见所知，直接质问马克，那么这一道德情境会变得多么不同。假设她这样说："马克！让我看看你正在削的那支铅笔，"然后，"天啊，这就是我刚才给你的那个吧！看看你都削成什

60

么样了！现在回到座位上去，再也不准这么做！"到目前为止，就事情进展而言，两种不同模式的回应引发的是相同的行为结果。在这两种模式中，都是教师发现马克有不正当行为并警告他不准再做。但是汉密尔顿女士处理该事情的方法与我们刚才虚构出的那一种截然不同。她的方法要更胜一筹吗？对这一问题我们无法给出定论，但坦白讲，我们更喜欢她的方法。

61　　　不过，与试着确定哪种方法更好相比起来，更为重要的是去思考两种回应模式之间风格的不同。这样做的意义不在于确定我们虚构的方式比汉密尔顿女士的方式好或差；其目的是展现如果汉密尔顿女士的回应与我们虚构出来的教师回应一样，那么这就不再是汉密尔顿女士了。这将与她的风格背道而驰。假如情况真是这样，那么现在我们可以开始领会在最后一章中我们所说的话了，即教师对道德事件的见解会表现在日常教学中。汉密尔顿女士进行反问，她不愿强迫学生坦白自己偶尔的不当行为，即使这些行为非常明显。即使在小组展示时，她也将班级作为一个整体进行关注——而读者并不会在笔记中看到汉密尔顿女士一板一眼地按照教学技能的要求上课。相反，这些内容是与他人交流的一种重要方式，有人也许会称之为个人风格。其很可能形成于汉密尔顿女士接受正式训练之前，是她整体生活方式的广泛体现。阅读观察记录的读者或许会注意到，只要我们对教师的工作方式稍加关注和思考，这些具有表现力的品质便迅速凸显出来。起初看上去很平常的班级活动突然呈现出道德意义。

观察者继续写道：

过了一会，当汉密尔顿女士还在辅导星星组时，大卫走到她面前向她展示作业。她看了看，对他莞尔一笑，说道："天啊，你做得真棒。"然后她将他转过身去，送他回到了座位上。

这是教学环节中的另一次中断。这一次与以往汉密尔顿女士注意到教室远处有需要处理的情况不同，这次是一个学生自己闯入了阅读组。但

是尽管大卫打断了她，汉密尔顿女士还是做出了肯定的回应，并在送他回 62
座位前展现出了温柔的一面。至少在那一时刻，大卫对得到认可的明显需
求优先于当时的活动。但同时，在对汉密尔顿女士送回大卫的描述中，我
们察觉到了一丝不耐烦。观察者写道，她"将他转过身去"，这几个字描
绘出了一个画面：汉密尔顿女士把一只手或者两只手都放在大卫的肩上，
轻轻地但是坚定地把他转过去，让他面朝着他座位的方向（我们或许可能
同样想象得到她始终面带微笑）。

　　这里传达出了怎样的道德信息？汉密尔顿女士完全可以对此表现得
相当不耐烦，这可以理解，但她却对大卫表现得十分温柔，这是否传达出
了更多的道德信息？大卫回座位的路上在想些什么？他是在对老师的积极
认同而沾沾自喜，还是他肩膀上停留的老师指尖的压力提醒着他老师急于
摆脱他，并想尽快把他送回到座位上？我们无法回答。但在我们看来，这
一事件与观察者描述的大部分其他事件一样，都充满了道德意义。或许我
们无法深入了解这些经历对那些身处其中的人有什么意义。尽管如此，如
果这些经历能提醒我们简单事物中蕴含的复杂性，如大卫简短的打断以及
教师的处理方式，那么它们也的确值得反思。

　　观察者继续写道：

　　　　汉密尔顿女士与星星组的互动马上要结束时，克里斯走上前和
　　她说要去卫生间，但是批准名额已经用完了。
　　　　"等理查德回来，"汉密尔顿女士说。然后他看着克里斯问道，
　　"你能等一会儿吗？是否着急？"
　　　　克里斯想了一会儿，然后决定他可以等一下，便走回到座位上。

　　又是一次中断！这次不是一个寻求认同的孩子，而是一个想去解手
但因缺少批准而无法达成的孩子。汉密尔顿女士对克里斯的回应值得我们 63
注意的第一件事是，它暗示汉密尔顿女士知道理查德不在教室里。很显然
她看见他出去了，并记在了心里。还是那个理查德，他之前说他在学习，

但其实并没有，他还在教师的桌边走来走去，明显是要找什么东西。汉密尔顿女士是对他特殊关注，还是注意到了每一个离开教室的孩子？从所给的信息中我们无法得知，但是推断汉密尔顿女士对所有孩子正在做的事都了如指掌是比较合乎情理的，尤其是对那些走动的孩子，她并没有单独留意理查德。她问克里斯能否等理查德回来与她处理大卫需要认同所采用的方式是一致的。这也传达出教室规则的灵活性，如一次只能一个人去卫生间。她对克里斯的询问表明，若有紧急情况，这一规则是可以暂时搁置的。她的全部回应实际上表明，规则是严格的，但也不是不能变通的，执行上是人性化的。克里斯犹豫了一下，仿佛是体味自身的状况，然后选择等理查德回来（我们想知道理查德会如何回答同一问题。汉密尔顿女士会不厌其烦地问他吗？据我们目前的观察，我们猜测她会问的）。克里斯回到座位，这反映了他对规则及其特例的理解和接受。

观察者继续写道：

> 上午结束时，汉密尔顿女士走到她的桌前翻阅了一下她在辅导阅读组期间孩子们交上来的作业。她看着加里的作业说："加里，你知道的，当你与艾米一起合作时，你完成了许多作业，是不是？"
>
> 加里自豪地表示同意。

64　　教师单独评论加里的作业（假如当汉密尔顿女士回到桌边时唯独评论了他的作业）自然而然引起了坐在教室后面的观察者以及过后读其记录的读者的疑问和思考。其中第一个问题很明显：为什么只评论加里的作业？教师认为加里需要特殊的鼓励吗？她听上去好像真的对加里完成了这么多作业感到很吃惊，难道不是吗？她是暗自怀疑加里和艾米在一起时没有真的在学习，而是在聊天吗？但是提出这样的问题会让我们了解汉密尔顿女士思想和意图的独特之处，我们不但无法单独从观察中得到答案，而且会掩盖所发生事件的道德意义。无论她评论加里的作业是出于何种原因，可以确定的是汉密尔顿女士希望她的话起到激励作用，加里可以感受到这一鼓舞。我们了解到，他自豪地对她的评价表示赞同。使他对自己的成就感到自豪似乎是这次简短交流的主要目标和结果。这也同样适用于大卫的例子，尽管那时他是自寻鼓励，而此处是教师自愿给予。这种交流产生道德意义的原因在于它们包含了对好与坏的评价，要么是通过主动寻求，要么是感激地接受，它们都会对接受者的自尊产生一定的影响。如同我们所观察到的两个例子一样，交流或许转瞬即逝，但我们无法判断其潜在的意义。

这就是那天的观察记录。这份记录，外加我们的评价，揭示了这位教师及其学生的什么呢？或许从广义角度来看，它揭露了教室内所发生之事的什么道德意义？

首先，它向我们阐述了观察的过程。记录尽管看上去像是包括某天上午的大部分时间，却未明确观察开始和结束的具体时间。听上去似乎观察者是在阅读组开始展示后做的记录，也就是在开场练习之后、其他阅读任务之前，并在午餐时间或其他阅读任务前终止了记录。所以，观察者大概在教室待了两个小时。他对这次访问的记录显然是过后写的，记录多达两页半的打印纸，而且是正反面。他所记录的时长仅是他在教室中总时长的一小部分。如果把每一件事都连接在一起，以电影的方式呈现出来，最多也就一两分钟。 65

在这些各自不足几秒钟的独立活动节点之间，有大片的观察空白。如果真是这样的话，我们对其有何理解？我们可否假设所报告的这些事件便是两个小时内值得做道德评价的所有事件？当然不可以。我们能从报告中得出的便是这些事件是观察者决定记录的事件。换成其他观察者，或许有不同的选择。事实上，另一位观察者可能会对阅读组展现出来的道德含义感兴趣，以至于他或她几乎没有注意到我们观察者所关注的那几次打断。然而，另一位观察者或许选择只观察做课堂作业的那群孩子。这些可能性进一步证实了我们之前提及的教室生活的复杂性以及所有描述在本质上具有选择性（selective），即解读性（interpretive）。

那天上午在汉密尔顿女士的教室里都发生了什么？有机会去参观的

人可能都会赞同：汉密尔顿女士用了大半个上午的时间在教室前一个又一个地辅导阅读组，在此期间，剩下的孩子们在忙着做课堂作业。然而，如果我们问观察者同样的问题："那里发生的事具有道德意义吗？"我们也许会得到不同的回答。这并非是因为对道德事物分辨时存在不可抗拒的主观因素（比如每一个人想象出的虚构事物），而是因为对任何写报告的人来说，从道德视角上看，需要报告的事情太多了，而且对于同一道德刺激，并非所有人都会做出回应。检验一个人从个人视角出发对所见之物的洞察力与证实力，并不在于他人是否能够自然地看到同样的事物，而是当我们向其描述之时，他们能否领会？能否理解？

我们之前问过，一组观察加上我们的评论能够揭示汉密尔顿女士和学生的什么呢？不假思索的回答是：揭示不出什么。想要确定教师的风格或是掌握一间教室特色的交流模式，所需要的时间远远不止这一个上午。而且，即使这些都明确了，这样的想法也是要给修改和变动留有空间，因为我们永远无法理解另一个人，或完全掌握我们身处的数不清的情境。

同时，我们相信，只要能够更好理解汉密尔顿女士是什么样的教师，以及教室作为一个整体是什么样子的（即使是很模糊的）？那么我们把目光放在这些简短的报告上就是有意义的。汉密尔顿女士给我们留下体贴的印象，她对学生有耐心，不会突然怒吼也不会因为教学遭到打断而面带愠色。在处理事件时，她频繁使用问句，这让我们有所触动，这并不常见，所以看上去值得进一步观察和反思。如果我们假定记录中的这些事件是两小时之内引起教师注意的所有事件，那么，班级作为一个整体看起来也相当自律、有序。事实上，不当行为的片段太少了，而且没什么危害，以至于我们会怀疑是不是观察者没能看见或是选择不去记录。这里我们可以看到，虽然这种判断令人难以信服，但人们非常倾向于质疑这些观察记录，即使它们给出了事件发生时的精确时间。

在学校道德生活方面，这组观察对我们有什么启发？事实证明，这不是一个好问题，即使乍一听觉得挺合理。这个问题之所以无趣，原因在于它默默提醒我们，几个小时的观察或许足以让我们对这个复杂的话题有

所思考。但肯定的是，要想理解一间教室内当时发生的活动需要的时间要
比这个多得多，而且认为如此短暂的观察便能给学校的道德生活下定论的
想法也很荒谬。但是这一问题之所以不好还有一个更深层的原因，显而易
见，观察教室以及思考所见事物的道德意义，其结果必须符合对"新知
识"的设定，这个"新知识"反过来应该能压缩成几句简要的话——它们
既能为更大范围内的人们所理解，又包含着之前从未做过的全新概括。

对于这一问题所能预期的结果与我们试图理解教室道德生活时所做
的对实际发生之事的描述不大契合。我们相信，它与其他人所经历和即将
经历的事情也不符，尤其是我们的一些读者起初怀抱希望，认为这种结
果——从未被开采过的新鲜知识宝藏——很快就要被他们收入囊中了。我
们只能希望这些读者与我们同行到最后，他们的收获至少可以部分弥补他
们未能达成最初期望的遗憾。因为对于我们在工作中所经历的事情，我们
希望许多读者也能体会到，即我们会以出人意料的方式做出改变，而这些
方式不太符合获取知识的常规模式。然而，这一改变通常会有新知识的感
觉。它具有新奇和新鲜的特点，会让人将其与发现新事物联系起来。

当我们在教室中观察，随后记录并讨论我们的观察时，我们常常经
历确认或再次确认的过程。我们的观察反复确认着我们的已知信息。例
如，我们之前希望发现教师进行着许多不同种类的道德活动，然后我们的
确就发现了。他们开展这些活动的深度和广度令人惊讶。而这种惊讶本身
就等同于再一次确认。因为倘若我们停下来，思考一下，我们就会很快意
识到我们所认识的人、所做过的事、所读过的小说等都不断地揭示着新
的、意想不到的道德含义。然而我们有一种感觉，对于这一生活中的基本
事实，我们却需要被不断地提醒。

在工作刚开始时，我们也预测到对学校道德方面的敏感程度会随着
工作的开展而提高。事实也的确如此。让我们惊讶的是，在这一过程中，
反思、记录和讨论在揭示这些方面时发挥着重要作用。而且，如果没有全
面的反思，我们怎么可能解决问题呢？

最后，我们一开始就认为非正式型、探索型的研究方法最终会有所

回报，尽管我们无法预测会得到哪些回报。科林伍德（Collingwood）提醒我们"大部分的人类行为都是尝试性的、实验性的，不是受已有知识的指导，而是受欲望的驱使。"① 我们的研究也是以此种方法展开的。值得惊讶和欣喜的是，我们的研究方式极大地促进了观察和理解。

暂且回到汉密尔顿女士。我们刚才分享和评论的观察记录实在太普通了。尽管存在着许多未知，这些未知大多是汉密尔顿女士在做某一动作时内心的想法，或是她提问的目的，她的行为方面没有明显的问题。当学生们太吵，她会设法让他们安静下来；当有人需要表扬，她会满足他的心理需求。换句话说，尽管我们发现在记录中有许多事件可以用道德术语来讨论，但它所描述的场景本身具有明确的道德性。它们并不会让我们想知道在相同情境中我们自己会怎么做，或是判断教师的行为是否得当。

然而，我们的确经常在所参观的教室中目睹道德模糊的情况。汉密尔顿女士的班级也不例外，下面的两个观察记录可以清晰展现。这两个记录都会引发进一步的反思和讨论。第一个记录如下：

> 三月的一个上午，汉密尔顿女士的一年级学生正在做一个数学和美术相结合的作业。教师给了他们一张纸，上面有一幅隐藏起来的图片。要想看到这幅图，孩子们需要在上面涂色。每一个要用到的颜色都有编号，图片的不同部分都用加法题和减法题设了密码，每解开一道题，它们都会得到一个对应颜色的编号。颜色涂对了，图片应该是一只兔子。
>
> 韦恩涂好色后展示给汉密尔顿女士看，她问他这个图片是什么？
>
> 他说不太确定，他猜："一只乌龟？"
>
> 汉密尔顿女士说，"不对，你一定是哪里出错了。"
>
> 他们检查了一下，发现了他犯错的地方。当汉密尔顿女士确定

---

① R. G. Collingwood. *The Idea of History*，New York：Oxford University Press，1956，p. 42.

韦恩明白出错的地方后，她让他在上交之前在纸上做个笔记。她让他写，"这里应该是蓝色，不是黄色。"然后他应该画一个箭头来指示这个笔记说的是图片的哪个部分。

但是韦恩想把图改过来。"哦，"他说，"我可以用蓝色记号笔把黄色部分覆盖上。"

汉密尔顿女士说，"不，不必。你画个箭头就行。"

"我可以在上面涂上修正液，"韦恩说。"然后再涂上蓝色。"

"不必了。"汉密尔顿女士说。

"我可以把它拿回家再做，不用现在做。"

"不，"汉密尔顿女士说，"不必。只要我知道你明白应该怎么做就可以了。"

"我不介意，"韦恩坚持说，"我能做——真的。"

"不必了，"汉密尔顿女士坚定地说。"记个笔记就行了。" 70

韦恩终于妥协了，上交了他的作业，但他看上去并没有信服记个笔记就够了。

显然，汉密尔顿女士和她的学生韦恩在这件事上产生了分歧，韦恩想把图片的颜色更正过来，而他的老师坚持认为写个笔记代表他知道哪里出错就够了。最后教师赢了，但是赢所付出的代价，在道德方面看，要比她想象的大得多。至少，她处理这一情况的方式引出了一个有趣的问题，那就是：当学生对"卓越"的标准或是对"完美"的追求超过了教师眼中认为的合适标准该怎么办呢？

在这一特定的教学场景中，难度在于汉密尔顿女士认为精准地涂色并不重要，重要的是涂色能够反映出学生们对数学的理解。相比，韦恩看上去更关心兔子的颜色，而不是担心导致他的画出错的数学错误。从学术角度看，我们完全理解教师的立场。学习加减法很显然要比在练习中精确地给格子涂色更重要，附加活动的功能主要是起推动作用。但是，如果学生不这样看怎么办？就像韦恩那样很明显地表现出来，他们认为这堂课的重点是画出一幅令人满意的画。从韦恩的角度看，他的老师在试图劝阻他做到最好，并且似乎对他要改正错误的坚持不为所动。

我们对这一情景中汉密尔顿女士的行为作何理解？可以将其解释为不敏感吗？或许她拒绝让韦恩花更多时间去画画有合理的原因？若真如此，她若是向他解释清楚会不会更好一点呢？或者这只会浪费更多的时间？在之前我们所看到的观察节选中，她会用问句让她的学生明白他们自己的行为，但现在，汉密尔顿女士的策略发生了什么改变？我们在上午阅读期间对她的行为下定义是否为时过早？在这个情境中，她本可以轻而易举地使用那个策略。当韦恩提议用蓝色盖住黄色时，她本可以问他是否觉得有这个必要，而不是直接告诉他不要那么做。即使他当时说有这个必要，她也可以进一步问他原因是什么，也许可以一步步引导他，让他明白在作业纸上记一条简洁的笔记就足够了。但是这种策略也许会花更长时间。是因为这个原因，她才选择做出当时的举动吗？或者，是她选择那样做吗？也就是说，她是否有意识地权衡过回复韦恩的不同方式，然后决定采取其中的一个做法，还是他提议的速度太快，以至于她不可能有时间考虑？报告的简洁性证实了后一种解释，但是也许在每次回答之间有观察者没有注意到的停顿。否则，我们是否应该将汉密尔顿女士回应韦恩的方式理解为不耐烦的表现？观察者也是这样理解的吗？所以他才选择把这段记录下来吗？或者，与其说他对这个反映特定的道德立场的例证感兴趣，还不如说他是对这个情境的不确定性感兴趣？

这一连串的问题不仅揭示了记录中这种情境的道德不确定性，还揭示了这种不确定性会因为加入了记录者的意图而几乎不可避免地扩大。我们说"几乎不可避免"是因为观察者也许会选择在记录中阐明自己的意图。例如，如果他认为这一情节是对教室内所发生之事的道德不确定性的阐释（因为我们在此使用了道德不确定性，而且我们碰巧知道这是他的真正意图），他很可能这样说的。由于缺少这样一种解释，我们只能通过推测来努力解决这一不确定性。这种现象常见于艺术作品中，读者或观众在面对一个含义模糊的作品时，他们会去询问艺术家的意图。作为观察者的

71

自身经验让我们相信，这一不确定性的属性（即对事物含义，以及对其道   72
德含义的不确定性）要比大部分画家阐释画中含义的属性更为常见。

下面是体现这种不确定性的第二个例子。观察者写道：

> 一天早上，在汉密尔顿女士一年级的教室里，谢丽尔走到我面前问我是否可以帮她脱外套——拉链卡住了。贝琳达走到后面想看看发生了什么，她问谢丽尔怎么了。谢丽尔告诉她拉链卡住了："汉密尔顿女士也拉不开。"正当我拽住拉链的时候，一个女孩走进教室寻找汉密尔顿女士。当她找到老师时，她说，"谢丽尔拿走了我的铅笔，没有还我。"
>
> 谢丽尔听到了，插嘴说，"我还了。我在操场上还给了你。"
>
> "不，你没有。"那个女孩说，她的名字是法丽达。
>
> "还了。"
>
> 在争吵升级前，汉密尔顿女士进行了干预，并要求两个女孩解释是怎么回事。她们没加什么细节，又复述了一遍。他们对法丽达给谢丽尔一支铅笔这件事没有争议，但是这之后发生的事说法就不一致了。
>
> 于是汉密尔顿女士让她们再讲一次。
>
> "谢丽尔拿了我的铅笔，"法丽达说，"她没还我。"
>
> "法丽达把她的铅笔给我了，"谢丽尔说，"然后我在操场上还回去了。"
>
> "继续，"汉密尔顿女士对谢丽尔说。"你还给她的时候发生了什么？"
>
> 谢丽尔眯起眼睛仿佛在努力地看清远处发生的事情。然后她对   73
> 法丽达说，"我记得我还给你铅笔了，你把它放到了嘴里。"
>
> 法丽达说，"不，我没有。"
>
> 但是谢丽尔坚持说："你放了。因为我记得你那时正在和艾米丽玩，我过去的时候艾米丽正在拽你的夹克衫，我记得你把铅笔放进

嘴里了，并且艾米丽还在搜你的夹克衫。"

突然，法丽达也记起来了：这就是当时发生的一切。谢丽尔是无辜的，不过那支铅笔现在在哪里还是一个谜。

与韦恩的情境不同，这个情境聚焦于明显的不公正，或至少是聚焦于对一个人的怀疑。在某种程度上，很显然相比韦恩担心改正绘画，上述说法所体现的道德情境更加明晰。总之，这是教小孩的教师经常遇到的情境：一个孩子认为另一个孩子欺负自己，于是找老师告状；教师要给出评判，使矛盾得以化解。这个例子中值得注意的是教师干预的方式。显而易见，汉密尔顿女士做的不过是让两个孩子一再复述之前发生的事。在第二次描述过程中，法丽达回忆起谢丽尔的确把铅笔还给她了，因此，她的指责是错的。但是汉密尔顿女士为何要求一次又一次地复述呢？她又为何特意让谢丽尔尝试回忆并描述她还铅笔时所发生的事呢？她是预料到这样做会揭示真相吗？她不可能知道的。她成功处理这件事情一定是因为这次运气好。但若汉密尔顿女士没有让女孩们回忆发生的事，谢丽尔或许就不会那么凑巧地回忆起来了。我们应该将汉密尔顿女士的行为解读成一种信任吗？或许她表达了对谢丽尔讲真话的信任？或许有比这个更深层的含义？或许她看似不经意地请求孩子们复述故事，表达的不仅是她对谢丽尔的诚实的信任，而且是对孩子们整体善良天性的信任，相信他们在大多数情况下都不会说谎？对于这样一件简短、日常的小事做出这些解读似乎听起来有些小题大做，而且如果没有经历过更多的思考、讨论以及观察，我们决不会强求大家接受。这种不确定性正是反复围绕着一些涉及道德意义的问题，而这些道德意义体现在一些看似细小的事情上。

第二组观察：马兰的课堂

我们接下来的这组考察集中在一所男子天主教高中。方济会的神父马兰，是一名有着 12 年教学经验的老师。观察者这样描述他：

神父马兰中等个头，身体强健。他的穿着总是干净利落，无可挑剔。他有时穿一件棕色的方济会长袍，腰间系一圈白色的麻绳，有时穿一条深色的便裤，上面穿一个白色领子的棕褐色毛衣。他字迹工整，每节课结束时，教室的黑板上满是他写的整齐的数字和公式。

观察者继续描述每节课开始时神父马兰坐的位置以及他对走进教室的学生们的反应：

他总是坐在他的桌前批改作业。学生们去座位之前都要停下来交作业。神父马兰指了指放作业的地方，同时环顾了一下教室。他默默地点了下人数然后又继续批改作业。

每堂课的开头都要进行一场简短的仪式，观察者描述如下：

孩子们都回到座位后，其中一个孩子走到教室的前面，转过来面朝大家。学生们都像他那样从座位上站了起来。领头的这个男孩做了一个画十字的动作，这时，他的同学们和神父马兰（现在也站着）也照着做。他们一起背诵了主祷文。然后孩子们再一次坐到了座位上。许多孩子去削铅笔，为接下来写字做准备。神父马兰最后又看了一眼材料，然后走到教室前。

对神父马兰和班级开始这几分钟的描述给我们留下了一种相当正式和严肃的印象，或许还有一丝冷酷。神父马兰展现出一个保守、尊贵的男人形象。值得注意的是，观察者在描述神父马兰时选择先介绍他的身高和身材。他用了"中等个头"和"身体强健"这两个词，它们都不大精确，而且毫无特色，不过的确传达出了神父的形象。尽管观察者告诉我们他在班级时的典型穿着，但他没有描述神父马兰的容貌（他有没有胡子？戴不戴眼镜？时常微笑还是一脸冷漠？），他的穿衣风格和打扮是我们将这位教师作为一个独立个人来看待时首先接收到的信号。这些信号建立起一种心理上的距离感，并营造出一种正式的氛围，而且在接下来发生的事情中，还将不断增强。神父马兰不但总是穿着他那身儿具有宗教象征的衣物（僧侣长袍或是神职衣领），这可以将他与学生以及那些非宗教团体的其他成年人区分开来，而且他还总穿着暗色调的衣服，据以上信息，他的装扮无可挑剔。仅根据观察者描述的第一段，给我们留下的整体印象是一个寻求与周遭事物区别开来的权威人物。

77 　　对神父马兰课前行为的描述增加了一种正式感和距离感。我们看到，当学生们到教室时他还在忙着批改作业；而其他教师可能此时会在门口迎接学生或站在教室前面。显然，神父马兰没有与进来的学生交谈，甚至也没有与那些来他桌前交作业的学生说话。相反，他只是指了一下放作业的地方，然后又继续工作，就连清点人数也是默默完成的。他的行为以及姿态所营造的这种肃穆气氛在每节课前的主祷文背诵中达到顶峰。

　　记录中继续描写道：

　　　　神父马兰站起身走到讲台上时，整个班级都变得安静下来。之前在下面聊天、嬉笑、相互逗趣的学生现在都全神贯注地看着他。他们桌子上收拾得干干净净，只留下需要的数学书、铅笔和纸张。

　　学生们的行为进一步强化了这种严肃气氛，这在观察者的描述中是不言而明的。看上去这是一个训练有素的班级，教师不允许分心。

　　现在课程开始，科目是 11 年级的代数。

　　　　神父马兰在黑板的左上角写下了"＃22班"和日期。他转过身来面朝班级，平静地说，"现在，我们继续复习因式分解，为即将来临的测验做准备。你们复习或做作业时有没有遇到什么问题？"

几个人举起了手。

神父马兰叫了一个坐在第一排的学生，这个男孩数学很差，教师把他安排在前排以便对他进行关照。"好的，贝利先生。"

"您知道，我的情况是，当我尝试——"

"——贝利先生，直接说问题！"

"哦，我有两个问题，我——"

"我只要一个问题！"

贝利先生低下头看了看他的练习本，然后抬起头说了一个问题。神父马兰把问题写到了黑板上。还没等转过身，班里又举起了一排排小手，橡树林一般。

神父马兰叫了一名学生，他在黑板上一步一步地写下了解题步骤。"完全正确"，他说，"你看明白了吗，贝利先生？"

"是的。我在解题的时候卡在中间那个上了。"

"中间的什么？"

贝利先生看上去有点窘迫。一些手又立马举了起来。贝利先生还是不知所措。神父马兰重复道，"中间的什么，贝利先生？"

依旧沉默。举手的人开始犹豫了，有一些把手缓慢地沉了下去放在了大腿上。神父马兰用右手托着下巴，眼睛专注地盯着地面。他就站在贝利先生的正前方。

贝利看着黑板上的题，一脸愁容。突然，他似乎开了窍。"哦，是方程中间项！！！"举在空中的一只只手像是被扎破了的气球一般落了下去。

"没错，"神父马兰回答。"是方程中间项。现在说说你的第二个问题？"

在这个简短的描述中，值得注意的第一个行为是，神父马兰把日期和班级号写在了黑板上。我们可能会想，他为什么要费事儿地写上班级号呢？或许他是想让学生们把这个信息抄到自己的本子上便于以后查看，但是光写日期肯定就够了。换句话说，谁在乎这是 22 班还是 23 班？答案是神父马兰显然很在乎，而这又为此处营造的这种道德氛围提供了另一条线索。在这个教室中，精确度事关重大，即使它毫无意义。这也是教师认为最重要的事情，其重要性不容置疑。

第一个被叫到的学生的尴尬处境进一步证实了我们刚才所说的。贝利（老师称他贝利"先生"，这是正式的另一个表现）几乎还未开口，老师就告知他说错了。神父马兰是要找一个具体问题写到黑板上，他并不想听贝利描述他在努力解决问题时遇到的困难。而且，神父马兰只想要一个问题，而不是两个。不过让人疑惑的是，起初他并没有说只要一个问题。开始时他问学生们复习或作业中是否有什么问题。听上去贝利像是正要按这个要求说，老师却打断了他。

对于老师提高音量我们应作何理解？这是不耐烦的标志吗？贝利就站在老师前面，根本没有必要向他喊。

当另一位学生对困扰贝利的这道题给出正确答案时，神父马兰强调了其正确性，称它为"完全"正确，这再一次凸显了精确度的重要性。然后，他转向贝利询问他是否明白了正确的解题方法，贝利当即又陷入了困境，这一次是将黑板上的方程中间项说成了中间的"那个"。神父马兰在等贝利措辞时采取了一种庄重的姿态——他的右手放在下巴上，眼睛盯着地面。他的姿势有一种明显的戏剧性，但是这姿势是为谁摆的呢？是为了贝利吗？想让他感到紧迫？或是为了其他学生？他们或许觉得老师假装得这么庄重很可笑？还是为了观察者？他或许在尽职记录的过程中还在思索其含义？这里展现的这种道德不确定性与汉密尔顿女士教室中的有些不同。当贝利回想起正确的说法时，沉默被打破了，神父马兰让他说出第二个问题。

这一片段我们作何解读？它又揭示了神父马兰和整间教室的道德氛围的什么呢？我们已经说过这个教室有一种正式且严肃的气氛，或者甚至有一种庄严的感觉，这在很多方面得到凸显：开始时的主祷文、神父马兰的穿着和举止、他用"先生"来称呼学生、他坚持让贝利按照常规用术语说出问题，而不是去讨论这一问题，这些更增加了其正式性。我们大部分人或许会认为神父马兰只在乎题有没有正确解出来，而一点儿都不想听学生们繁琐的解题过程。此外，高级代数——这一科目本身，也使氛围更加正式。这一科目不仅仅解释了神父马兰对精确度的看重（因为若某一科目有这样的要求，那一定是数学），而且它还通过毫无人情味的姿势和手势增添了一丝正式性，并拉开了心理距离。在现实世界中，这些姿势和手势仅能存在于极少且比较专制的人际关系之中。

下面是神父马兰课堂的另一则短例，这次是九年级的代数课。

> 神父马兰开始在黑板上写问题：b2 -36，还没写完，许多只手便举了起来。短暂地巡视了教室一圈儿后，神父马兰点了点头，"好的，罗宾逊先生。"
>
> 学生一边说，教师一边在黑板上把每一步写下来。
>
> "两个圆括号。"()()
>
> "b，b"(b)(b)
>
> "6和6。"
>
> 神父马兰僵在那里没有动，他的粉笔停在距黑板大概15厘米的地方。他把身体挺直，转过半张脸对着班级，眉毛挑了起来，嘴角紧闭，斜眼儿看着罗宾逊先生。
>
> 有几只手举了起来。罗宾逊先生凝视着黑板。
>
> "哦，加和减！"
>
> 神父马兰的姿态放轻松了一些，头稍稍向上扬着，转回身把加减号写在了数字的旁边。

再一次，关注点放在了一步一步的过程上，这次神父马兰成了学生的秘书，由罗宾逊来口述因式分解习题的解题方法。学生刚一犯错，书写便立刻停止了，神父马兰手中的粉笔停留在半空中，仿佛他是一个内部机器突然出现了故障的假人。他的身体不动，仅转过了脸，再加上他看罗宾

81

逊的表情，这些让我们想起了他在等贝利改正错误时的那种戏剧性的严肃姿态。

下面还有两个含有相似夸张姿势和手势的片段。

"这个 2 要怎么办?"神父马兰困惑地问一名学生。但是这个刚才一直在陈述解题方案的男孩没有吱声。他瞄了瞄黑板上的问题，又低头看了看练习本，然后目光又回到了黑板上。神父正注视着他，从黑板前走开，站到讲桌旁，他一只手放在讲桌上，另一只手托着下巴。缓缓地低下头，闭上了眼睛，一动不动。

与此同时，其他学生要么是看着老师，要么瞥了一眼那位学生，他仍然在努力寻找他的错误。大约有 6 名学生举起了手，尽管他们有些心不在焉，但看上去似乎知道神父马兰这个姿势还会持续很久。

最终老师抬起头，轻声地问全班同学:"这个 2 我要怎么处理?"一个学生给出了正确答案，得到了神父马兰的大声肯定，"正确! 你要把 2 当成公因数提取出来!"这名犯了错误的学生沮丧地摇摇头，骂了句"该死!"快速地用橡皮把他作业本上写的东西擦掉了，然后迅速抬起头，继续说接下来的步骤。

82   第二个片段如下:

在一节课上，神父马兰叫了一名想解题的学生，但这个孩子直接在大家已经完成的一步上犯了错。神父马兰用那个我们熟悉的问题打断了他:"X 是什么，格林先生?"

格林盯着他的作业本。神父马兰朝他走过去，又问了一遍，直接站到了他的面前。同时，有几个坐在附近的学生鼓励格林说出正确答案。"快说呀，老兄!"他们催促道。神父马兰又问了一遍，"X 是什么，格林先生?"同时，他在地上跳了一下，俯身看着格林，似乎是在逼迫他说出答案。

"哦！"格林突然说，"12！"

"啊，"神父马兰松了口气，挺直了腰板。他一边转身走向黑板一边说，"请继续！"然后格林继续说了下去。

观察者在评论自己的笔记时提到了神父马兰"挑起的眉毛、突然僵住的姿势、爆发的声音和夸张的动作"。他称学生们对这些信号十分警觉，而且反应相当迅速。但是我们需要问的问题是，这种戏剧性的表演向我们展示了教师道德品质或班级作为一个整体的道德氛围，我们应如何解读？

与汉密尔顿女士相比，神父马兰似乎更像是一个"登台表演"的教师，这一点毋庸置疑。他无可挑剔的打扮、"服装"（比如他那身宗教的衣服）、考究的举止、傲慢的手势（比如，他轻指放作业的地方）、迟缓的进场（比如，他缓慢又郑重地从他的桌旁走到教室前）、课上夸张的姿势——所有这一切都彰显出这个人相当清楚他自身的表现以及对别人的影响。这样的表现也代表着一种自尊的态度吗？也许是这样。

在我们所评论的这些态度中，神父马兰与三个学生一对一地交流，这强化了其行为所创造出来的戏剧性效果。每一位学生都与老师短暂地共享了这个舞台，就像是被一个表演者——也许是一名穿着燕尾服的魔术师叫到台上的一名观众。教室里的其他人则像是影院观众一样在观赏。一些人挥着手，表示他们愿意当表演者的助手。

所有这种舞台行为和道德有何关联？它是在体现教师的虚假和做作吗？从一种层面上看，这是肯定的。观察神父马兰的人都会发现，至少他有一部分面部表情和手势是研究过并"假装表现出来的"。在这个方面，至少它们是虚假和做作的。他的学生也会这么想吗？仅凭观察我们是无法回答这个问题的。但是就他们在课堂上的参与程度来说，他们对待神父马兰是很严肃认真的。而且，我们不得不承认，尽管他的姿势有些夸张，但或许正是因此，神父马兰成功地吸引了学生的注意力。他看上去也全身心地投入其中。他的表演似乎是在为更大的目标或任务服务，比如帮助学生学习数学，同时教他们认真，在做题的过程中要注意细节。换句话说，神

83

父马兰的形象不只是一名演员，而是一名认真的演员，他专注于角色的要求，而不是一味追求观众的赞美。

我们对神父马兰教学风格中的正式性有什么评价？比如，他每堂课以祷告开始，他仔细地为每节课标号，他坚持让学生说术语，他用"先生"来称呼学生，以及分析问题时按部就班的常规过程。从共情的视角，所有这些行为都与他所教科目的特点相一致。代数本身就是一门规范的学科，它的内容因简洁而严谨，就像是主祷文或是教士的衣领一般。神父马兰是照此来安排他的课堂的吗？当他琢磨他的班级如何上课时，他考虑过这些吗？很难相信他会这样做，我们前面观察记录中的汉密尔顿女士也不会这样做。更有可能的是，神父马兰教学的方式是对其自身作为一个独立个体的表达——一个用心打扮、衣着完美、严肃认真的人，或是这些简短观察记录中所体现的其他形象。这样一个人会对与他每日交流的年轻人施以积极的道德影响吗？甚至对贝利、罗宾逊和格林这些时常被他疑惑的表情、威胁性姿势吓到的学生也是如此吗？毫无疑问，是这样的。我们自身当然信服神父马兰作为道德主体的影响力。

第三组观察：乔丹的教室

我们的第三组观察是在一所私立学校的二年级教室里进行的，我们看到那里的老师——乔丹先生——与学生在各种各样的环境中互动。第一段观察记录从上午的晚些时候到午餐之时，比我们迄今为止所呈现的记录时间要长一些。

在二月某个上午的晚些时候，乔丹先生正在二年级教室里和一个阅读小组一起上课。该组学生轮流大声地朗诵故事，乔丹先生鼓励他们，偶尔在他们朗诵之后提出问题——不管他们有多么结结巴巴，或是多么困惑，乔丹先生总是说："非常，非常棒"。为了让吉姆和丽萨安静下来，他两次打断了朗诵。第二次时，他告诉他们："吉姆和丽萨，我要求你们不要说话，你们明白为什么吗？"吉姆和丽萨点点头，乔丹继续说："明白了吗？"他们又一次点点头。

稍后，乔丹先生送阅读小组的学生回到座位上时，让吉姆和丽萨跟他一起走。他告诉吉姆和丽萨，他们一直在玩儿并且制造了太多噪音。"我们在这里没有那么多时间，要玩儿就出去玩儿，现在是上课的时候了。"

就在吃午餐之前，乔丹先生把全班学生都叫到地毯那儿。关于上午的活动，他有一些问题想说，并且想告诉学生们下午他们要做什么。丽萨正坐在人群的后面，她没有坐直，而是靠在一张书桌上。乔丹先生向她打手势让她坐直，但是她不同意，约一分钟之后，桌子滑出了几英寸远，发出了噪音，因为她的重量靠在桌子上。乔丹先生怒视着她说："丽萨，坐直"，然后继续说着下午的安排。

学生们像往常一样在教室里吃午饭，乔丹先生也像往常一样加入其中。今天，他和一群女孩坐在靠近黑板的一张桌子旁。除了其他话题之外，他还和大家讲述了自己和侄女一起"在厨房玩耍"的事情。当学生们在说话时，乔丹先生注意到丽萨（几乎坐在教室的另一边）正在拆一个奶油夹心纸杯蛋糕的包装。乔丹先生大声喊道："丽萨，用不用我替你吃了？"以此暗指他非常爱吃奶油夹心纸杯蛋糕。

丽萨摇摇头，他点点自己的头，她再次摇头，他再次点头。他回到自己的桌子旁重新加入到谈话中，但是后来，当丽萨还在挣扎着揭开包装纸时，乔丹先生说："丽萨？求你了，丽萨？"丽萨用一个大大的微笑继续拒绝了他。

同时，乔丹先生那桌的女孩们已经开始讨论她们父亲的名字了。她们父亲的名字乔丹先生大多数都知道，但是有两个人的名字他不太确定。最后，有一个女孩问乔丹他父亲的名字是什么，他回答说："爸爸"。女孩儿们捧腹大笑，但是似乎对他的回答很满意。这时他们已经吃完饭了，清理完残羹剩饭并把午餐盒扔掉后，就去玩游戏

86

或者做项目了，直到午餐时间结束。乔丹先生是最后一个吃完的，所以轮到他从水槽里取出海绵，擦拭桌子。他这么做的时候，经过丽萨的身旁，丽萨终于拆开了纸杯蛋糕，咬了第一口。

87

乔丹先生兴高采烈地说："哎呀！中间的奶油，那是最好吃的。"蛋糕还在丽萨正微笑着的嘴巴里，她故意避开乔丹先生，仿佛是为了表明她依旧不打算让他吃蛋糕。

大概五分钟后，乔丹先生敲钟了，这表明孩子们要把他们的游戏和项目放一边，到门口排队去体育馆。艾米丽一直在制作情人节卡片，甚至在其他孩子把东西放到一边去排队后，她还在继续忙碌。最后，乔丹先生告诉她："艾米丽，如果你想知道这间教室是否有人在压着火儿，确实有人；如果你想找出来这个人是谁，那你就继续写。"艾米丽急忙把制作的卡片塞进桌子里，加入到去体育馆的队伍里。

如同我们之前的两组观察记录一样，教师也是这一系列记录中的关键人物。那么这些观察揭示了教师的什么呢？在回答这一问题之前，很值得探讨一下这个问题本身。首先，在课堂上提出这个问题再自然不过了，是第一天上课时浮现在所有年龄段学生脑海中的最重要的问题（通常不只限于第一天上课的学生）。每次老师不在或者换老师时，这一问题就会重现。其次，这也是一个道德问题，因为我们都想知道老师（他 / 她）是一个什么样的人。她会很善良吗？他会很坚强吗？他会"宽容"吗？她会"严厉"吗？除了其他方面之外，这些问题还涉及赞美和责备的频度，这使得它们具有道德性。它们像立法者和法官一样询问教师的性格，并且谈到学生需要付出多少努力，这涉及意志、耐力和毅力等所有道德问题。最后，因为这些问题可以归结为学生是否喜欢老师，所以它们无法与爱和恨的基本道德态度分开。

88　　一项观察记录能够揭示教师的什么呢？预先假设它必然能揭示一些东西，那么我们对此会有多大把握？我们引用了爱默生对此问题的回答，读者会回想起他那有力的话语，他认为我们所做的一切会揭示我们是哪种人。他是这样说的："品格远在我们的意志掌控之上。人们总以为品格善恶的表露是出于明显的行动，却不知在自己不知不觉间已泄漏出了自己的品格。"[1] 爱默生话语中带有的诗意力量，给人留下了深刻的印象，但是我们应该如何认真看待这些话语呢？善与恶真的会每时每刻都散发出气息吗？特别是教师，他们是否总是在他们所做的每一件事上都表达出他们性格的某些方面？我们优先思考一下这个问题，让我们细想一下关于乔丹先生的记录。

该记录以乔丹先生与二年级的一个阅读小组一起上课为开端。每一位学生大声朗诵完毕后，乔丹先生都说了相同的话以示表扬（"非常，非常棒"）。从老师那里得到这样简短的评论，是否例证了爱默生所说的美德无处不在？有可能如此。看来，乔丹先生给予的赞美将会受到那些接受该赞美之人的欢迎。观察者还说，乔丹先生在整个读书会期间一直在鼓励学生。因此，只根据这条信息，我们可能就要开始认为，至少暂时认为，他是一位有帮助、能给予支持的老师，一位很会鼓励学生的老师——所有这些品质都被广泛认为是教师的美德。

但是乔丹先生对每一位朗诵的学生说的话显然都是一样的，无论他（她）读得多好或多差。他的一视同仁似乎会降低表扬的价值，但是这对他的美德有什么影响呢？这肯定会有损他的美德，因为他说同样的"非常，非常棒"，让我们怀疑他的话并不是他真正要表达的意思。他的回答是如此机械，甚至都没意识到自己在说些什么。这是否意味着他不真诚呢？可能是。一个人能对他人有帮助、给予支持，但是不真诚吗？一切皆有可能。但是什么样的人是不真诚但有帮助的呢？从道德角度来看，相比真诚、有帮助的人，他是没有魅力的人！如果乔丹先生根据每位学生的具体表现给予恰当的评价，像这样说："比利，那是非常好的，但是你需要用以 t 开头的单词，不是吗？"或"萨拉，太棒了！我特别喜欢你的发音，

89

---

[1] Emerson，"Self-Reliance"，*Essays*，p. 166.

很清晰。"相比一开始的有帮助，给予支持，我们（和观察者）可能会对这样的方式更加印象深刻。因此，我们必须克制自己最初想为乔丹先生那明显的帮助而鼓掌的冲动。

在这一点上，有些人肯定会认为我们作出道德判断还为时尚早。他们可能会说："毕竟，你才刚刚开始查看观察记录，就在这里谈论乔丹先生似乎是一个有帮助但不真诚的人，而且所有判断都是基于他重复说的话：'非常，非常棒'，说真的，这样的结论还有点儿不成熟，不是吗？"

事实上，如果这是结论的话，它的确不成熟。也许在这方面我们有一丝不诚恳，但是我们在这里所做的一切，都是在教学环境中用爱默生的话来检验真理。我们的观点是，不应该只根据这些少量的证据就认为乔丹先生是一个有帮助或者不真诚的人。我们只想指出，如果我们愿意思考这种看似无关紧要之事的意义，甚至思考像老师对学生点点头，或者在背诵之后给他们一个口头嘉奖这种显然微不足道之事的意义，那么这就可以被看作是持久性道德品质的反映，或者至少可以引发这样的想法。至少从这个意义上说，爱默生似乎并没有偏离我们的主题。我们可以把一个人做的所有事情都看作是对他（她）某些方面的揭示。这一单个事例也印证了爱默生"品格高于意志"的话语似乎也是正确的。这让我们想起了我们在讨论汉密尔顿女士的课时所说的话，我们在对神父马兰的评论中也含蓄地表达了这一点，也就是说，无论教师（他或她）自己的意图是什么，他或她的行为都会产生道德后果。

这个讨论引出了另一点，即我们照这些说法——也就是说，作为某种人就拥有某种品格——来看待别人，这不仅有可能，而且很自然。特别是当这个人身居权威之位，就像老师一样时，这就应该不足为奇了。我们上司的品格对我们来说尤为重要，因为他们有权力让我们的生活过得愉快或悲惨。这是否意味着乔丹先生阅读小组里的学生意识到了老师在重复说"非常，非常棒"？或者将其作为反映老师品格的线索去思考它的意义？肯定不是。但是关于乔丹先生的品格，教室里的每位学生都有自己的观点，通过他们在操场或者在家里听到的言论，这种观点在上课的第一天甚至更早的时候就开始形成了。我们有理由去推测，这些日常并且简短的话语使他们无意识地形成了对乔丹先生的看法。

整篇记录都聚焦乔丹先生与丽萨的互动过程。首先我们注意到，他告诉丽萨和吉姆在朗诵环节要保持安静，后来私下里找他们，表达了自己对他们这种行为的不满，并且指出了学习和玩耍之间的区别。他与丽萨和吉姆的对话强调了要求他们少说话、少玩耍的合理性。上午晚些时候，乔丹先生与丽萨进行了另一次交流，这次是因为丽萨倚靠在一张桌子旁而不是笔直地坐着。他打手势让丽萨纠正姿势，却没被理睬，一分钟后，她倚靠的桌子移动了，发出了噪声，这就导致乔丹先生对她怒目而视，并命令她端坐起来。

在这两种情况下，乔丹先生的行为并没有什么非同寻常的，丽萨的行为也不是特别值得注意。她的不当行为，如果这么形容的话，肯定是小事，而且乔丹先生对这些行为的回应也相对低调。然后到了午饭时间，乔丹先生开玩笑似的要求丽萨和他分享她的蛋糕，借口是自己特别喜欢这种蛋糕，这些都是他正和一群女孩儿在另一张桌子吃午饭时发生的事情。他不止一次，而是三次要求丽萨和他分享那个蛋糕，并且以这样的方式让丽萨笑了，最终丽萨也加入了其中，因为乔丹经过她时，她故意转过身去。

我们应该怎样理解这些发生在午餐时间的花招儿？乔丹先生似乎特意和丽萨玩戏弄游戏，他是在试着弥补当天上午早些时候对她的轻微训斥吗？还是他已经忘记了那件事？只是像回应教室中其他任何一个拿着奶油纸杯蛋糕（据说这是乔丹先生最喜爱的甜品之一）的学生一样来回应丽萨？不管怎样，他肯定对丽萨那天早上的行为方式并无恶意。这是他想传达的吗？如果是，如果真的这样，那么我们如何修正对乔丹先生这种人的最初印象？他现在看起来比之前更有爱心了吗？和他之前的训斥行为所隐含的形象自相矛盾吗？那么我们又应该如何理解无意中听到的他和同桌女孩们交流时开的玩笑呢？这些饱含信息的片段是如何强化了我们对乔丹先生作为教师的最初印象，或是颠覆了这种印象？我们不应该正面回答那一连串的问题，而是可以简单地跳出观察记录，重新审视我们的提问过程本

91

身。因为我们的评论形式有一些既自然又不自然、既合理又不合理的东西。让我们试着一探究竟。

根据之前所说，一个人的性格能够通过看似微不足道并且不重要的行为暴露出来，那么仔细观察教师行为的每一个片段，看看它能告诉我们关于那个人的什么信息，这似乎是完全合理的。我们早些时候说过，想要做出这样的判断不仅有可能，而且很自然。同时，我们一直尝试着对乔丹先生与学生的互动作记录，这些记录似乎有一些错误，有一些太唐突甚至可能不公平的东西。我们的表现就好像是在保留一份记录本，里面记录着乔丹先生的所作所为，在本子的最后一行会提供我们对他的最终评价。那么，这么做有什么错？为什么会让我们感到不安？其中一个原因是，尽管我们已经说过，想要评判身居权威之位的人是一件非常自然的事情，但做起来却是一件不自然的事情。然而，这里的做法不自然之处在于，我们通常不会像对待乔丹先生的行为那样去仔细地审视别人的行为。但另一方面，坐在教室后面记笔记——不管是在他人的教室还是在我们自己的教室——也不是一件自然的事情。所以，我们参与的整个过程就有些奇怪之处，因为我们在日常生活中通常不会这么做。

当然，有时我们会像对待乔丹先生那样去仔细地审视人们的行为。当我们有理由怀疑他们的性格时，当我们怀疑他们对我们有所隐瞒甚至具有自我隐瞒的性质时，这样的情况就会发生。因此，我们之所以感到不适，至少部分原因是我们觉得我们在暗中监视乔丹先生，而他当然没有做任何值得如此严密监视的事。

但是，在我们所做的事情里，还有比这更让我们有不自然之感的。因为即使我们怀疑乔丹先生，并且有理由去评价他的性格，我们可能也不会这样做。相反，我们会一直去寻找那些能暴露其特征的特定行为，而不是停下来细想他做过的每一件事。例如，一处关键的口误或者一次无法控制的激烈情感爆发。因此，让我们对自己所做之事感觉奇怪的不只是我们间谍似的审查，即使是间谍，我们的行为也很奇怪。

如果我们注意到乔丹先生行为中的细节是如此不寻常，那么我们为什么还要这样做呢？我们这样做的主要原因是要表明乔丹先生所做的每件事——任何教师所做的每件事——都适用于我们在这儿一直所受到的那种质疑。我们通常不会选择给予这种监视，然而，因为我们很少有机会这么做，而且衡量每一种行为的道德意义会耗费很多时间和精力，以至于我们不能继续做我们想做的事。因此，我们在这儿所展现的观察方式与我们正常的、日常的感知习惯背道而驰。这似乎是，我们"踏进"这种观察方式，事实上尽管这个过程并不像"踏进"这个隐喻所隐含的意思那么简单。当我们在观察时，我们将继续阐明我们的意思，而且当我们用更通用的术语对这种观察方式进行讨论时，我们也会在第四章对此进行更多的阐述。

说了这么多，我们仍然要用恰当的例子来问一下这种审查的好处。我们的提问方式是否（1）在很大意义上改变了我们对乔丹先生的看法？（2）或者加深了我们对道德考量是如何渗入教室所观察之物的理解？

在我们看来，暂停下来，用这种方式质疑乔丹先生的行为已经影响了我们对他的看法（就像我们在对汉密尔顿女士和神父马兰的教室进行反思时所发生的那样）。我们已经开始思索乔丹先生所做之事的道德意义，他的行为本来可能意味着什么？这些行为有意或无意地传递着什么样的道德信息？我们开始以一种更全面的，或者，也可以这样说，以一种更有条理的方式观察他。在观察记录中，乔丹先生的二维形象跃然纸上，并开始呈现三维形象，几乎像一座浅浮雕，它的出现似乎具有一种功能，让我们停下来思索乔丹先生行为的意义。无论我们思索的结果如何，即使未能回答他们提出的问题，但仍然是事实。最后这一点值得强调，因为它有助于解释我们所参与的提问过程和我们的记录之间的区别，在记录中，我们将好与坏的行为进行了比较。

从道德方面考量一个人，就要先思考他（她）可能是怎样的人，就是要富有想象力地赋予那个人生命。我们不必在这个过程中停下来去统计该方法的全部步骤。因为促使我们对这个人或任何个人产生生动印象的不是我们的最终判断或导致该印象的临时判断，而是我们对他（她）所说和

93

94 所做之事进行的密切、持续的关注，再加上伴随着这种关注而进行的思考。同样的条件似乎也适用于以下问题：我们正考量的这个人，是否是我们实际上观察和倾听的那个人？或者是否是他人所描述的那种人，就像乔丹先生一样？

正如我们在第二章的引言中所陈述的，本书囊括的描述和评论将被视为开放性的，而不是封闭的——开放的意思是邀请读者继续进行思索和提出疑问。接受该邀请就意味着读者愿意继续探寻我们经历的一切所具有的道德意义。接受该邀请本身就是一种道德行为，需要耐心、坚韧、公正的品质，最重要的是，无论我们正在观察和考量的对象是谁，对其还需要有一种关怀意识。约翰·杜威分辨出一组类似的品质，这些品质在所有探究中都处于核心位置。"思想开明""全心全意"以及"责任感"是他对这些品质的概括①。他将这些品质称为道德品质，并将其视为"性格特征"。杜威的"思想开明"和安伯托·艾柯的"开放的作品"在当前语境下完美契合。他们二人都提到了道德品质，都在每一次尝试理解课堂上所发生之事中发挥了作用。我们将在第四章对这些问题进行进一步讨论。

观察继续：

在十月初的一天早上，火警警铃响了起来。乔丹先生一言不发，二年级的学生们就都站了起来，在门口排成两列。队长带领同学们离开教室、下楼、走出前门到人行道上。乔丹先生扶着腿打了石膏的乔尔一起走，在队伍的最后。

从观察者的立场来看，这个简短报告的关键词是"乔丹先生一言不发"。当火警警铃响起来时，孩子们在没有老师指导的情况下，自己排队走出教室，这一事实似乎给旁观者留下了深刻的印象。事实上，乔丹先生在队伍最后（我们可能会注意到，他在孩子们明显需要帮助的地方给予帮

---

① John Dewey, *How We Think*, Lexington Massachusetts：Heath，1933，p. 33.

助）。尽管作为读者的我们也同样会对报告中学生们的行为印象深刻，但 95
是从道德角度来看，他们的独立意味着什么，这一点并不显而易见。它展
现出这些孩子拥有良好的纪律吗？这似乎是最明显的解释，但是我们应该
如何理解呢？我们应该把这个"成就"归功于乔丹先生吗？似乎应该如
此，除非我们认为还有其他可能性，即在其他老师的指导下，学生们在一
年前就学会了这样做。但是那又怎样呢？让我们假设乔丹先生自己训练过
学生，让他们无论何时火警警铃响起，都要鸦雀无声地排队，迅速走出教
学楼。这是一项非同寻常的成就吗？还有，这其中什么因素是重要的？是
学生们在这种情况下独立行动的能力吗？还是他们像绵羊一样温顺，遵守
着老师或其他权威人士制定的规则？

　　这可能是观察者做出错误选择的一个例子吗？在这样的例子中，观
察者的动机和意图甚至变得比教师的动机和意图更为重要了。事实上，观
察者写的这份简短的报告促使他的意图变得明晰，他想让我们从中获得一
些启示。是什么启示？看似重要的不是老师的作为而是他的不作为，他没
有在人们希望他这么做的情况下采取行动。是这样吗？观察者是在试图让
我们理解教师的不作为就像他有作为一样，都可能反映教室内的道德氛围
吗？考虑到这种可能性，让我们进入观察记录的下一部分，它也是由一个
单独的段落构成。

　　　在乔丹先生的教室里，有一块黑板上面贴着字母表。但它并不
　　是商业印刷出版的书法作品。每一个字母，都写在一张独立的卡纸
　　上，由班上的一个孩子设计并涂色的。

　　这次我们既没有看到老师也没有看到他的学生，相反，我们看到的
只是对黑板上方展示的字母表中的字母的简短描述。重要的一点显然是， 96
每一个字母都是由教室里的一名学生设计并涂色的，而不是来自通常的商
业展示品。通过思考乔丹先生为什么选择让学生参与这样的项目，我们开
始了思索。当然，从干净度和易读性两点来看，商业印刷的字母会更胜一

筹，同时也更节省时间。那么让学生参与这样的项目会有何收获呢？有一点，每个孩子都有机会参与到一项共同的活动，而且以一种大家都能看到的方式去做。那么如何在众人中脱颖而出呢？这是一个问题，而手工制作的字母表似乎是一个解决方法。乔丹先生在安排这样的任务时，心中也是这样想的吗？这重要吗？这种"合众为一"的字母表与孩子们在消防训练时排队离开教室时所表现的独立有关系吗？这两个事例是否都证明了二年级学生对责任（对自己的行为承担责任意味着什么）的理解？这两个观察片段是如何与第一个报告（以乔丹先生与丽萨的互动为特色）相辅相成的？它们三者有共同之处吗？可能有，它们都谈到了作为集体活动中的合作成员的重要性。当丽萨扰乱集体时——首先是说话，后来倚靠着一张桌子制造出了噪声——她因这么做而受到了批评。乔丹先生想尽办法和她友好相处，就好像要向她保证他对她的不当行为并没有恶意，可以将其解读为乔丹先生努力要让她融入课堂之中？

让我们先搁置这个问题，暂不回答，继续看观察记录的下一个摘录。

彼得用了十五分钟给一张图片涂完色后，他拿着自己刚刚完成的作品走向了正在帮助另一个学生的乔丹先生。彼得等待着，当乔丹先生帮完第一个学生后，他走向了彼得，而彼得举起自己的作品，并问道："乔丹先生，你喜欢这个吗？""太棒了！"乔丹先生仔细看了一会之后，说，"让我想起了你。"

从道德视角来看，这个简短的报告最突出的一面就是，乔丹先生对彼得的回复既热情洋溢而又充满温暖。我们不知道彼得画了什么，但是我们可以合理地假定不是自画像，甚至也不是其他人，因此，乔丹先生的"让我想起了你"指的不是他作品的实际内容，而是作品的质量，他说作品很棒。换言之，彼得受到了双重称赞，他被告知他的作品很棒而且本人也很好，这些称赞也就是寥寥数语而已。尽管观察者没有告诉我们这些，但是我们也可以想象到乔丹先生在和彼得说话时脸上一定挂着大大的微笑，两个称赞加上一个微笑。就认可的方式而言，彼得还能再要求什么呢？

我们也应该注意彼得的提问方式。他既没有问自己的作品是否完成得很好，也没有表现出对该作品的改进感兴趣。相反，他想知道的就是乔丹先生是否喜欢。他是在寻求老师对自己所做之事的认可，这种请求在二年级学生里很常见，所以也就没有传达出太多关于乔丹先生本人的信息。然而，它提醒了我们，老师的认可对这个年龄的学生来说有多么重要，这强调了乔丹先生的热情回复所具有的效力。他的"太棒了！"对所有接受者而言都是令人振奋的良药。

一名教师对一个孩子的画作（以及这个孩子本人）以这种方式予以热情的称赞，我们又能说些什么呢？他真诚吗？该画作以及孩子本身是否值得这样的称赞呢？乔丹先生给出了错误的称赞吗？我们无法从记录本身得知答案，但是这种情况的发展方式——漫不经心，可能再加上彼得提问的方式——让我们觉得"谁应该得到什么"这一问题在这里没有什么特别的意义。但这并不意味着乔丹先生可以自由地对该画作出评论，他花费了时间仔细察看，这有助于给他人留下他正在做出准确而公正的判断的印象。但是这种情况需要的明显不是对画作的优点做出一个精细准确的评价。彼得想要得到认可，而这就是乔丹先生给予他的东西。乔丹先生无意识的回复让我们相信：无论画作看起来怎样，也许，无论是谁画的，他都会这么说。他这么做不会让他看起来不真诚，除非我们希望用最无聊的条文主义方式给"不真诚"下定义。简而言之，当他人对自己所做之事或所有物向我们寻求认可时，社会习俗让我们可以自由地给予他人认可，甚至应该不吝称赞，而这似乎就是乔丹先生回复彼得的方式。

从道德角度来看，乔丹先生的回答令人感兴趣并不是他在整体意义上的真诚或不真诚，而是他的回答所揭示的支持性环境，即教师尤其是那些和年轻学生打交道的教师一直被要求创建和维护的支持性环境。教师实际上需要培养一种回应周围世界的方法，这种方法在语气上积极向上，同时在表达上热情饱满。这并不意味着教师必须总是对学生取得的一点点成

98

就大加赞扬，或者滔滔不绝地讲他们的所见所闻，但它确实需要教师做好准备并愿意去解读学生们所说的话。如果不能从最好的方面去做，至少也要从有利的方面去做。

观察者正在寻找教师和教室环境作为一个整体可能体现着的道德善，他们也认为有必要保持一种积极的取向。他们也要时刻留意个人品质和环境特征，因为他们的美德只能被隐约地感知，或只是部分地被意识到。观察者不需要用教师回复学生的那种热情对他们观察到的内容作出回应，但是，当出现道德方面模棱两可的情况时，他们更愿意对教师持一种怀疑态度，这对观察者来说至关重要。

观察继续：

99

　　四月的一天早上，在间餐时间，路易丝正在和乔丹先生讨论她最近修完的"礼仪课"。

　　她说："最后，我们办了一场鸡尾酒会。"

　　乔丹先生说："真的？"

　　"嗯，是的。我们必须和我们不认识的人闲聊（small talk）。"路易丝咬完最后一口水果卷，说："酒会很无聊。"

　　"你学到什么礼仪了吗？"

　　路易丝摇摇头说："没有"。

这里发生了什么？为什么观察者觉得这个简短的交谈值得记录呢？只是因为它那明显的幽默吗？这个交谈的话题，即一个二年级的小孩子在礼仪课上的经历，促使该片段不仅仅是幽默那么简单。从广义上讲，礼仪是道德的一个组成部分（杜威将其称为"较小的道德"）①。因此，一门致力于讲授礼仪的课程可以被看作是道德教育的一种形式，虽然不是我们通常以为的那种出现在日常谈话中的形式。说得委婉些，一屋子七岁的孩子

___

① John Dewey, *Democracy and Education*, New York: Free Press, 1916, p. 18.

参加模拟鸡尾酒会的情景也有些不同寻常。有些人可能会觉得很可笑，其他人会觉得烦躁不安。在许多社交场合，尤其是在那些富有的人中，与陌生人闲聊的能力无疑是有用的。但是在招收入学儿童的实践课上系统地讲授这些技巧会引发一系列问题，如：社会认为什么是有价值的？当今父母想让孩子做什么？教育到底是什么？路易丝将"闲聊"用作动词，并将其作为语言早熟的一种象征，而语言早熟正是这种礼仪课致力于培养的目标。

但是当路易丝这样年龄的孩子被教成熟练的闲聊者（small-talkers）时，我们会无法想象这个世界将会变成什么样子，然后慢慢地开始意识到，我们刚刚读到的谈话片段很可能是从一场现实中的鸡尾酒会上直接提取出来的！路易丝在一点一点地吃水果卷，这是青少年的开胃小点，同时在间餐时间与她的老师交谈。这种在教学日里常见的休息时间（至少在低年级）是供大家放松和振作的，这与鸡尾酒会对于成年人的意义相同。乔丹先生不是陌生人，这是事实，但是鉴于对话的内容，他也可以很容易成为一个陌生人。现在我们如何看待路易丝的课程？我们还像以前一样不赞成吗？很可能如此。但是，注意到这次对话的内容及其当时的情景的类似之处，我们可以问一下：乔丹先生的课堂对于所有在场的孩子，甚至可能对乔丹先生自己来说，是否可以，或者在什么意义上也能被视为一门"礼仪课"？

当丽萨因为上课说话而受到责备，以及后来因为倚靠一张桌子而受到训斥时，难道她不是在受礼仪方面的训练吗？乔丹先生在这两个插曲之后是如何表现的——是他在吃午餐时和丽萨开玩笑似的对话，以及他和丽萨关于纸杯蛋糕巧妙的应答吗？这两种行为难道不是关于如何在公共场合表现的生动的课程吗？或者，至少我们可能会将其想象成，这是学生倾向于解读他行为的方式。同样，我们可能会说：汉密尔顿女士和神父马兰的教室也以一种持续的礼仪课程为特征。

我们会将乔丹先生教室里发生的事情看作是一系列对乔丹先生自己和他的学生的教训吗？如果我们把乔丹先生看作是那种还在学习如何成为

100

老师或者如何成为一名更好的老师的人，那么，我们就会这么认为。他是那种人吗？观察记录里的这些片段让我们感到疑惑，但是并没有让我们对这个问题完全一无所知。在目睹了乔丹先生的行为之后，即使就像一则趣闻那样简略，我们也已经开始认为他是一个关心学生的老师，但并不感情用事。他有时会有点儿严厉，但也会很快就原谅他人的过错；当情况允许时，不排除他也是乐于闲聊的老师，但是他知道什么时候该回归正题。黑板上手工制作的字母表就代表着乔丹先生这类教师到目前为止变成了尊重学生个性的教师，但是他做得非常谨慎，允许每个孩子的独特性在一个共同任务的约束下得以表现出来。

第四组观察：沃尔什的课堂

101　　本章介绍的最后一组观察描述的是沃尔什女士，一所大型公立高中的英语教师。该观察记录在开头部分对沃尔什女士的外貌和她在课程开始时的行为做了总体概括。然后，它把焦点移至一组简短的小片段中，从而使一开始所做的概括具体化。

　　　沃尔什女士的学生们全神贯注地看着她，这并不罕见。沃尔什女士似乎一直在走动，她很高，一头黑发，有着一双淡褐色的眼睛，而且总是穿着时髦的衣服来上课。在铃声提示开始上课时，沃尔什女士通常通过大声叫出学生的名字，向他们微笑、戏弄他们，和他们开玩笑来集中他们的注意力。

　　　有一天早上，她从她的桌子那儿大踏步走到距离第一排座位只有一二英尺远的地方，向九年级的学生大声宣布道："好了！试卷！试卷！"她审视着一排排的学生，面带微笑地继续说："很好的试卷！很棒的试卷！这些试卷会让我开心并且不会毁掉我的周末。"

　　　在她的演讲课上，她通过提高声调来控制一场突然喧闹的辩论，大声说："请别这样了！你是高年级学生！我喜欢高年级学生！高年级学生很成熟，请向我证明我的想法是对的！"

沃尔什女士把班上的学生分为四人一组来准备一个讨论，而她就在各小组之间转来转去。她把手放在一把椅子的后面，向一个小组探过身去，问道："你们需要我吗？你们可以了吗？"然后她问另一个小组："你们知道自己在做什么吗？我需要担心吗？因为我确实担心。"

她为第二天缺课做准备时说："你们真的不需要代课老师，你们可以自己练习（演讲）。但是如果我听到任何关于你们的坏消息，我就会崩溃。"

在教室里，沃尔什女士是一位仪态威严的教师，所有的目光集中在她的身上。从上课一开始，她就自带戏剧天赋地站在讲台中间。着装对她而言很重要，据说她总是穿着时髦的服装来上课。在所有这些方面，她让我们想起了神父马兰，他也是一位仪态威严并具有戏剧天赋的教师，也"打扮得无可挑剔"，但是相似之处似乎也就只有这些了。沃尔什女士被描绘成向学生"微笑""戏弄学生"并与学生"开玩笑"，这些方面就和我们对神父马兰的印象很不相符。另外，沃尔什女士称呼学生所采用的方式比他的要更加个性化。我们难以说出她在称呼学生时是否用了名字（西方人名的第一个字）或者"先生"和"小姐"等称谓，但是即使不知道，我们也能感觉到这两位教师在称呼学生时采取的方法在亲密度上有巨大的差异，在语气上也有着显著的不同。

沃尔什女士恳求她的学生按照她的意愿行事，并且她是以一种非常人性化的方式做的。她在恳求中提到，如果学生们不按预期行事的话，她会作何感想或者她会发生什么事。她说她会"崩溃"或者会"担心"，并且要求学生们不要"毁"了她的周末。我们会认真对待这些可怕的声明吗？她真的会有那种感觉吗？或者她的话语是否有一点讽刺，甚至幽默呢？我们选择后一种解释。我们认为像沃尔什女士那样自信而有经验的教师不可能会被学生的一套不合格试卷毁掉自己的周末。我们也怀疑，当她

103　知道班级里的学生在她不在的时候表现不当时是否真的会崩溃？失望？可能会；恼怒？肯定会；但是崩溃呢？不会。

　　沃尔什女士话语里的夸张，加上对她自己情感和精神状态的诉求，引发了两种反应。第一种是她说话的方式让她听起来有点儿像高中生。众所周知，青少年言语夸张，倾向于放大自己的经历对情绪的影响。沃尔什女士在谈到崩溃和毁掉时，她开始听起来像是青少年中的一员。这一点让我们回想起第一章里说的：和学生说话时采用一种和别人说话所不同的方式，不只是教非常小的孩子的老师才会这样做。

　　沃尔什女士说话的方式也有吸引人的地方，几乎是卖俏的。观察者一开始说她通过"微笑""戏弄"和"开玩笑"把学生的注意力"集中起来"，后来，她通过提高声调来"控制"他们。该观察记录用了八个感叹号来表现她语调中的兴奋和急迫。这种语言和标点符号的共同作用使人们想起了一个传奇海岸上传来海妖歌声的传说。

　　话虽如此，但是我们仍然必须承认，沃尔什女士那夸张而且有点疯狂的讲话方式背后有着明显的真诚。她或许不会因为学生的行为举止或者他们上交的试卷而崩溃或者毁掉了周末，但是谁能质疑她是否真正关心这些事情呢？即使她的关心程度与她的高声调和言语的力量并不完全相符。我们当然不能有这样的怀疑，而且我们猜测她的学生也不会对此存疑。

　　观察继续：

　　　　一天早上，沃尔什女士通过回顾前一天针对课堂上朗读的戏剧而提出的问题导入新课。突然，校长的声音从门上的喇叭里一下子蹦了出来，警告迟到的学生将会被学校赶出教室（即因迟到而被指
104　　名或处罚）。他那洪亮而刺耳的声音好像确实使沃尔什女士惊慌失措。她不由自主地踉跄着远离喇叭，一只手攥紧笔记搂在胸口，伸出另一只手去抓一些东西支撑自己。

　　　　在同一瞬间，那些九年级的学生哄堂大笑。而沃尔什女士，脸上泛起一阵红晕，开始笑自己。

片刻后，学生们几乎同时止住了爆笑，他们静静地看着她，不再继续笑。他们都面带期望地坐在那儿。

沃尔什女士挺直背部，然后朝着喇叭鞠了一躬，充满了嘲讽。她仍然满脸通红，立即继续刚刚的回顾。平日里很活跃的班级现在却完全安静，并且学生们在聚精会神地听课。

喇叭里传来校长的声音，打断了沃尔什女士的教学，她对此的反应再次显示了她嗜好夸张并且具有戏剧天赋。毫无疑问，从喇叭里传来的宣告对教室里的每一个人来说都很震惊。观察者使用的词"蹦""洪亮""刺耳"，足以使我们信服。但是看看沃尔什女士是如何应对这种突如其来的噪声的：她跟跄而走，一只手搂住胸口，伸出另一只手去抓一些东西支撑自己。正如观察者所说，她表现的就像是惊慌失措了一般。学生们笑了，他们知道老师的行为有些夸张，但是他们也知道她是真的被这种扰乱弄得心烦不安。她通过假装跌倒和手紧搂胸口来表现震惊，但是她脸上的红晕表明她并没有完全表现出震惊的感觉。这也许就是学生们为什么这么快就安静下来的原因。

沃尔什女士朝着喇叭的方向鞠了一个"嘲讽的躬"，这给当时的情况增添了适当的讽刺意味，而学生们一定对此赞誉有加，即使我们并未得知学生们做了什么，如果观察者停下来询问他们，他们很可能也无法说出他们这么认为的原因，至少他们不太可能会提到讽刺。这一鞠躬方式颠覆了 105 鞠躬的一般意义，促使它具有讽刺意味。一般来说，我们向自己尊敬的人行鞠躬之礼。但是在这个例子中，尊敬的姿态给了那些刚刚行为举止无礼的人，或者我们可以将校长造成的听觉干扰诠释成对教室隐私的侵犯。

老师那卑躬屈膝的假姿态是否具有道德意蕴？肯定是的，而且它是历史上最古老的有道德教育意义的课程之一。这正是苏格拉底在柏拉图的《高尔吉亚篇》里试图给卡里克利斯的教诲；这也是马丁·路德·金牧师在我们这个时代对他的追随者说教的内容。从实质上来说，它的要旨是：如果人们对那些权势之人表现得很尊敬，而他们却玩弄权力，那么至少在道德方面，那些相对没有什么权势之人就变成了主宰者，在道德上占据优越地位。从这个角度来看，沃尔什女士对隐形侵扰者的鞠躬，远不止是在独奏结束之时的一个简单的优雅音符，它更像是现今非暴力抗议者已经学会采用的一种假装尊敬的态度。

沃尔什女士极有分寸感，对行为举止和礼仪规范很重视，我们在观察记录里对此做了几条评论，其中四条如下：

> 沃尔什女士经常大声喊"请"（please）来回应学生们不由自主的爆笑或大声议论（她经常这么做的一个原因就是她没有坚持让学生举手示意）。

> 沃尔什女士迅速对那些破坏礼仪规范和违反学校规章制度的行为作出回应："罗伯特！你正在嚼口香糖。""菲利普，请摘掉你的太阳镜！""费利西娅，如果不是真冷，你不介意在上课时脱掉棉袄吧？"

> 沃尔什女士注意到有一个女孩没佩戴学生证（学校要求所有在校生佩戴学生证），她说道："安杰莉卡，我知道学生证与你的衣服不搭，你的衣服很漂亮，但是，请戴上学生证！"这个女孩咧着嘴笑，就好像之前已经听过这一劝告似的，她立即从书包里找出学生证。

> 沃尔什女士暂停已经开始的讨论，命令学生把门打开，让一个迟到的女孩进来（在最后的铃声响起之后，对于门外面的人来说，教室的门已锁上）。为了坐到她的座位上，这位迟到者开始默默地走在讲台上的沃尔什女士和前排学生之间。"玛西娅，不行"，沃尔什女士说，"请从我身后走过去。"这个女孩一开始因为不知所措而停了下来，然后转身绕到讲台后面走到她的座位那里。沃尔什女士双臂交叉、眉头微皱、嘴唇紧闭，等待着她回到座位上。整个班级的学生都在默默地看着。

观察者说整个班级的学生默默地看着迟到者小心翼翼地走到她的座位上，这值得着重强调，因为上述的每一件事情都有可能得到相同的评论。班级里的所有学生，或其中大部分人，可能也在关注着上述的每一件事情。这一观察值得注意的是，我们专注于老师和犯错误学生之间的互动，这通常会让我们忘记或忽略这样一个事实，即这些一对一的交流实际上是在专注的观众面前进行的。这意味着它们的潜在影响要比我们通常所想到的范围大得多，而且这些影响的范围可能也与我们所猜想的相当不同。让我们简要说明一下原因。

一般来说，当我们思索一个正被老师训斥的学生时，不论这种训斥牵涉到什么样的道德"教训"（lesson），我们都把他（她）想象成中心，甚至是唯一的接受者。因此，在我们刚刚分析的那种情况下，我们可能会想，只有那个迟到者是接受该"教训"的人："上课时，当你被要求就座时，永远不要在教师和第一排学生之间行走。"然而，只需略加反思就能意识到，那些见证这个小闹剧的人会获得和犯错误学生一样多的教训。事 107 实上，如果我们停下来，仔细想想在这种情况下发生的一切，我们可能就会开始怀疑：相比受训斥的那个学生，旁观者可以处于一个更好的位置来吸取"教训"。至少，旁观者不会成为关注的焦点。因此，他们不会被自我意识或者这种窘境可能会引起的尴尬所左右。

除了给我们留下这种印象，即沃尔什女士总是对着装规定和很小的违规行为吹毛求疵，这组观察还能告诉我们哪些关于她的教师形象的事情呢？或者从道德角度来看，她的课堂生活是什么样子的？

想想学生们受训斥的四种错误行为（撇开迟到者），包括嚼口香糖、上课戴太阳镜、上课穿棉袄和没有佩戴学生证。他们有没有可能是第一次违反规则？从第一次的意义上来说，我们所讨论的那些学生不只是在沃尔什女士的课堂上，在其他课堂上是否也是以这种行为方式表现的？不太可能。假设那些学生在之前就这么做过，那么他们或许是在刚刚离开的教室里这么表现的，这种假设似乎更合理。那些学生偶尔违反规则却侥幸逃脱处罚，没有受到老师的训斥，这似乎更有可能。他们甚至有时在沃尔什女士的课堂上也这么做，尽管这看起来不太可能。同时，对沃尔什女士的禁令，他们毫无怨言，也没有反对——至少在记录里学生们没有抱怨——这暗示着要求他们执行规则时，他们对这些规则抱着理解的态度并愿意遵从。话说回来，这一切说明了沃尔什女士的什么呢？

我们可以简单地推论：沃尔什女士比一些教师，可能比大多数教师都更为严格。听到她的学生这样描述她，我们一点也不感到惊讶。但是一名严格的教师意味着什么？从道德角度来看，这种严格会带来什么？

首先，这意味着，至少在涉及违反规则的行为时，她可能比大多数老师更留意。她总是格外关注这些事情，所以才会出现这种情况。这一定也意味着她关心学生，学生对她而言很重要。但是教师为什么应该关心学生是否上课戴太阳镜或者在温度高的室内穿着大衣呢？如果某人在上课时嚼口香糖或者从老师面前走回到座位上，这又能怎样呢？

对于这些问题，有几种可能的答案。照章办事的老师只会坚持认为规则就是规则，仅此而已。规则就意味着要去遵守，而教师的职责就是监督违反规则的行为并强制学生遵守规则。但是不知为什么，这个答案看似并不符合沃尔什女士一贯处理违反规则行为的方式，她的行为一点儿都不机械呆板。有一个答案更加符合她的行为风格和课堂上发生的其他事情，它关注的是行为（像上课嚼口香糖或戴太阳镜）的表达性意义，以及所宣称的行动者与正在发生的事情之间的关系。让我们来探究一下这些行为可能表达的信息。

这些行为能表达出很多信息，而这就取决于我们如何看待了。对于上课戴太阳镜或者若无其事地嚼口香糖的青少年来说，这些行为的表达性意图可以总结为一个字：酷。对于旁观的学生而言，同样的行为会预示着叛逆和强硬；然而，对于老师，对此会有十分不同的解读，她会从中看到学生的无礼态度和脱离当前活动的行为。后者似乎是对沃尔什女士刻意这么表现的解释。她好像很快就发现所有学生的举动并对此作出回应，而他们的举动可被视作对严肃而且重要的教学环境的一种冒犯。当然，这些举动包括对她作为教师的个人尊严的攻击。

然而，她并没有对这些行为做出愤怒的反应。相反，她的回应很简短，却是礼貌性的要求或提醒（"罗伯特！你在嚼口香糖。"）或是戏弄的纠缠或劝诱，让学生们遵守规则，她对两个衣着不当的女生就是这么做的。换言之，即使沃尔什女士在纠正她所认为的无礼行为时，她依然保持 109 好脾气。她的行为对那些见证者来说表达了什么？此外，因为学生们的行为都是真实的，所以能从很多方面对其进行解读，尽管不是以我们所希望的方式进行的。但是，我们自己的解读已经很明显地体现在我们的用词上，如"好脾气""戏弄地纠缠"。对此，我们会补充说：看起来沃尔什女士真的喜欢她班里的学生，甚至也喜欢那些给她制造麻烦、需要时不时被纠正错误的学生。这也许会有异曲同工之妙，可以更确切地说，因为沃尔什女士以一种很愉快的方式来对待那些给她制造麻烦的学生；因为她貌似喜欢那些麻烦制造者，那么她一定也喜欢其他所有学生，这就顺理成章了。

这颠覆了教师处理不当行为常规的思路（即，她对极端情况的处理反映了其对待他人态度，而不是揭示了她的容忍底线），这也符合常识。在日常事务中，检验一个人脾气多么好的试金石是他或她"经得起开玩笑"，这意味着在某种程度上要被取笑。我们会毫不惊讶地发现同样的动态平衡在教室内也起作用。虽然我们刚才观察到的四名学生中没有一个人会被认为是在取笑他们的老师，但他们肯定是在试探她的忍耐极限，不管他们是否有意这样做。她能忍受这种境遇而不生气，则反映了她是那种在令人厌烦的境遇下仍能保持心平气和的人。我们合理地推断：那种类型的人在条件允许的情况下甚至会是讨别人开心、脾气好的人。

在接下来的观察片段里，我们会看到沃尔什女士再一次走上讲台，她这一次将偶然发生的询问（询问一个词的意思）转换成了一小段戏剧。

"埃斯库罗斯（Aeschylus）的戏剧只有七部现存于世，"在关于希腊戏剧的一场讲座期间，沃尔什女士这样告诉高年级的学生们。她探过身，看向四周学生的脸庞时，突然插话："'现存于世'……e-x-t-a-n-t，那是什么意思？"一个学生立即答道："现存的"(existing)。"是 110 的，"沃尔什女士用一种低沉、几乎诡秘的声音肯定了这一答案。同时，她扫了一眼全班学生，仿佛要确认所有学生都领会了这一知识。有那么一会儿，她的学生用同样全神贯注的表情回应了她的目光。

沃尔什女士从喉咙中发出的"是的"，她的语调"近乎诡异"，目光囊括一切。这与之前的教学方法在形式上形成了鲜明对比。在她直截了当地通过发音、拼写、提问来使用"现存于世"这个词之后（全世界的教师都在使用这种方法，以至于他们就连睡着了也知道如何使用），我们料想沃尔什女士在接下来会采用温和的"是的"或"很好"来回应那个脱口说出正确答案的学生。相反，她表现得就好像是和邻居打桥牌时八卦一个高深莫测的秘密，当她想让气氛变得亲切时，她甚至将专业用语变成了俚语，听起来不太像一个英语教师。从道德视角来看，这种转变预示着什么？于我们而言，它让我们想起了某种类型的成年礼。低沉的声音和诡异的样子制造了一种印象，即学生们刚刚才知道某些在此之前一直对他们隐瞒的事情。

接下来的另一个片段也发生了类似的交流，虽然没有我们在之前的叙述中看到的那种神秘的气氛。

沃尔什女士问她的九年级学生：西塞罗被一个反对恺撒的密谋策划者偷听时，他当时正在讲什么语言？几个学生异口同声地说："希腊语"！沃尔什女士回答说："没错！你们听说过这个表达吗？'它对我来说就是希腊语'"。很多学生回答说："听说过！""它的意思是什么？""它的意思是你不懂！"一个男生轻快地回答道。"对的！"沃尔什女士快速地承认了，她再一次仔细审视了全班学生，说："'它对我来说就是希腊语'，这就是这个短语的来源，这里，就在这里，莎士比亚的戏剧里。"她在强调这一点时探过身去，微笑着，用一种兴奋的几乎喘不过气的声音在说。因为她这样，很多学生都全神贯注地看着她，但也有一些学生低头看着打开的课本里的这篇文章。

111

教师再一次探过身去，就好像要透露重要的信息；她的微笑、富有活力的声音（"兴奋而几乎喘不过气"），至少加深了一部分学生对耳熟能详事物的理解。很多学生听说过"它对我来说就是希腊语"这个表达，现在老师则是在向他们透露该表达的来源。如前所述，交流时的心理动力学[①]和情感基调本质上就是一种成年礼——最终符合年龄的年轻人被引入到群体的秘密之中。

当然，在某种意义上，所有的学校教育都可以说是符合成人礼框架的。年轻人时刻准备着通过老师进入一个更大的社会中，成为全面参与者，整个过程可被看作是一种启蒙形式。但是沃尔什女士的行为与在其他许多教室里可能观察到的这个过程截然不同。她在这场成人礼中扮演的角色引人注目的地方在于，至少在我们刚刚解读的这两个观察片段中，她设法将戏剧元素注入原本可能是一种常规的信息传播中去。老师在以这种方式表现时，学生们在全神贯注地听，而这一切都没能逃过观察者的法眼。有人告诉我们：学生们很"专心致志"；他们的脸上挂着"全神贯注的表情"；他们也表现得好像伟大的时刻正在发生似的。

在这儿，她再次注入了一种神秘和戏剧性的元素，这可能是对莎士比亚作品的直接解释。

> 在关于尤利乌斯·恺撒[②]的一场讨论中，几个男生问，卡西乌斯（Cassius）[③]说他对布鲁特斯（Brutus）[④]来说会是一面"镜子"，这是什么意思？一个女生立即回答说，这需要弄清楚他们两人之间的友

112

---

① 心理动力学（psychodynamic），又称精神动力学或精神分析学。根据心理动力学的观点，行为是由强大的内部力量驱使或激发的。——译者注
② 盖乌斯·尤利乌斯·恺撒，罗马共和国末期的军事统帅、政治家，儒略家族成员。出身贵族，历任财务官、祭司长、大法官、执政官、监察官、独裁官等职。——译者注
③ 卡西乌斯（Gaius Cassius Longinus），古罗马将军、刺杀恺撒的主谋者之一。——译者注
④ 卢修斯·朱尼厄斯·布鲁特斯（Lucius Junius Brutus）是罗马共和国第一任执政官（公元前509年）。作为罗马共和国的主要缔造者，他在古罗马史上占有重要地位，是同罗慕洛和屋大维相比肩的巨人。——译者注

谊以及他们是如何相互关联的。沃尔什女士肯定了她的观点，然后问男生们，他们是否通过注意到朋友们对他们说过或做过之事的反应而发现了自己的感受或想法。然而，男生们依旧很困惑。几个学生大声推测这个想法的意思。在和教室里其他的学生一起听了一会儿后，沃尔什女士突然插话："看看你们自己。"当聊天停止时，她停顿了一下。"试着审视自己。"她又停顿了一下，因为学生们让她惊讶不已。有几个学生真的弯下腰看着他们的肚脐儿，然后迅速地把头抬起来，看起来有些尴尬。沃尔什女士向前走一步，大声说："你们做不到！""你们不能'审视'自己！所以卡西乌斯说他对布鲁特斯来说会是一面'镜子'，他会让布鲁特斯用自己的思维去说话和思考问题，他这么做是因为他是朋友，并且值得信赖。"学生们紧紧地注视着沃尔什女士。

如果我们停下来，纯粹从说明的角度来分析沃尔什女士在这种情况下的行为，即从她是如何设法让学生理解她的观点这一角度分析，我们可能会得出这样的结论：她突发奇想，让学生们试着去审视自己，这并不是一个好主意。毕竟，在某种意义上，我们可以审视自己，就像那些盯着肚脐儿看的学生们清楚地展示出来的一样。但是沃尔什女士想说的是"看"这个字的比喻意义而不是字面意思。因此她必须声明：与那些行为被证明并非如此的人的直接经验相反，这样的事情是不可能的，我们无法审视自己。据我们所知，学生们接受了她的主张而没有提出进一步质疑。

女演员沃尔什女士也在接下来的片段里脱颖而出，像往常一样，她在全神贯注的观众们面前表演。

113　　在指导九年级学生如何站在教室前面朗读戏剧时，沃尔什女士不由自主地表演出了朗读的步骤。她一边陈述道："不要这样读，"一边把打开的课本举到离她鼻子有几英尺远的地方。"不要把身体缩成一团!"她强调说，同时像紧扣着的圆圈一样耸起她的肩膀。"不要倚靠在物体上，"她补充道，快速跨过讲桌，然后转身，倚靠在桌子上，与此同时再次把脸藏在书后。在此期间，学生们一直在默默地看着，一些人在座位上移动，以便跟随她的动作。

当老师尝试指导学生如何在公众面前朗读时，老师会将各种常见的错误表演出来，这一点儿都不奇怪。它看起来就像很自然的一件事，这可能就是观察者将沃尔什女士的行为描述为"不由自主"的原因。这也是一种简单的方法，可以为其他常规教学增添一种轻松的信号。报告中提到学生们很沉默，这是促使沃尔什女士的表演值得注意的唯一一件事。他们为什么不大笑呢？他们会把她夸张的行为那么当真吗？或者他们只是被老师的表演深深吸引了（"有些人甚至为了跟随她的动作而在座位上移动"）而忘记了大笑？鉴于所有关于沃尔什女士的观察报告，后者似乎是更为可信的解释。

在下面的最后一段观察记录里，我们再次观察到沃尔什女士是一个鲜活可见的行为标准，促使学生们的目光总是自动落在她的身上，甚至她坐在教室的后面时也是如此。

　　她在给11年级学生上演讲课期间，有一个学生站在讲台上细数一些关于这座城市拥挤的监狱系统的问题。他描述了一个被提前释放的囚犯如何迅速地在街上抢劫了一个女人，同时还用瓶子砸了她的鼻子。听到这个，许多学生的倒抽气声清晰可闻，有几个女生立即转身，瞥向正坐在教室后面角落里的老师。沃尔什女士还在关注着讲话者，与此同时，她的脸上浮现着震惊而愤怒的神情。这些女生又转向前面，当她们在座位上稍微移动时，依旧面带不安，有一些人发出惊愕的呼吸声。其他人依旧在聚精会神地倾听讲话者在说些什么，而她们也重新加入其中。

114

这些女生明显转身看向沃尔什女士，想要看看她对抢劫事件的叙述作何反应。老师那明显的"震惊"和"愤怒"似乎和她们自己的感觉相符，从而证明了自己的感觉是有道理的。换言之，她们对老师与自己的感觉相同很满意。但是我们应该如何解读沃尔什女士那痛苦的表情？有任何一个表情是为了那些正在看自己的人（当然，也包括观察者）而伪装出来的吗？或许她真的像看起来那样惴惴不安呢？根据手头上现有的信息，我们肯定无法回答这个问题，但是我们已经见过她在其他情况下是如何戏剧性表现的，所以我们不得不提出这一问题。整体而言，它也为指向这些观察的最后一连串问题开了一个好头。

从道德视角来看，我们应该如何看待这位优雅、衣着考究、极具戏剧性而又热情奔放的教师？如何看待这位教九年级英语的女神？我们说过她对不当行为很和善宽容，但是也很严厉；我们把她的表现比作部落长老在向年轻人传授基本技巧。但是我们也观察到她所运用的夸张和她那极富感染力的热情，与她教的那些青少年所具有的青春朝气非常接近。这些是相互矛盾的判断吗？或者它们是否相互吻合？抑或沃尔什女士自己就是一个矛盾的结合体？她是否传达出矛盾的道德信息？

她几乎不会失去观众，这一点很明确。无论她的学生会对她这个人作何评价，但是每当她站在讲台前时，学生们的目光几乎就不会从她身上离去；甚至当她退到后方时，一些学生的目光依旧很难离她而去。她拥有戏剧演员有时提及的"威严气度"，但是除了学生的注意力，她还控制了什么？她那超越了英语作为教学科目的行为传达了什么？

也许她的行为传达的最重要一点就是沃尔什女士喜欢待在她所在的地方，做她正在做的事。她非常喜欢这样；她认为这一点很重要，值得她担心，让她心烦意乱。我们之前曾怀疑沃尔什女士从学生那里收到的一批质量差的试卷会毁掉她的周末，尽管她声称这是事实，但是我们仍然感到怀疑。与此同时，我们可以轻而易举地想象她为这样的事情感到苦恼，尽管她的不适并没有严重到要取消社交计划的程度。换言之，我们怀疑的唯一一件事就是如何从字面上理解她的话。她很担忧学生们上交的试卷质量不好，在这一点上我们从未质疑过她最基本的真诚。

话说回来，这是一位很关注行为举止的老师，既关注自己的也关注学生的表现。从她的穿着到她给那些不当行为者使的脸色来看，她以多种方式表达了自己的这种关心。但是她的关心不完全是担忧，她还喜欢巧妙地处理几乎所有事情，从莎士比亚的雄辩口才，到一个九年级学生对她的一个问题的迅速回答，便可以窥见。"是的，"她对那个快速展示自己知识量的学生赞赏地说道，并在这种情况下加入了自己的艺术性表演。

那些作为观众的学生呢？他们领会了老师的表演所具有的道德意义吗？他们意识到老师有多关心她自己和学生在做的事情吗？观察者经常评论的那些引人注目的迹象只给这些问题提供了少许肯定的答案。然而，我们很难相信这样的品质会被那些在场者，甚至那些试图扮酷的人忽略。他们可能不会用我们在这里使用的术语来谈论沃尔什女士的教学方式，但是肯定会有很多人在未来的岁月里仍记得她，我们肯定如此。

关注道德

我们已经对四组观察记录作出了评论，这四组观察记录是从不同的教室中得到的。我们现在可以回顾一下这些记录，并且谈一下对这些记录的看法，它们揭示了我们对课堂生活的道德维度变得敏感的过程。首先，从广义上说，据说只有从象征或表达的角度来观察教室中所发生之事，我们才能领会到这些品质的道德潜力，比如教师的性格或者课堂的气氛。换言之，只有相信这些品质的存在，并且费心寻觅，我们才能让这些品质成为他人关注的焦点，他人也许是直接观察者、对观察记录作出反应的评论者或者是一位观看该记录并阅读后面附加的评论的读者。现在我们必须问，这一说法是否已被随后发生的一切证实，或者至少得到一些支撑。

这个问题由读者自己来解决比较合理，因为他们自己能够判断出第二章的步骤是多么有说服力。然而，我们相信，对我们最初的主张做一些

116

补充，同时向读者强调一两点，让他们深思熟虑地得出自己的结论，这样不会有损我们的例证。因此，下面的内容是对我们基本论证的总结和扩展。

首先，我们必须重申：从观察的一开始，我们就无意利用课堂观察来构建一种明显的事实，即一些教师在和学生打交道时是善良而体贴的，然而其他人并非如此；或者一些教师通常很有耐心而且公正，然而其他人（我们希望很少）刚好相反。其次，我们对于能找到多少符合每种类型的教师的人数并不感兴趣，即便这些人可以被正确地辨认出来。（我们可以很容易地想到有人会提出这个问题，但它需要的是一种与我们截然不同的研究类型。）我们并没有对我们所观察、询问的教师进行比较，例如，乔丹先生是否比神父马兰更诚实，或者没有汉密尔顿女士那么诚实。最后，从教学或道德的视角来看，我们并不想表明善良体贴和耐心公正比它们的对立面更好一些，这一点太过明显而无须调查。

我们关心的问题是如何看待道德的或不道德的行为，这些行为不仅存在于教师的言行上，而且也存在于课堂生活的其他方面。换言之，我们的目标不是确认普通教师是否有良好的道德意图，也不是去了解和我们一起工作的这些教师是否基本上都是好人，我们从一开始就假定了上述两点。我们的目标是探索如何辨别教师和教室总体上的道德属性，我们相信这些属性一定能被揭示出来。

基于以上背景，我们产生这样一个疑问：为什么这样一项任务会如此艰难？因为如果把诚实和耐心等品质的存在和普遍性视为理所当然，而且假设和我们一起工作的教师至少拥有平均数量的这些品质，就像"基本上是好人"所期望的那样，那么对于一个观察团队来说，每当令人钦佩的品质出现时，他们除了注意这些品质之外，还有什么工作要做呢？当我们坐在教室后面时，具有道德意义的事情就发生在我们周围，是什么在阻止我们伸出双手去捕捉这些道德因素？本章试图通过提供多个取自观察记录的实例，然后对它们进行评论来寻求解决这个问题的答案。

截至目前应该明确，给课堂上直接或间接观察到的事物附加上道德或其他方面的意义，应该如何阐释呢？对于坐在教室后面的观察者而言，面对着课堂生活中那刺耳的嗡嗡声，或者对于暂时离开课堂上正在进行的活动而成为观察者的教师而言，首要的问题是要聚焦和记录什么？在这儿发生的事情，有哪些值得牢记并能够在以后从道德视角进行反思？这必定指导着观察和记录的进行。对于后续阅读书面记录的读者而言，他们对观察者或者环境本身可能熟悉也可能不熟悉，那么第二个问题就是，如何理解已被记录的内容？它的道德意义是什么？为什么它能被选为值得他人仔细观察的内容？正如我们所见，这两组问题的答案都有很多，因为在教室中发生的许多事情都没有明显的道德意义。同样，为什么记录某个特定的事件，尤其是观察者直截了当地描述（尽管是一个解释性的描述）事件的发展而不添加任何关于其道德意义的评论时，其道德意义也不明显。

顺便说一下，后一种做法代表了我们的工作方式，原因多种多样，并非所有的原因都是我们自己选择的。即使当我们意识到某些东西具有道德意义，因而值得记录时，我们也常常不清楚是什么造成的。一种模糊的冲动，几乎不能称其为预感，往往让我们不得不继续进行下去。然而，我们学会了相信自己最初的印象，并记录那些让我们感兴趣的事件，即使无法确定为什么它们使我们产生了兴趣。因为通过几次大胆尝试，我们很快发现：一旦我们自己与事件本身保持适当的距离并且有机会反思，那么这些存在于我们所观察和记录的事件中的道德重要性就会如同一张逐渐显影的照片，突然变得清晰。

我们几乎总是能在记录当中找到一些值得反思的东西，它们很少被遗漏，这一事实不像人们想象得那样令人满意。首先，它引起人们对自我错觉的怀疑，也许我们看到的道德意义并不存在，它是仅仅凭借直觉加之我们渴望挽回已经投入观察里的时间和精力，这种渴望是可以被理解的。在观察的过程中，我们消除这一疑虑采用的手段主要是反思每个人做的观察记录，并且定期讨论我们所看到的可能具有道德性的内容。现在我们欢迎读者自己判断我们作出的推论是否合理。

我们表面上的成功带来的另一个问题是：如果我们尝试过，是否就不会错过一些东西？教室里发生的事情会如此充满道德意义，以至于无论我们在哪里观察或记录到什么，它们都会被看到吗？我们在本章中使用的许多片段言简意赅，看似无足轻重，却可能会被当作额外的证据，以证明这项工作对人们的判断几乎没有起任何作用。事实上，鉴于我们要寻找的东西无处不在，读者有理由怀疑我们为什么要用人来进行观察。也许一种能随时操作开始和结束的机械装置，如磁带录音机或摄影机，也会做得一样好！

　　至于我们为什么认为这不会起作用，我们只能说，在观察中我们很少有（如果有的话）记录周围发生的一切的冲动。相反，一些事件，以及一些在许多方面都不能算作事件的情况，总是让我们觉得它们在道德角度是值得注意的，而另一些则不然。我们并未声称我们的判断一贯正确，或者说我们从未让值得注意的事件悄悄溜走。正相反，这些经常发生。但我们相信，不是所有的东西都必须被纳入记录，像磁带录音机或照相机做的那样。寻找道德意义上的重大事件需要人的判断，而这种判断远非万无一失，但是绝对有必要。

　　我们已经说过，在教室里发生的许多事情并不需要将其视为道德事件，也有许多事情可以如此看待。我们也应该指出，这两者之间的区别并没有简化成戏剧性与普通之间的区别。这也是本部分所讨论的内容应该帮助人们厘清的。在今天对道德教育的兴趣重新燃起的背景下，这是特别值得重视的一点，因为在当前的许多讨论中，关于什么是道德，这个话题是以涉及个人期望解决的"问题""困境""情况"来表述的。通常，我们讨论的这些情况是虚构的，而且这些情况背后的情景充满了人类的戏剧性和情感，例如一个经常被讨论的案例———一个男人不得不决定是否要为生病的妻子偷药。所有人都不能否认这种微观情节剧的发生，因为许多这样的剧情就发生在我们大多数人的生活中，其中包括很多值得被视为道德事件的情节剧，它的发生具有局限性、情景性的特点。这也是在真实生活中发生的案例，很多这样的情况都是令人难忘的，这只会让它们更加引人注目。

然而，我们的观察中令我们怀疑的是，这种讨论框架所覆盖的范围是否足够。因为如果我们的课堂观察可以揭示在哪里能够寻找到具有道德性的事件，那么任何类型的事件、活动或物体在本质上都是能够传达道德信息的。

我们的观察表明，甚至像老师走进教室，或者像他或她在闲站等着正式开始上课一样看似微不足道的一些事情，然而对于那些密切关注者而言，这些事情在道德方面是可以揭示一些信息的。当然，学生们的行为举止亦是如此。对于观察者而言，最细微的姿势改变或者转动头部都比言语更有效，而且它传达的信息在语气和实质上往往带有明显的道德性，物质环境也传达出道德信息。布告栏上卷起来的纸边显示出疏忽大意；茂盛的植物揭示了悉心照料的过程；整个教室散发出一种勤奋努力或混乱不堪的气氛等。全神贯注的课堂观察者被各种各样的道德信号包围着，那么捕捉到这些道德信号的诀窍主要是愿意这么做，愿意费尽苦心地思索那些通常被忽视之事的意义。

这一章的观察主要聚焦于教师。这个人是谁？他或她是什么样的人？正在营造什么样的道德环境？我们通过思索所记录内容的意义来回答这些根本性问题。我们这么做的理由应该是，教师是教室里最重要的人，无论从教学角度还是道德角度，他们都是最重要的。他（她）为平日里发生的言语交流设定基调，并且为整个教室营造一种平静或烦恼的气氛。当然，对于这些结果，学生们也有功劳；可以想象在一些情况下，学生们的影响力甚至超过了老师。然而，在第二章描述的四组教室观察中，通常肯定是教师凭借着先赋地位和公认的权威在这类问题中发挥引领作用，更不用提他们那出众的社会技能了。

在每个例子中，我们都把焦点放在教师身上，这产生了不同的结果。为了避免直接回答"这个人是什么样的人"这一问题，我们通常会面带困惑地离开。一方面，我们总是会有一种感觉，即我们至少稍微对那些被观察的教师有所了解；另一方面，我们经常会疑惑，为什么他或她会以某种特定的方式表现，或者在道德方面表现了什么特定的行为。因此，我们新

121

得出的判断往往带有怀疑的色彩。

由于我们的判断建立在少量的观察之上，所以解释的模糊性和随之而来的矛盾情绪并不令人惊讶。但是并不是只有观察不足才导致我们得出的结论充满不确定性和尝试性。

我们与另一个人的相识往往是不合规则的，不像砖石建筑的墙壁那样一砖一瓦地堆砌而起。每一次相遇都会在我们之前了解的基础上增添一些新的东西，但是也有可能需要减去一些我们一直以来都相信的东西。今天的经历迫使我们改变昨天的想法；明天的经历亦会如此。当我们在本章中通过每一组教室观察而找到解决问题的办法时，不断修正的过程就发生了。虽然每一个例子的最终结果都是增加了对任课教师的熟悉感，但是这种变化很少会以线性的方式发生。

我们评论的不确定性也与这一事实有关，即人们在行为上不一致，甚至有时会自相矛盾，当然，教师也不例外。这并不是说对他们是什么样的人的一般性特征的描述，如值得信任、诚实等，总是不适用的。但是，即使是一个被我们确信地描述为诚实或值得信赖的老师，也会时不时地让我们惊讶不已。事实上，这样的人可能在某些方面是诚实的，在其他方面是不诚实的，在某些情况下是值得信任的，但在其他情况下是不可靠的。另外，正如我们所见，同样的行为会产生相互矛盾的解释，这主要取决于观察者的角度。当神父马兰低头站在教室前面，我们是否应该说他很庄重或严肃呢？或者两者都不是？他会不会只是做出这个动作而并无他意？随着观察的推进，这样的问题通常得到了解决，但是怀疑的阴影会久久难以散去，甚至会随着时间的流逝而增加。在极端情况下，我们可能永远无法做出判断。

我们在这一章的开头说：我们希望本章能够说明反思和沉思的过程，通过这个过程，教师的行为和整个课堂环境的表达性维度能够逐渐为我们所知。我们通过强调这一过程永无止境来结束这一章。但总是会有进一步的问题被提出，有新的观察要进行。无论我们观察了多久或者问了多少问题，当我们凝视着整间教室时，我们永远不会完全理解呈现在我们面前的这一切事物的表达性意义。其他人也不会轻易探讨出我们所带回的记录所具有的潜在意义。当我们把我们的描述和评论定义为"开放性工作"时（在引言部分进行过说明），即邀请大家对我们的工作提出更多的问题和想法。

然而，即便如此，我们也必须承认：对于教室之外的世界，我们的观察也能得出相同的结论。教室之外的世界也具有丰富的表达力，对于那些愿意观察并质疑自己所看之物的人而言，它的细微差别是探索不尽的。这使我们想知道如何决定何时终止甚至开始这样的一个过程，把它放在当前讨论的话题范围内。换言之，即什么时候寻找教师的行为，或者整个教室的道德表达含义才有意义？什么时候忽视这些问题，而尝试采取一种更本真的角度看待它们为好？如刚才所说，既然我们意识到这一过程不会自然结束，那么到底什么时候停下来合适？

就我们自己的工作而言，这些问题的答案并没有那么难。几乎在我们还不知道自己要寻找的事物是什么时，我们就开始观察了。因此，我们从未做过明确的决定要动身去寻找教师行为的表达性维度。这些品质的重要性随着我们访问教室次数的增加而逐渐显现出来。至于决定何时停止，或多或少是出于经济方面的考虑。基本上，我们在花完研究经费时就会停止，尽管我们必须说：到那时（开始后的两年半），我们开始觉得我们对这一话题的整体视角已经固化，进一步的观察可能也不会改变我们得出的主要观点。这些观点中首要的是：我们坚信教师所说和所做之事的表达性维度满含道德意义。

那么，关于我们决定什么时候去寻找这样的事情以及什么时候停止这样做，或者根本不这样做，讨论就到此为止吧。但是其他人采取同样的态度是否合理？如果我们暂时假设我们自己的观察和评论成功促使读者相信教师行为的道德维度确实存在，而且那些行为屡次传达出不同类别的道德信息，那么读者（或就此而言任何人）通过自己动身去寻找这些事物能获得什么呢？他们这么做难道不只是证实这里所得到的结论吗？

在这一点上，我们的研究项目和更传统的研究工作之间的差异起了作用。大多数研究的目标是得出一系列关于某一现象的研究结果，这些研究结果增加了我们对其性质的理解，或者增加了我们对它与可观察世界发生联系的方式的认识。我们的研究至少在一个重要的方面符合这一目标。总体而言，我们也希望让人们注意到教学或课堂生活的一个或多个方面，这些方面总会习惯性地被忽视或者没有得到应有的重视。从这个意义上来说，我们逐渐"发现"教学的表达性维度的重要性，这可以被归类为"研究结果"，就像传统研究一样。

然而，当我们从更开阔的视角看待我们工作的成果时，我们认为，它的核心"研究结果"与如何看待一般的教学和课堂生活有很大的关系——从表达的角度来看，也就是说——它的核心"研究结果"与它们是怎样的现象有关，即使我们的观察也揭示了这两个问题不可分割。所以，我们的确正在提倡一种实践，一种观察教师和教室的方式、一种对我们所见所闻进行反思的方式。因而，什么时候运用那种观察方式以及什么时候停止，事实上是相互关联的并且需要得到解决的问题。让我们重新措辞何时开始（因为普通读者会问）的问题：在什么样的环境下，教师或者其他人应该有意识地选择对教室里发生的富有表达性的活动变得敏感？

重新组织问题的措辞有一个难点，之前的版本亦是如此，就是它意味着我们有能力主动参与或放弃我们之前一直在讨论的观察方式，并且可以随意停止。这种暗示至少和我们自己作为观察者和评论员的经验存在部分矛盾。虽然看起来确实如此，但是我们可能会有意识地决定，要或多或少地注意我们的经验所具有的表达性维度，这些经验包括我们在课堂上的经历。一旦我们采用了这种观点，就不能回头，也没办法完全放弃，这是真的，或者对我们来说似乎是真的。就此而言，一旦教学的表达性维度或其他任何事物成为焦点，并被持续不断地追问，似乎就没有办法回归，至少不是永久性地回到我们之前的无知状态——也就是说，没有办法回到忽略这些问题的观点上。什么时候采纳这种观点的问题在某种意义上是学术问题，在一定程度上真是这样。这个问题只需要问一次，甚至很可能这一次也没有必要。我应该培养表达性意识吗？提出这样的问题意味着我们已经知道这种观点需要什么，也意味着我们已经采纳了这种观点。然而，因为我们会或多或少地关注周围环境的表达性维度；而且因为这个过程一旦启动，就会耗费大量的时间和精力，所以什么时候该把自己托付给这种观察方式的问题仍然必须解决。

对这一问题而言，它可能不是一个很有用的答案，但是我们能想到的最佳答案就是：每当我们希望对教师或教室环境的了解不是那么随意和肤浅时，我们就应该采取这一章中所展示的观点。我们为什么要这样做呢？原因数不胜数，但是最先浮现在脑海里的两个原因与观察者或者与学生有关。学生想尽可能详细地了解他们的教师和教室，这显然有内在原因，因为他们的命运就取决于这些信息。监督教师的人或其他人可能会给教师提建议，告诉他们如何提高工作质量，这些人想了解与他们一起工作的教师，并从中受益。那些发现自己处于两种境况之一的人，建议他们最好要特别关注周围正在发生之事的表达性维度。

然而，还有第三种人，对他们而言，这种观点也至关重要，他们和前面提到的两种人一样重要，甚至比他们更重要。这些人是由教师和那些准备当教师的人组成。他们总是被要求对特定的教师、学生和教室有更好的了解，他们需要学习如何表达对人和环境的看法，这不是因为他们像学生一样要冒着承受失败结果的风险，也不是因为他们负责对那些可能有机会看到或通过阅读知道的教师进行评估或监督，而是因为他们的工作表现取决于他们探究课堂现象背后原因的能力。简而言之，这意味着他们要理解在他们面前出现的表达中潜藏的微妙之处，而这些微妙之处也有待阐释。

在本章中，通过展示许多简短的观察片段以及对它们的扩展性评论，我们试图说明一个过程，通过这个过程，人们对课堂生活的表达性理解可能会得到发展。我们始终把关注的焦点放在教师身上，将教师作为一系列特定的道德品性的化身。我们将在下一章继续用观察加评论的方法探究教师行为的道德意义，但是我们将扩大关注的焦点，把对物理环境和每间教室里学生的整体体验的想法也囊括在内。我们还将更仔细地研究一些隐藏在教学表面之下的道德模糊性和道德张力现象。

第三章　道德的模糊性和张力：
基于另外四组观察

127　　在这一部分，我们会延续惯例继续提供观察记录中的简短片段，附加评论。和以前一样，我们之所以选择这些观察材料，是因为在我们看来，它们对所观察教室的道德环境具有重要意义。不过这一次，我们允许自己比以前更自由地去体会我们内心中对观察的反思和疑问。我们也会不时向读者呈现超出我们猜测范围的问题来鼓励读者加入我们。一些读者也许更喜欢采用另一种可选择的方式，即在每一个观察节选后停顿一下，然后自行构思问题，进行反复思考，最后再看我们的评论。这种方式可以避免读者们的思想过早地受到我们评论的兴趣点和顾虑的干扰。当然，这种程序也只是提供了部分程度上的自由，因为观察者对报告内容的选择不可避免地会限制观察本身引起的反思。

　　但是，使第三章与第二章有所不同的不仅仅在于我们反思的范围。我们已经陈述过我们的观点，并揭示了教师们体现积极道德属性的一些方

128　式，现在我们想展示的是我们表达角度的无限性和道德生活深不可测的复杂性。随着我们研究的深入，读者们会发现我们的评论在语气上多少变得有些消极了，因为我们会就教学行为提出令人不安的道德问题。因为深度挖掘，语气上会发生转换（这种语气上的变化是深入研究导致的直接结果），但这并不是我们对教师作出的评论。如同第二章中所观察的教师们一样，本章中所描述的这四位教师都有着丰富的教学经验，并且在其专业方面造诣很高。同时我们发现他们在各自的学校中都有着令人羡慕的良好声誉。而且，我们自己本身也十分尊敬和钦佩每一位教师，不论他们是否在这些观察中展现出了某些好的品质。但即使是最好的教师也是优缺点共

存的。在这方面，他们同我们一样。我们即将描述的那些教师也不例外。我们本可以轻松地展现有利于他们形象的一面，我们猜想这一定比同一所学校里其他老师要达到这样的效果要容易得多。但是，我们写这本书的目的既不是为了表扬也不是为了批评每位教师的所作所为。我们对他们不太值得尊敬的行为进行描写——有人也许会称它为真实的照片，就是那种在朋友间传看时，会让我们捧腹大笑或眉头紧锁的照片。这样做的唯一理由便是展示当我们关注的焦点精细到教学的每一个细微之处时，教学的道德层面会变得有多复杂，这也是我们倾向于讨论的观点。

第一组观察：约翰逊的课堂

第一组观察记录以评论我们所观察的男子天主教高中的物理环境开始，然后再描述该学校九年级的一门英语课，约翰逊女士是该班的教师，她总是穿着整齐，有着母亲般的威严。约翰逊女士几乎整个教学生涯都是在公立小学中度过的（超过 25 年）。现在她马上要退休了。在过去的三年里，她一直在天主教高中任教。 129

    约翰逊女士教室外边走廊的一面墙上有一组 12 张左右的 11×16 厘米的海报，它们用以展示那些非裔美国成功人士的人生经历，彰显他们的成就，他们中有科学家，还有发明家（该学校的学生都是非裔美国人）。但是，除非经过的人有篮球运动员的身高，否则他们必须伸长脖子才能读到海报上的字，因为海报位于沿着走廊摆放的一排排学生柜的上面，完全在视线上方。

    在另一面墙上，也就是教室门的对面，挂着约翰逊女士班级的学生画的非洲国家地图。其中一些地图制作精良，使用了许多不同的颜色来表示地貌、农作物、矿产资源等。其他的看上去则像是在短时间内匆忙完成的。比如说，有一张塞拉利昂的地图，整张图不

130 过是用一支蓝色铅笔勾勒出的一个花生的形状，中间歪歪扭扭地写着国家的名字。在花生的左侧写着"西部省份"，在右侧写着"东部省份"。这就是全部了。然而，这张粗糙绘制的"地图"——如果可以这样称它的话，却与那些精心绘制的地图一起都放在了显眼的位置。

对走廊里这些海报的简短描述引出了许多问题。但凡对学校道德环境感兴趣的人，都无法不思考这些问题。让我们也像观察者所做的那样，从描绘非裔民族英雄们伟大功绩的那些海报开始。它们挂在那的原因我们都心知肚明。教师、学校主任或是不同成员甚至也许会包括一些学生在内组成的委员会，他们或许认为在黑人学校中，应该尽可能多地让学生们接触这些积极正面的模范角色，这还会让他们了解到历史上那些杰出的非裔美国人所取得的成就。这也是学生柜上方贴那排海报的原因。

对于这些海报，最为明显的问题便是观察者在评论中暗含的那个问题，即，它们为何在墙上挂得那么高？以至于若有人想读它们，必须得有篮球运动员的身高？因为学生柜的妨碍，它们无法往低处放置。对这一问题如此不假思索的回答并不能说服人，因为若是海报很难被看到，大家自然会想，那为何还要挂它们呢？海报被挂在不起眼的地方，是否间接表达了学校对提供充足模范形象的事不够重视？又或许负责人把它们挂在那里是因为他们认为海报的数量（将近 12 个），对于提供一种积极的模范影响也应该足够了，再加上每一张都是描述非裔美国人成就的明显事实，即便路过的人看不到上面阐释这些名人如何声名远扬的经历也无妨。乍一看，后者的可能性似乎没有多么奇怪，尤其是当我们想到人物肖像、雕塑、半

131 身像以及其他对某种文化中英雄人物纪念性的描述，通常在公共大楼中的位置也总是在视线的上方。

既然对此类海报的道德功能提出了疑问，那我们就会开始思考大量与名人的装饰或艺术画像道德意义相关的问题。举个例子，想一想皮尔未能完成的那幅乔治·华盛顿画像，它曾经存在于我们国家的每间教室之

中，现在有一些教室仍有它的身影。那么，如果有的话，这类物品从道德视角来看有何意义？对于那些用心去看，并知道画家是何人的人们而言，这一画像的确会起到一个持续提醒的作用，即华盛顿应该是怎样的形象，还会引起对他本人一系列的思考——他是我们的首位总统、在革命战争中他指挥我们的军队、曾一度被誉为美国之父等。这幅画像或许也能使人们去思考这样一个事实：两个世纪过去了，而我们依然尊崇这个人及他的伟绩。或许是这样，尽管这些思考更像是教师启示活动的成果，比如受社会科课程或总统日的某一活动的启发，而不是自发产生的。

另一件奇怪的事情是，这类画像通常只挂在公共场合，如学校或法院，而不会出现在私人场所。我们笃定，当今几乎没有人会在家里挂着华盛顿或是其他的政治领袖、战斗英雄等的肖像。倒是许多人会挂家庭成员的图片（通常是照片）。这是因为公众人物属于公共场合，而普通人属于私人场所吗？看上去似乎有道理。不过我们还知道，美国年轻人经常在房间里挂电影明星或体育明星的图片，而这些人正是公众人物。似乎我们称为"严肃者"的公众人物理所应当在学校等地展示，而其他的，如摇滚偶像、电影明星则不大可能出现在那些场合。

再回到挂在走廊的那些非裔美国英雄的海报，那些海报给我们留下的印象是没有人认真对待它们，即使它们存在的原因很显然是十分严肃的。把他们挂在那儿会削弱其严肃的目的吗？若不挂在那儿，是否会好些？我们把这些疑问留给读者，相信他们能去深入思考这些疑问所预示的重要教育问题。

走廊另一面墙上学生们手绘的地图展现了一系列不同的问题，但这些问题也都满含着道德意义。第一个问题是，这种亲自动手画地图的活动旨在让学生收获什么？第二个问题是，展出这些画会产生什么影响？最后的问题，也是观察者最关心的问题，即在展览的画中，哪一幅是画得最差的。

约翰逊女士布置画地图作业时心里在想什么？她希望这一任务可以带来怎样的效果？这个问题我们不做解答，因为它本身并不会引发道德问题，对于确有道德暗示的问题，我们肯定会回过头来再讨论。不过，我们或许会好奇这项作业对高中生来说是否合适。让学生们画他们正在学习的国家是一项很常规的作业，所以我们就不在这里驻足探讨它的教育意义了。事实上，非洲国家的画似乎与对面墙上的英雄人物画像相呼应。或许学校领导，或者至少学校的某些教师对于他们非裔美国人的地理和文化遗产的教育是十分重视的。

鉴于当今学校中都有这样的实践活动，因而为何这些画挂在这里展示也就是个不太值得过多考虑的问题了。学生的作品展示是所有教室共同的特征。然而，这种展示旨在达成什么目的这一问题确实需要作出假设，即假定其很明显地具有道德品格，并值得我们去思考。把学生作品展出的最显著的原因便是为学生提供一个可以为其作品自豪的机会。一幅画或一份书面文件能够放在大家都能看到的地方展示，暗示着它们得到了展览负责人的认可，这个负责人通常是该教室的教师。"好作品"是这些展品不言自明的标签。使其成为一种道德评价的原因是另一种不言自明的认知，即好作品是由好学生做出来的。因此，墙上的地图或图画通常是署了名的，这样人们就能知道作者是谁这可以带来双重赞赏。第一重是赞赏作品本身的质量，另一重是赞赏那些做出好作品的人（即优秀的学生）。

然而，有一点奇怪的是，有一些展出的作品，如地图或书法作品本身并没有观赏性，而且丝毫没有审美价值。我们理解教师有多希望去赞赏学生的好作品。并且若一件东西是为了审美享受，比如画作，我们也能理解让它们在公共场合展出的原因。但是，对于那些意义只在于优秀范例的作品，为何要展出好几天、好几周甚至是好几个月呢？对这个问题有一个令人并不很满意的解答：人们普遍持有一种想法，即至少在学校中，好的作品就其本身而言，需要或应该受到慷慨的激励和认可，这在其他地方是得不到的。我们可以假想，如果孩子或年轻人想好好地适应学生这一角色则必须要求这种赞赏吗？但如果教师或其他的成年人自己认为这些展品根本不值得看，那么是否可以认为这一实践活动是虚伪的，甚至是做作的？

带着心中的这些疑问，我们回到观察者对塞拉利昂画作的评述中。

从他描述的细节中，我们可以明显看出他对于这幅粗糙的画作十分吃惊，有些困惑，甚至对于这样的画作也能入选展览感到恼怒。这一情况出现的原因就在于展览原则本身，即展出的应该是好的作品，而不是放宽限制到可以收入普通作品，或是在极端的情况下，如在这里展出的那样，还包括很差的作品。总之，如果每一位学生的画无论好坏都可以被展出，那么不就与这一活动奖赏和鼓励好学生的初衷相悖了吗？而且，从道德角度来看，在某些方面，这样对那些努力绘图去做一个得以展出的好作品的孩子岂不是不公平吗？那些画得很糟的画在他们作品的旁边似乎是在嘲笑着这种评判"优秀"的标准。

当然，我们可以想象出一些情况来解释展出不好的图画也是有道德意义的。假设，画这幅画的学生在某方面有一定的缺陷——视力受损，或许甚至是智力发育不健全。在这样的情况下，我们便可以评价这是一幅好作品了，而且也绝非对评判"优秀"标准的嘲讽。我们无法根据观察记录断定这种特殊情况是否存在，但它的确引起了我们对与学生作品展览相关的一系列道德问题的反思。

观察继续：

教室很明亮，头顶上有三排日光灯。门的对面是大大的窗户，从桌子的高度开始一直延伸到天花板。透过窗子，可以看到学校的操场，视线可以到达高高的围栏，那是校园和一座古老的红砖公寓楼的分界线。

教师的桌子就在门口的里侧，它的角度使得每一位走进教室的学生都要从它那里绕一下才能走到自己的座位上。桌子上堆满了书、卷子、图片、装着学生作文的篮子以及各种文件夹。就连抽屉看上去都是塞得满满的。

杂乱的桌子再加上高度个性化的教室装饰都展现出了这里为一个人所独占。与大部分公立学校的教师不同，约翰逊女士不必和其他同事共享她的房间。

134

　　教室后面的墙上有一个宽宽的公示板，上面布满了一些商业印刷的图片，上面是一个非洲村庄的各种场景：人们工作、跳舞、唱歌、孩子们玩耍、放羊或放牛。在公告板上方，有一排几乎横跨了整面墙的黑色字母（9英寸大），写着："今天是你余下生命的第一天！"在靠近窗子的一个角落里有两个档案柜，里面装满了一沓沓五颜六色、大小不一的海报，还有各种各样的文具。

　　窗子对面的墙在一进门的右侧，上面挂着马丁·路德·金和哈罗德·华盛顿（当时芝加哥的市长）的画像，上面还有一些有关学校和黑人青年教育的新闻剪报。

　　在门口的左侧是一幅从不同杂志剪下来的图片粘贴到一起的拼贴画。大部分都是些年轻人，有几张面孔很有识别性（如迈克尔·杰克逊）。其他的人似乎是从广告或文章中剪下来的模特。在最下方是一个职业篮球运动员灌篮的照片。拼贴画旁边是一块同教室等长的黑板。黑板上有三栏，分别写着许多美国和英国著名诗人的名字，大部分都是白人。黑板上除了这些名字外再无其他，看上去有点脏，好像写在上面已经有一段时间了。在黑板的上方有一些黑板中列出的诗人的图片。在这些图片的上方一直到天花板的地方贴着一些自然风景的海报。其中一张海报画的是森林中一个深蓝色的湖泊，在缀满积云的淡蓝色天空下闪闪发光。

　　在教室前面的墙上又是一块黑板。在黑板和距门最近的教室角落之间的墙上贴满了美国著名黑人的图片，其中包括哈丽特·塔布曼（Harriet Tubman）。在黑板的边缘处还有许多海报，其中有四张是一模一样的。上面都是一个微笑着的年轻黑人。每张图的下面都印着几个大字"你的行动"外加上学校的名字"圣诺伯特"。在每张图上"你的行动"这四个字的左侧，约翰逊女士分别加了一条信息。第一张上写着"爱自己"，另一张上写着"做一个'平凡'的人"，第三张上写着"提高成绩"，第四张上写着"与人交往"。在三张海报的下面是另一张图，图上是一个穿着传统长袍的方济各会士。他在用水壶中的水为一个金发小女孩洗礼，降落在女孩身上的满是小小的红心。后面的背景是一片绿油油的田野，几棵树和一片蓝蓝的天。在画的下方写着一行蓝色的字："爱是我们的使命……方济各会士。"

在黑板的中间有一台电视，它有时会在上课之前开着，尤其是在自由活动课之后。

这段观察记录对教室的物理环境进行了深入的描写，但由于观察者接下来要对一个特殊的教学实践进行描写，所以此处似乎很适合插入一些评述。且不说教师那杂乱的桌子和能看到学校操场和临楼的大窗，中心问题当然是如何解读教室中所有展示的这些图片和海报。从视觉角度来看，这间教室看上去让人感觉十分拥挤。那么从道德视角出发，对这一拥挤杂乱应作何解？

在教室大部分视觉信息中，最值得关注的特征便是它们明显的道德风格和内容。它们激励着读者或看到这一切的人去重新开始生活、爱自己、爱他人、努力工作、提高成绩等。它们还时常提醒着大家一个道德高尚的人会取得什么样的成就。这些提醒主要是通过名人照片的形式，这些名人通常由于坚持某种严格的道德规范而获得了名誉，或是通过努力在艺术或公众领域获得了成就。甚至是那些自然风景和非洲村庄的照片也在传递某种道德信息，尽管不如其他物品那么明显。它们展现的是一个安宁、美丽的地方，居住着善良、有爱的人们——一个和平的王国。它们在诉说："看看这片土地和它的美好，看看工作和娱乐着的人们，要对这一切感恩并努力去保护它们。"总之，这间教室到处是道德忠告和规劝。事实上，这样看来，教师的桌子也是如此，有人或许会称它为"散落着道德"的地方。

除了向所有人传达具有通识性的道德信息之外，许多海报和图片是面向高中年龄的青少年的，而他们刚好是非裔美国人。其关注点是总体上面向年轻大众，尤其是黑人文化个体，它的英雄人物、地理起源，这些与

137

宣传材料的整体道德意义同样显而易见。总之，这间教室中的装饰明显具有独特性，是专为生活在这里的年轻非裔学生们设计的。这些海报和图片通过它们对圣诺伯格学校自身的关注，以及通过对执掌学校的方济会各派（Franciscan order）牧师和修士的道德价值观的关注，对其当地观众产生影响。

但这些特殊化意味着什么？当今非裔美国年轻人是否严肃看待它们呢？甚至于他们是否注意到这些信息？或者询问这些问题是否合适？所有海报及标语的表达性含义或许与它们的表面信息仅有一点或丝毫没有关联？

试想这种可能性：假设这些标语和海报想表达的真正含义是约翰逊女士为这些年轻人的未来担忧，她希望他们成功，她渴望知道如何解决这些问题。若非如此，一个人为什么要费这么大力气把教室装饰成这样？从这一角度来看，约翰逊女士教室传达的更深层信息在于：这间教室的负责教师明显十分关心她的学生，因为她尽其所能让学生们被鼓励和支持的信息所围绕。

但从相同的假设中我们也能得出其他信息，而且并非所有的信息都如我们前面假想的那样积极。比如，仔细观察这些有点庸俗的展览作品后，我们或许会认为它们大体上表达的不过是一种过度的多愁善感，一种不切实际的乐观，不符合高中学生利益，无法满足现今非裔美国男性面对现实的需求。从这一角度，同样深刻的一个信息便是：这间教室的负责教师与学生的精神世界完全脱节。面对着一屋子的青少年，她所用的教室装饰材料更适用于三年级到四年级的小学教室。（在这方面，我们或许会想起约翰逊女士大部分的职业生涯都是在小学里度过的。）

当然，这两种解读也并非不相容的。很有可能是约翰逊女士很关心她的学生，但在表达方式上有些不妥。还有可能是起初看上去不太适合这一学生群体的情况，在之后我们对学生本身以及教室内其他事物了解更多时，便会开始变得看上去合适了。这两种可能性都促使我们回到观察记录上，来了解更多关于约翰逊女士本人的情况，以及在她的教室中所发生之事的信息。

　　在前面窗子旁边的角落里还有档案柜。里面摞着很多文件夹。这是约翰逊女士五个英语班每位学生的作业（2个九年级和3个十年级）。有的文件夹放在柜子的上面，里面装着今年到目前为止学生们交上来的所有作业（大部分是作文和诗歌）和练习题（语法、拼写）。（在学期末这些作业会成为学生们的私人物品。直到那时，他们才能在任何时间自由翻看他们的作业，但没有教师同意，不得带出教室。约翰逊女士喜欢确保她的学生们不会弄丢任何作业。）

　　约翰逊女士时常给我一些文件夹让我翻看。文件夹里有许多用红笔改正的语法和拼写。本子上偶尔会批上"好"或"很好"，但是没有关于作文内容、格式或框架的评语。

　　她有时会在文件夹里写一两句简短的话，既是对学生说的也是对他的父母或监护人说的。在一个提醒学生成绩落后了的评语中，她写道："你要知道我很关心你，这很重要。"另一个是表扬了一名学生的作业："我为你骄傲，这一年你做得非常棒。"

　　在档案柜的上面还有一个大文件夹，里面装着约翰逊女士收到的信和卡片。这些都来自学生、家长、同事以及尊敬她或感谢其付出的学校领导们。最早的一些卡片是三年前的，那时约翰逊女士刚开始在圣诺伯格教书。

约翰逊女士让学生们将批过的作业放在单个文件夹里，年末可以把文件夹带回家。这一行为让我们想起了当今许多教育评估专家所提倡的"文件夹理念"。专家们认为，这些装有学生作业样品的文件夹，目的在于取代那种仅依赖考试分数的标准评估程序。不过我们在这里的目的不是要赞扬约翰逊女士紧跟教育评估领域最新的发展（假设她知道这些发展情况），而是要思考学生们的文件夹对教室的道德环境有何贡献。我们应如何以一种具有表达力的用语来解释它们的用途？这可以看作是教师关心学

139

140

生的另一种延伸吗？又一个展示她有多关心学生的迹象？或者我们能否把它视为其他含义，看作是一种强化自身权力的手段，或许（还记得最上面的那个装满赞美教师的文件夹吗？）是为了使父母和教室来访者对这一年的工作量之大感到震撼吗？

想回答这些问题我们需要知道的一个方面是，假如约翰逊女士是真的在使用这些文件夹，她是如何使用的。但即使弄明白了这一点，一些文件夹中带有表扬的评论，再加上记录中展示的约翰逊女士"经常"给观察者一些文件夹让其浏览的这一事实（是她强迫他看的吗？），可以让我们清楚明白这个文件夹活动大体上就是教师自豪的根源。在她眼中，至少它表达了一些好的含义。但这是道德方面好的含义吗？在某种程度上，它是在彰显她表达关爱这一态度吗？这看上去似乎是有设计而为之。（回忆一下她写给差生的评语："你要知道我很关心你，这很重要。"）然而，即使我们认定了是这样，我们也必须根据观察者所说的其他事情来表达一些关于该活动道德意义的顾虑。

比如，为什么文件夹中的作业上只有对语法和拼写的纠正，却很少或没有对写作的实质性点评呢？是前者比后者更容易吗？若真如此，我们或许应该开始思考约翰逊女士是不是真正地想帮助学生们提高作业质量。同时，若她每天教五个班，总共 100 多名学生，我们希望她批作业比现在更加细心这一要求合理吗？我们能做的只有先保留对这件事情的疑虑。

解读这些文件夹时，最令人困惑的便是那个用来整理约翰逊女士收到的表扬信件的文件夹，这个文件夹是独立出现的。这个文件夹本身并不是"学生文件夹活动"的内容，但既然它被放在装学生文件夹的档案柜上方，它也和学生们的文件夹一起被记录在了观察者的报告中。我们可以很容易地想象，像约翰逊女士这样备受爱戴的教师（看上去是这样）会将写给她的信和卡片珍藏在剪贴簿或某种文件夹里长达多年。唯一一个使约翰逊女士案例中的文件夹不同寻常的是它显眼的位置。它被放在了所有人都能看到的地方。"为什么不呢？"一个友好的声音也许会问。"她很明显是对她所收到的赞美而感到骄傲啊。""是的，的确如此。"另一个声音也许会说，"不过像她那样炫耀自己的荣誉是否有点不合时宜？这样做不会有那么一丁点不谦虚吗？或许还展现出了些许缺乏安全感的迹象？"

上述假想反应的不同使我们注意到了这样一件事：对于理解像约翰逊女士的剪贴簿这种难解物品的道德意义，想要达成一致结论是多么的困难。事实上，难以理解的并非剪贴簿本身。引起异议的是它所放的位置，这也是观察者特意提及它的原因。若是剪贴簿放在抽屉里，只是偶尔取出来私下看或是偶尔与几个私密好友分享一下，那么它的道德意义便截然不同了。但单凭其所处位置这一点并不能触及理解其道德意义的关键，就像我们假设评论者的评论所揭示的那样，其中一个人对于剪贴簿的位置没有任何争议，他认为这并没有错，而另一个人则认为把它放在突出的位置是自大的行为，并猜测其可能暗示教师自身缺乏基本的安全感。谁是对的呢？

我们的答案是这两种说法都不是绝对的正确。有一种基本的道德事实便是：剪贴簿无论怎么放，都不可能出现一方能看到，而另一方却无法察觉的情况。然而，我们这两位假想的观察者却植根于两个不同的道德世界中，讲着不同的道德语言。第一个人认为炫耀自己的成就无可厚非，但另一个人不这样想。在第一个人信奉的道德准则中，其信条呼吁人们自豪地将奖赏、荣誉，还有勋章、头衔以及任何有法律授权的身份勋章和成就展现出来。在另一个人所属的团体中，其成员们则认为这样的行为非常俗气。在后者的社会里，赞扬信和荣誉勋章都应放在家族保险箱里，或是堆满樟脑球和言行录的阁楼箱里。

在我们看来，这些是文化上的差异，即使这些不同的人是门对门的邻居或是同一家的成员。的确，他们甚至还可能是同一个人，谁还没有时不时地在遵循哪一准则之间挣扎呢？我们之所以称其为文化方面的差异，仅是为了说明每种想法都体现了对类似事情处理的一个连贯视角。这不是说把两种观点放在一起，仔细审视后便能证明它们的价值相同。而且这也并不会阻止或阻碍拥有各自观点的人相互争辩两者观点的优劣。

回到约翰逊女士教室中那个装满表扬信息的档案柜，我们所剩下的

142

问题是，如何从道德视角对其进行解读？我们可否将其视为自大的标志？或者将其视为完全可以接受，不值一提的小事？认为它在道德方面的意义与医生办公室墙上明晃晃挂着的成排证书和文凭的意义一样？有一件事是肯定的：约翰逊女士肯定知道文件夹放置的位置。显然她不认为将这些材料放置在容易被他人检查到的地方是自大的，而且毋庸置疑的是，她的学生中也没有人认为材料放置的位置在道德上有冒犯或是非常俗气。那么，我们为何又非要去寻求另一种可能的解读呢？

143 　　我们之所以这样做，是因为这种文件夹在教室中公然展出，这令我们很惊讶。第一眼看时，我们觉得这种品位有待商榷，即使这一判断可能让人产生愧疚感。我们会有愧疚感是因为文件夹里的内容揭示了约翰逊女士深受那些认识她的人的尊敬，其中有好多人与她的关系亲密，对她十分了解，这是任何一位教室观察者或对观察进行评论的人所无法企及的。的确，在学校的道德生活这一项目实施期间，我们非常喜欢约翰逊女士（我们相信她也喜欢我们）。在那些表扬面前，以及从我们自身的情感来看，我们对这一行为的质疑如果不算是完全背叛的话，可能也显得有些狭隘。

　　但我们此处的目的既不是要去表扬约翰逊女士的美德，也不是要挑她的错，而是要阐明一种观察教室的过程和方式，并以此来揭示观察过程中经常出现的疑惑和矛盾。事实上，没有教师在道德上是完美的，不论我们从哪方面分析他或她的工作，包括教师观察者和观察笔记的评论者在内的其他人显然也都是如此。因此，那些认真观察着几乎所有教室内情况的人必然会看到教师行为中一些值得考究的道德价值，或者，他们认为在同样的情形下，他们的行为会有所不同。当这种情况出现时，我们要做的便是避免草率定论观察者或评论者是对的，教师是错的。我们应该做的事是将这些疑虑记下来，并力争将它们与这样一种状态相结合，即将教室内发生的一切都作为一个整体来看，后续再去思考。心中带着这一提醒，让我们回到观察记录。

　　约翰逊女士的教室中有30张可移动书桌，它们整齐地排成5排，每排 6 张。每张桌子都有一个可以靠着写字的扶手，座位下面有一个装书和作业的金属篮子。约翰逊女士 5 个班中最大的班级有 23 名学生。

在靠窗的一排灯上挂着一排学生们写的三行诗。这些展品隔几天就换一次，以确保每位学生的作品都有展示的机会。每首三行诗都写在一张海报纸上，用衣架挂着。大部分上面贴有从杂志中剪下来的图片。在图片间穿插着诗句，有一些看上去是下了很大的功夫，而另一些则好像是匆忙间完成的。其中有一张海报上是一个农场的风景图，上面有许多鸟。在这些图片中间写着："绿野和青草，快乐的飞鸟。"另一张海报上有一些手绘和几道剪贴下来的彩虹，穿插着写道："彩虹是我们灵魂颜色的展现。"

观察者又用了两段来集中对环境布置进行评述。他为什么不厌其烦地提到书桌的数量、外观、位置、它们的特点以及排列结构？为什么他还用具体数据解释了在约翰逊女士最大的班级中，要多出 7 张桌子？难道他只是在帮助我们想象这间教室的样子？或是他邀请我们一起思考为何书桌摆放的样子都一样或为何约翰逊女士留着多余的书桌使得教室拥挤不堪？我们推测观察者或许想到了这两个问题，不过重要的不是他们有没有想到，而是我们应该如何回应它们。我们应该停下来思考其意义吗？它们在某种程度上是道德问题吗？

在之前的观察过程中，我们反复地强调教室生活的各个方面都是存在道德意义的。我们建议，若想寻找其意义，我们需要找到正确的观察角度或充分地去思考。教室内书桌的摆放方式、由办公器具造成的拥挤或是没有办公器具导致的宽敞也皆有其道德意义。相对于那些随意安放的书桌，整齐排列的书桌传达出的是一种更为有序的感觉。拥挤的环境，尤其是有许多多余、无用的办公器具的环境，会造成一种房间是用于其他功能的印象，而非是教学功能。这两种解读都蕴含着道德寓意。房间的正式与否同权威实施的方式相关。教室的宽敞或拥挤，尤其是与教室内的活动紧密相关时，能够说明这间教室的布置精心与否。反过来，这也说明了教室规划者在多大程度上考虑到了在场人员的需要。不过，倒是有很多原因可以解释一间教室为何会摆放其所需之外的办公设施。同样，教室书桌成排摆放而非以其他形式布置的原因也远远不只是想让它们变得干净有序。因此，不必在观察记录中填写太多评论，我们能做的便是将它存储好以便后续参考。随着我们对这一段中暗含的信息进行继续研究，这些事实将变得更加清晰。

对贴有图片的三行诗海报的描述是一个完全不同的问题，因为它同观察者对走廊中展示的手绘非洲国家地图的评论相似。细心做好的作品和匆忙完结的作品对比着再一次摆在我们面前。我们还知道每一位学生的作品最终都将展出。而且，根据所给的例子，对三行诗有些了解的读者或许会开始想，约翰逊女士班级的学生们对这种形式的诗都学习了什么或者至少他们如何理解三行诗。他们会认为任何描述风景的短语，如"绿野和青草，快乐的飞鸟"都可以组成三行诗吗？最后，这一描述再一次对学生的健康发展提出了疑问。让一群年轻男孩花时间翻阅旧杂志，剪图片来制作这种海报是否合适？这一活动的教育功能是什么？看上去是否更适合小学生而非高中生？这类问题听上去或许与教育问题相关，而非道德问题。但正因为它们涉及了学术诚信以及个人的正直品行，这些问题才有了道德意义。

146   如何教学以及教好学生的问题从本质上讲，一直属于道德问题。这主要是因为教育是一种道德举措。教育的首要目的是使受教育者变得比刚开始受教育时更好。教育寻求某些方式使受教者得到提高。这意味着教育实施方式的缺陷都是一种消费欺骗、偷工减料的行为，比如提供给学生低于应有标准的，或不够他们日常生活所需的。给学生们不需费力便能完成的任务，让他们感觉毫无压力，并以适合更年幼学生的方式去对待他们只不过是这一类事物的不同表现形式而已。

当然，我们从观察记录中得到的信息不够充分，无法指责约翰逊女士有任何上述不足。不过，据我们目前所读，我们的心中的确存疑：她也许留给学生的任务过于轻松，可以说她是在"哄"他们。我们基于简略的证据便心生怀疑，这对她是否公平？

从这种提问方式中我们学到一件事情：承认我们对一间教室或一位教师的暂时印象，至少是我们自己内心承认，也要比因为它们还不完善或描述不够充分而否认或漠视这些印象要好。而且，我们发现不论这些早期印象有何价值，也就是说，无论它们是好是坏，这样做都很有必要。这一认知的必要性在于，通过事先提出并直面这些偏见，我们才能对其警觉，不让它们的隐蔽性影响我们的思考。我们通过从相反的方面进行分析，寻找可能与我们起初判断相矛盾的证据。这样一来我们的迅速反应则成为决定我们观察时应该看什么和听什么的工具，并能够在我们观察记录时决定接下来要问什么问题。

目前我们采用这种坦白自身偏见倾向的方法，应当牢记这种方法的优势，现在我们回到观察记录。这次我们将在记录的最后再加上评论。　147

第一节下课铃声刚一响（约翰逊女士的自由活动课之一），九年级的学生们纷纷走进了教室。

约翰逊女士在学生们中徘徊，她冲一个昂首阔步、面带自信走向座位的学生喊道："丹尼·琼斯！把外套脱掉！不准穿外套走进我的课堂。"但丹尼却一脸不悦地朝他的学生柜慢悠悠走去。

"戴恩！"教师对一个戴着厚厚眼镜片，笑嘻嘻的男孩说道："把鞋子都穿上！"他一边坐到座位上，一边穿上了鞋。

"韦恩，把衬衫掖进去。"她一边说着一边轻轻地朝他座位的方向推了一把。"把木梳放好，安东尼。"她对着另一位经过的男孩露齿一笑。"哎呀，罗伯特，"她一只胳膊搭在了一个瘦弱的小男孩肩上，说道："你今天觉得如何？你应该每天喝一勺蜂蜜，这样可以预防感冒。"

近处的一阵大笑吸引了她的注意。笑声骤然停止。"你觉着你很酷，是不是，安德鲁？"她轻声对一个高高瘦瘦的男孩说道。他尴尬地把手搭在了额头上。大部分学生都已经就座了，有几个学生在窃笑。"穿着时髦的毛衣"——她的手划过他的胳膊——"穿着这些丝袜"——几个学生哄笑——"但上周你爸爸来学校的时候你可不怎么酷啊!"安德鲁在学生们的笑声中温顺地笑着走回座位。

一些孩子坐到座位后一直聊天、逗趣；其他人则安静下来，开始取出纸和笔。

"现在，你们听好!"教师注视着他们说："我们现在接近第四季度了（学年）。我希望你们掌握了我目前教过的知识。我们一起行动起来吧!"

班级里还是未能完全安静下来。一些学生在说最后几句话，一些学生则在翻着书包。

约翰逊女士继续发出警告，整个班级现在似乎都开始注意听了。"在你们上小学时，可能对逃课不以为意，发生点小事就要留在家中。但在高中就不一样了，你们错过一天就会落下许多，所以你们要拼命赶。做事之前一定要好好想一想。"

"你们还未完全了解自己，"约翰逊女士继续说道，她看了看学生们，他们现在都在认真听，但有几个孩子在摆弄着钢笔和纸。"这就是我们正在做的事，也是我们今天要做的事。"她突然停顿了一下。"我是谁?"她突然一皱眉，问道"我是谁?"

她的声音变得温柔了一些，从桌子后面缓缓走了出来。"我是谁?就像是当你来到学校的时候，摘掉了耳环（为了遵守校规）。"令许多孩子感到好笑的是，她模仿着缓慢取下一只耳环的样子。

坐在后排的几个男孩子脸上一副做白日梦的神情；一个孩子用钢笔在涂鸦，另一个人把头倚在胳膊上向窗外眺望。其他大部分孩子都在注视着教师。

"当我看见罗伯兹先生时（学校里管纪律的人），我会不会溜上楼梯? 我会想躲避他吗? 威廉怎么想?"她突然问道，走到了坐在窗边的一个瘦小的孩子旁边。她的手轻轻地抚着他的头顶，"他很可爱，所有老师都这么说，但我们上周听说，他有时厌倦了这种形象，有时他会骂人、打架。"她把手从威廉的头顶拿了下来，朝桌子走去。"所以，你想成为这些人中的哪一位呢？你现在是谁？你想成为什么样的人？"

"戴恩呢？"约翰逊女士继续说道。"他过去什么都不做，就是一直什么都不做，现在他却一直在学习。"戴恩环顾了一圈他的邻座们。"没错，"他点点头回答道。教师也回应着，是的，的确。孩子们嘀咕起来，咯咯笑着，试图吸引戴恩的注意来取笑他。

"而你，保罗，你是一名情圣。"她微笑着。几个孩子咧嘴笑了。"我知道你喜欢女孩，我知道她们也喜欢你。你深得女士芳心啊！"保罗低着头盯着自己搭在桌子上的手。他似乎在尝试着绷紧脸。学生中又传来几声窃笑。坐在旁边的一个男孩善意地怼了怼他的胳膊。

"莫里斯，你也是。我在舞会上看到你了。你就像水蛭一样紧紧地搂着一个女孩！"全班哄堂大笑。

"现在，在你决定要成为这些角色中的哪种角色后，写下来，和我讲讲。但只能写 1 个。如果想成为的人太多，你就要分裂了。"

孩子们开始准备纸笔。一些人已经准备好了，因为他们预料到上课会需要写作。几个孩子立马写了起来。

约翰逊女士打断道："但别写你认为我想听到的角色。"几个学生抬头看了看她。"这是英语课，想写什么就写什么，我只是给你们纠正语法！"说这话时，她单独冲着一个男孩露出了大大的笑容。他点了点头，继续写起来。

教师在她的桌子旁边坐下。戴上了眼镜，开始批作业。她很快停了下来，写了一个纸条。"克里福德，"她轻声说。坐在第三排的克里福德抬起了头。"把这个送到丹尼尔神父的办公室。"克里福德拿起纸条，取下黑板前面的木质通行证，离开了教室。

又过了几分钟，约翰逊女士透过眼镜看向学生们："安德鲁，过来。"安德鲁是之前因为穿着奇装异服而被单独提到过的孩子，他从

150

座位上挣扎着站起来，慢慢地走到教师的桌旁。她低声对他说着什么，他不得不低下头来倾听。她正指着一个像作业的东西。安德鲁点了点头，磨蹭着回了座位，缓缓坐下时向窗外纵目远望。

大部分的学生都在写字。有几个学生看上去像在思考要写什么。教室里静悄悄的。不一会儿，那些看上去已经完成写作的学生开始忙其他的事。几个学生取出了语法练习册，一个男孩开始读一本平装书，另一个学生在查看文件夹里的一些卷子。后排的一个孩子把头枕在了胳膊上。

"你做完了吗？拉布莱福德？"约翰逊女士问前排的一个孩子。"拿过来。"接下来的几分钟里，其他的孩子都把他们的作文拿到了约翰逊女士的书桌。她坐在书桌旁阅读着，并开始大声朗诵其中的几个。她读道："我是一个复杂的人，很难描述：傲慢、自负，但也很坚强。"一些孩子在盯着她，另一些还在写。"'就像是一片由一把把沙子堆成的沙滩。我知道很多事情，但是我并不是智者。我可以像沙滩一样宏伟，也可以像沙粒一般渺小'写得非常好。"她冲克里福德微笑了一下，转向整个班级说道："不动笔就写不出这么好的文字，不是吗？"

151

她读了另一篇。"'我不想知道我是谁。我很神秘，而且想一直对他人保持这份神秘感。'我很喜欢！"约翰逊女士抬头看着全班同学，大声说道。"我太喜欢了！"她继续读其他的作文，时不时地重复着"写得太美了！"或是"我喜欢这个！我喜欢它！喜欢它！"

很快似乎大部分的孩子都写完了。约翰逊女士从她阅读的作文中抬起头，寻找莫里斯。"莫里斯，你打算怎么告诉你妈妈你喜欢的这个女孩？你应该找个合适的时间告诉她。"这番话似乎是在吸引其他人进行评论。

"我想告诉我妈妈，"威廉插嘴道，"我不像以前那么喜欢学校了，有许多其他的事情更有吸引力。"他是约翰逊女士之前提过的那个上周在班级里发火的男生。

约翰逊女士回应道："你的兴趣变广了，威廉，我看出来了。"

"我不喜欢当个乖宝宝，"另一个学生抱怨道。"虽然我一直以来不得不听妈妈的话，但我想做一些事，做一些其他的事！"

教师的目光扫视了整个班级，"看看他的脸，你们就都能对他的感觉感同身受了不是吗？是吧？"

另一个男孩快速地说：

"是的，我妈妈总是查我，我很烦。"

"啊，对于我来说，每次我一打电话，她就会问，'是谁啊？'天啊！"

"我可以照顾自己，但她从不那样想，"保罗说。他咧嘴笑了一下，"她现在还吻我道晚安呢！"几个男生大笑起来。

这时许多男生相互嬉笑起来。到处谈论着女生和妈妈的话题。约翰逊女士回过头凝视着保罗，"我知道她为什么吻你道晚安，保罗，"她说。"我甚至对我26岁的儿子也这样做。"屋子里突然安静了。约翰逊女士继续说道："父母觉得你们一点点离他们远去。他们很难接受。父母们很担心，因为外面的世界鱼龙混杂。他们担心你们会与坏人为伍，坏人会侵蚀掉父母为你们所付出的一切。所以，你们看，你们需要记住这一点。"

班级里安静了一会儿，但随着约翰逊女士继续大声朗读一些作文，时不时地附加评论，嗡嗡声又开始了。她不断地说她有多"喜欢它"（她对刚刚所读文章的评论），以及一旦一个人开始写，他就能写得多么"神奇"和"美妙"。一节课快结束时，班级里已变得沸沸扬扬。几个孩子在笑教师阅读时所作的评论。几个学生提醒教师他们的文章还没有被读到。几个掉队的学生急忙递给教师他们的作文，仿佛在说"下一个读我的"。

约翰逊女士一直读到铃响。刚一打铃，孩子们便站起身来，开始装书包、掖衬衫。他们左拐右拐地走出教室，冲教师喊着"再见"，而下一组九年级的学生们挤着走了进来。

152

把握这种班级的道德含义绝非易事。的确，这节课上的事情太多，件件都有着明确的道德寓意，如约翰逊女士与她的学生们亲密交流、她对认真学习重要性的解读、写作文时所要求的自律等，以至于我们很难知道应该先从哪一个开始评论。然而，比起从何处开始探索更为紧迫的问题是，我们要如何纯粹从学术角度来评论这些明显空洞而又琐碎的一堂课。因为我们对这一小节的教学价值评价较为消极，这就会导致读者们主动去思考这节课本身，并且较之其他道德含义更为外显的课堂，他们会更加坚持要求我们给出评论。

对于这种整节课都在写自己的简短介绍，开始时没有足够多的指导，随后写完的作品又由教师随口评价的高中课堂，我们应如何解读？这一切所计划达成的目的是什么？在这个班级里，教师宣称："这是英语课，想写什么就写什么，我只是给你们纠正语法！"我们如何阐释？学生们学到了什么？若这是约翰逊女士教室中的典型课堂表现，那么任何一位公正的评论家是否可以认为她的学生们受到了欺骗，没有学到应有的知识，在学术上缺乏指导？

"学术指导的缺失"这一观点与我们之前对挂在天花板上的三行诗海报以及走廊里手绘非洲地图的顾虑相关联。这些顾虑有两个方面：第一，我们想的是，那些次品，包括看上去丝毫没有用心的作品和那些看起来是悉心完成的作品并排展出这件事。对于这一安排我们所担心的是，次品与优秀作品得到了同样多的荣耀和关注。第二，我们很好奇这两项活动的心智发展适应性。我们自问，它们是否更适合更小的学生，而不是高中生？

我们目前对写作活动的顾虑与之前的顾虑相同。我们再一次思考一视同仁地给予表扬的公正性。虽然这一写作活动或许更适合高中生，而非小学生，但令我们再一次吃惊的是，这一任务是如此的轻松、简单。客气点说可能是：他们的老师不应该再给予他们多些挑战吗？这种明显的挑战不足使我们有理由更严厉地去指责这使学生们遭受了欺骗。

然而，回到公正性，这一指责本身又有多公正呢？毕竟，这一指责是基于我们对一些观察记录的阅读，它们只是约翰逊女士一年所教几百节课中的一节50分钟的课。或许那天恰逢她状态不佳，或是如果我们从大背景来看，换句话说，如果我们能看到前因后果，那么这一堂课的写作任务或许是合理且有意义的。统计学家们常说的"抽样误差"的可能性似乎很大，以至于这一严厉的指责并不能站住脚。

还有其他的担心。笔记的记录顺序是先对大厅展览和教室装饰进行描述，然后才是对课堂的记录，这使我们开始思考，观察者是否在上课开始之前便已对自己的怀疑深信不疑了。尤其是他对地图的描述让他听上去很困惑，而且展示出他因所有的画，无论好的坏的，都被予以平等的重要性地位而恼怒。"这就是全部了。"他对那幅粗糙的塞拉利昂画作鄙夷地说道。这一恼怒是否伴随着他，影响到了他对这节课的描述？这并不是怀疑他编造了记录中的所见所闻。记录的细节和真实感足够让我们相信编造是不可能的。但是有可能另一位观察者或者甚至是同一位观察者在不同的环境中会给我们对于同一事件的不同描述。

这是说透过另一双眼睛，或是同一双但关注点不同的眼睛，那些拙劣的地图和海报或许会看起来像艺术品吗？约翰逊女士或许最终就成为了一位鼓励思考的教师？当然不是。不过它的确表明，若对教室的描述以不同的方式进行，若前面没评论大厅中的地图和天花板上挂着的海报，也没提及教室内墙上装饰的细节的话，我们就不会涌起对写作任务学术方面的担心，或者至少与课节中其他值得关注的特征相比，显得不那么突出。

比如，想一想记录中约翰逊女士和学生们嬉笑打诨的那些充满爱意的细节，它们揭示了她熟知学生们的家庭生活、兴趣爱好、对服装搭配的自豪等。如果我们想了解像约翰逊女士这种教师的道德影响，那么对其思想进行关注岂不是要比从学术角度怀疑学生们是否受到了足够的挑战更有价值吗？或是想一想她一视同仁大加表扬交上来的作文，不论写得好坏，也不论自我介绍是陈词滥调还是新奇原创。"我喜欢！我喜欢！太棒了！好极了！"她对学生们的写作激动不已。不久后，教室里的男孩们都排了队，手中拿着介绍自己的作文，沉浸在教师热情洋溢的表扬之中了。

155

想一想约翰逊女士滔滔不绝地评论毒品、犯罪、贫穷以及其他外力（包括女友），这些话题极有可能诱导学生们的注意力从学习上转移开。这节课中除了占据大部分时间的无聊任务之外，对那些学生可还有其他要求？很有可能是这样，如我们所说，在约翰逊女士的教室里或许更为典型的是苛刻的要求而不是记录中这一课节所展现给我们的那样。但是即使事实证明并非如此，我们仍然希望克制我们的批判。因为解读约翰逊女士教室内活动的一种方式是将其慷慨、不分对象的表扬看作是一种营救行为，它的目的是去点燃学生们对学术问题的兴趣，挽救已有的任何兴趣。我们必须牢记，所有这一切的对象是那些可能被遗弃在路边或是完全放弃学业的年轻男孩们。观察记录中突出的是约翰逊女士与学生们相处时所带来的私人联系，这种慈母般的关心或许是对她做小学教师那段时光的反映。

随着我们的思绪转移到这一方向，我们回想起了约翰逊女士教室中放在档案柜上的那个装满仰慕者寄来的表扬卡片和表扬信的文件夹。我们现在在对这一难解的物品有何解读？这一回看也许会产生这样的想法："因奉献而收获。"因为确实看起来约翰逊女士也被她以前的学生和朋友以同样的方式对待。但是为什么她允许这样的称赞公开展示出来？或许是因为约翰逊女士同她教的学生们一样，自己本身也需要称赞和支持？像她这样做的人是否可能都是敏感、体贴的？因为她似乎对学生们和对赞美、支持的喜好（或许也是一种需求）是一样敏感和体贴。若约翰逊女士对自己的做法觉得不自然，若她的热情是不真诚的，那它们是否还会有效？她还会叫学生们读自己的文章吗？这些问题引出了一系列其他与教师的真诚度以及教师个人需求与他或她满足他人需求的能力之间的关系问题。我们将所有这些思考都留给我们的读者，供其日后玩味，尽管我们会情不自禁地希望随着读者们对这类问题的熟悉，他们也会想到证据太少或思考不多时便对一位教师进行总结性评论是多么危险。

最后，我们对约翰逊女士对学生需求的响应度评估是否预示着将有进一步的问题或引发她对学生们的学术要求水平低的批评？当然不会。如前面所说，我们无法阻止任何人在时间和兴趣允许的情况下去进一步关心和思考它们的道德启示。不过，任何选择继续深挖它们的人都应该将约翰逊女士之前的教学经历牢记于心。尽管我们或许仍希望她提供给青少年男孩们更多的思想财富以及更高标准的学术知识，但当我们发现这位在一所小学教了 25 年的教师仍然坚持着旧习，继续使她的教室在装饰和教学内容上保持"小学"样貌时，我们不应该感到惊讶。这份观察记录不是为约翰逊女士未能按职责来激励年轻的学生们找借口。不论是谁造成的也不论它们是如何造成的，"学术指导的缺失"依然缺失。

第二组观察：莫顿的课堂

下一组观察描述的是一所公立学校里的一个四年级班级，教师是莫顿女士，一个衣着整洁、临近中年的女性，教几个四年级班级的科学课，其中有一个班是她自己的班级。记录的第一部分详尽描写了在其中一节科学课上的测验场景，这部分很值得从道德角度来思考。这一描述的前面有一小段来介绍测验的背景。下面为全部记录：

> 十二月的一个下午，莫顿女士给她四年级的一个班级准备了一场测验，她提前告诫他们说这场考试"非常难，以往大部分班级不得不重考一次"。
>
> 一周后，她宣称要在当天再考一次。"很明显，"她说，"这场考试有点问题。"她继续解释称，或许是题目交代得不够明白，或者是内容太难了。而且，她提醒学生们说，他们当时是分两次考的——一次在周一，另一次在周四——这也许是他们考得不好的原因。最后，她称有可能是她讲课讲得不太好。她说，这些都可能是他们做得不好的原因。莫顿女士说："这是一个聪明的班级，里面坐满了聪明的人。"尽管如此，却只有两个人得了 A，两个人得了 B，她说，"其他人甚至都不愿意知道自己的分数。"

不过，事实上，他们的确想知道。卡洛斯举起手问道："我们能取回试卷吗?"

"现在不行。"

几个孩子开始嚷嚷："发吧! 发吧! 发吧!"但莫顿女士不为所动。她称，她要做的便是读出得A和B的人名。得A的人不必再参加考试;得B的人可自愿选择是否参加。莫顿女士解释说她将把两次考试中的低分卷子都扔掉，因为，她说："我认为考得差不全是你们的错。"

读过四个高分学生的名字后，那两个得B的学生表示不愿意再考一次。与此同时，其他的孩子则又开始乞求发回试卷。莫顿女士毫不犹豫地拒绝了。她说："我说过，发回第二轮卷子的时候再发回第一轮的卷子。因为我不想让你们难过。"

她沿着教室走，在每张桌前停下来给一位学生一摞试卷，再由这名学生将卷子发给每一位他或她同座的人。在5号桌，她将试卷给了保罗。保罗还没开始发，戈登便站起来手伸过桌子抓过去一张试卷。莫顿女士立马让戈登站起来，走到保罗跟前，还回试卷。当戈登按指示做完回到座位后，莫顿女士说："保罗，请把试卷传给戈登。"

莫顿女士刚准备好开始考试，哈罗德举起手说他没有铅笔。

莫顿女士说："走进这间教室，就应该准备好一切，这是你的职责。"她继续讲考试要求，同时哈罗德只能一个人尽可能小心翼翼地去借铅笔。

考试的第一步是让孩子们在试卷上写上姓名。然后放下笔。这之后，莫顿女士开始阅读试卷。她一道题接一道题地说，分析得很详细，几乎都要给出答案了。她强调答案的用词十分关键。"只有你描述得非常、非常精确，你才能成为一名优秀的科学家。"

在读题过程中，她四次注意到有一名学生在他或她的手中拿着铅笔，每一次她都会叫那个学生的名字并问："你拿笔要做什么?"

读题过后，几名学生提出了问题，莫顿女士耐心地进行了回答。她对其中一名学生说他的问题问得好，"因为它展现出你真的思考了。"这时她看到 4 号桌的男孩几乎要写完卷子了，可是她还没宣布考试开始呢。很显然，他们一定是在教师读题的时候写的答案。莫顿女士立即收走了试卷，宣布这四个男孩都是零分。"这和作弊没什么两样！"她说，"我希望每个人都有公平的机会。"

其他孩子开始答卷几分钟后，萨姆（4 号桌之前被收走卷子的男生之一）举起了手。莫顿女士走了过去，他指着 5 号桌说："戈登也提前开始的。"

"你是在告密吗？"她转过身走回她的桌子。但过了五分钟后，她走到 5 号桌，检查起了戈登的试卷。

对这一部分观察记录进行评价时很难不去批评莫顿女士。在记录中 161 她呈现出了一个十分严厉，而且不会宽恕的女性形象，相较于我们预想中的一个四年级教师需要关注的事情，她似乎更关心考试和分数。而对于我们这些认识莫顿女士的人来讲很吃惊，因为她是一个深思熟虑的人，致力于公平地对待她的学生。大家心里想的第一个问题是："为什么要给四年级学生设计一份这么难的试卷，以至于大部分孩子成绩都不理想，不得不重考呢？"莫顿女士对学生第一轮考试成绩不佳的解释有些勉强，或许是因为她提供的可能性太多，而且似乎没有一个是确定的。若像她刚开始时说的那样，试卷很显然有问题，那么她为何还要继续使用它呢？是否因为编卷太难，她无法忍受重编一套试卷？或许这是一套商业性合作试卷，不管她是否想用，都必须使用？但即使后者情况属实，我们对于她公布成绩的方式如何解读——公布四名成绩最高的学生名字，然后告诉其他人他们的成绩很差，差到他们不会想知道？又如何看待她对那个没有铅笔的孩子的回应，以及她对待 4 号桌那些还没等教师发出开始信号便开始答卷的孩子们的方式？这些行为中的任何一个从教育学和道德角度来评判时，若不是受到谴责，也至少是应立即被质疑的。

在我们回应莫顿女士处理班级情况时，应该先想一想如此迅速地得出一个否定的评价是否有失公正。这一系列问题同困扰我们如何看待约翰逊女士和她似乎过于轻松的教学大纲是一样的。当我们阐释在那个情境下的苦恼时，我们称其为与抽样有关的数据错误。此处也出现了相同的担忧。问题归根结底是我们所见其在该测验情境中的行为是否属于她的典型行为。若观察者在那里待很长一段时间，会看到她一次又一次地重蹈覆辙吗？

若我们的目标是确定莫顿女士是哪种教师，甚至是她是什么样的人，那么这个问题倒是十分切题。但这并不是我们的目标。我们的兴趣在于研究如何思考教室内的道德环境。因此，我们应该问的是从道德角度来看，在她的教室中度过一天或一年是什么样子，而不是去问莫顿女士是什么样的人。然而这些问题，正如我们在这节和上节的分析中所见的那样，相互联系，密不可分。而且，由我们对莫顿女士处理测试情境的结论速度可见，这两大问题中私人化的问题要比"理性的"、更公式化的问题更加有分量。当我们看到像上述记录中这样的情节时，我们似乎会很自然地迅速得出结论。我们立刻看到莫顿女士没能恰当地处理这一情境，或至少她的行为可以很容易地进一步改善。但是这样做除了提醒我们，或许有些教师没能按职责表现外，还能告诉我们关于教师道德方面的什么呢？有没有方法让我们放下我们否定的评判，而变得更善于分析、更具洞察力，比观察者有更宽广的思考呢？

这样做的一种方法或许是自问在这些例子中她的行为方式错在哪里？违背了什么原则？背离了什么道德准则？当我们对一个读了上述记录的人问这个问题时，她快速回答道："常识！"其他人肯定也同意。我们自身也同意，所以我们才说出了我们的警惕之声，与"任何一个理智的人"都会说得一样。但是指责莫顿女士缺乏常识并不是对道德问题的合适回答；事实上它都不算是一个回答。尽管它可能让我们感到满意，因为它表达了我们对她教学过失的不耐烦，但它并不能增进我们对错误本质的理解，以及如何改正或阻止它再次发生，也不足够说明她整体行为的这个或那个方面都应该去除或改正。这一问题是原则问题。我们想知道的是，莫顿女士的行为在道德方面可有缺失。她的行为旨在建立何种道德风气？或者，为了应对我们之前对数据代表性的担忧，或许可以这样问：如果莫顿女士整个学年都是这种行为方式，那么她的行为旨在建立何种道德风气？

仔细研读，似乎莫顿女士行为中缺少一种迹象，即她对学生心理状态并不敏感，也不顾及他们的感受。她在这一方面的不敏感在她所做的几件事中明显地展现出来。她进行了一场公认的对大部分学生来说很难的考试；她告诉学生他们的第一轮表现太差，差到不愿告诉他们成绩；她因为一组男孩作弊严厉惩罚了他们；在受罚的男孩指出另一张桌的某个同学也作弊时，她指责他告密，而这一行为本应该被视为是他对自己遭遇不公平对待的表达；她对那个来到教室忘记带铅笔的学生展现出了全然的冷漠；她指责一个学生太早把铅笔拿起来，而这或许只是表明学生急于动笔。

以这种一连串的方式陈述出来时，莫顿女士的不敏感似乎很明显，而且很严重。从道德角度看，在这种权威下生活一年并不是一个愉快的经历。不过，我们必须要小心由这种分条列举所产生的强化效果，甚至是观察记录本身带来的干扰。我们务必要记住，引起我们担忧的任何一个行为都是一个大环境中的一小部分，在这个大环境中，记录中的条目都只是碎片而已。莫顿女士的一些行为可能会因为观察者观察兴趣的转移而被掩盖过去，这些我们也是要避免忽略的。比如，读题这一过程就一定花费了很多时间。记录中写道莫顿女士读了每道题目，一个接一个——以一种"近乎给出"答案的方式——当读题结束后，她"耐心地回答"各种问题。与整个过程所用的时间相比，她偶尔几次对学生没带铅笔以及对 4 号桌男孩们的训斥反应可以说根本没有占据任何时间。然而，它们却成为记录中相对于读题之外的关注点。我们或许会说，这可以理解。我们提醒读者注意这一失衡的目的并不是要批评记录有失公正或不够精确，而是要为新的提问方式开辟一条道路。这一失衡促使我们对记录中想表达的不道德行为（或者在许多人看来是这样的）以及相对应的缺乏某种美德特征（或不是不可见的话）的行为感到有些疑惑。

164

如果我们带着一个计时器坐在教室里，将莫顿女士耐心和不耐心的表现各占时间分别记录下来，假设我们可以轻易地判断这两种属性的任意一个，那么结果可会有什么问题？对此我们表示怀疑。我们相信大体来看，莫顿女士耐心的时刻要远远多于不耐心的时刻。而且，如果我们进一步分析，将她一整天所有的行为都分为三大类——严厉、温和或友善——每一类都与她和学生们的关系质量相关，我们认为我们将知道结果是什么了。我们的猜想是结果对莫顿女士更有利，至少数据上的显示是这样。我们猜想她的行为多半会被判定为温和或友善，而非严厉。

但是，这个解读的结论是什么呢？根据最后的分析，可以说明莫顿女士是一个耐心又和蔼的教师而非相反吗？当然不是，因为我们并不是要根据这一记录来归结她是好还是坏。一个残忍的举动便足够给一个人贴上残忍这个标签，即便他或她一直都是善良的模范，而这或许也是莫顿女士的写照。我们会根据一般课程的管理规定，按我们所见的她所做的一切选择将她描述成严厉或没有耐心的，不管这一假想调查会导致什么结果。但我们的目的不是给莫顿女士贴上一个标签。实际上，这正是我们一直在努力避免的。我们想要的是去构想，受她监护一年在道德方面会变成什么样。

我们想到的第一件事是，在莫顿女士教室中每天的生活质量会有极大的不同，其质量高低取决于某名学生是否常常成为她抱怨或批评的对象。得 A 的学生与总是听从她命令的学生可能是同一种体验；相反的学生则会有另一种体验。但这并不是说教室里的学生都可以分成截然不同的两组——一组是兢兢业业、学习优秀因此免受教师训诫的学生，而另一组是不幸的、愚笨的，因此常受责罚的学生。因为即便对于那些认真听讲的孩子们来说，辨别教师想要什么也并不总是一件容易的事。请思考下面对一个名叫娜欧米的学生的描写。

大部分学生已经完成了作文，开始消磨时间，等待其他人结束。莫顿女士站在娜欧米的身后，娜欧米正忙乎着她从家里带来的一个手工。

"收起来，娜欧米。"

"但你说过我可以做。"

"不，我说过你可以做一些事情。你知道我是什么意思。"

娜欧米知道莫顿女士的意思吗？单从记录上我们无法判断，但很容易想象她或许不知道，至少她不够确定。而且即使娜欧米确实明白莫顿女士说的话，我们也会开始思考她的规定是否合理。如果教师真的说了"你可以做一些事情"，那么如她所许诺的那样，学生想做些手工又有什么错呢？难道手工不是"一些事情"吗？莫顿女士显然指的是让学生们利用空闲时间做做学校的作业，但在记录中，这一命令的措辞似乎并不够清楚。

所以关于"在莫顿女士的教室中每个人会经历些什么"这一问题，我们只能基于得到的证据来回答：尽管她的一些学生会比其他人更常体验到教师的愤怒或厌倦（的确，很难想象有哪个班级没有这种情况），但貌似没有人会完全逃脱她的责备和批评。根据我们对记录的细读，得出了一种假设，即莫顿女士常常无法将其对学生的要求表达清楚。而且，她对自己的要求的表达方式有时会使事情变得更加复杂而非更加清晰。比如，想一想在下面这一片段中她的行为。没有人遭到训斥，但那种不确定的元素始终在那里。

十二月的一个下午，101教室的孩子们吵闹着走进教室。莫顿女士什么都没说，只是从教室东边的黑板走到了位于北侧的窗户，坐在那边的一张储物桌上。几分钟后，她环视了一圈孩子们，他们仍在相互交谈着，她说道（并没有说明她引用的是莎士比亚《第十二夜》中的话），"她默坐着像是墓碑上刻着的'忍耐的'化身"。一周过后，同样的情况又出现了。101教室的孩子们再一次吵闹着走进教室，莫顿女士这回也再一次从黑板径直走到窗边的桌子。她坐在桌子上等待着，但这次她没有引用那句话。

这一片段从道德视角来看十分值得注意，因为在这一片段中，莫顿女士把她自己比作一个"忍耐"的塑像，目的便是传达出她明显对学生们的噪音不耐烦。对莎士比亚戏剧的引用使得她在教室一边走到另一边的这个举动更加难解，因为似乎除了观察者，没有人明白这一暗示。她为何要提这句话呢？这只是一个反射动作，还是她相信有学生会明白她的所指？难道她是在吸引观察者的注意？她在第二次没有引用这句话的这一事实让我们选择了"反射"这一解释，但无论她为何要讲出她所做的事，模式都是一样的：以一种引起至少部分学生猜测的方式来说话或解释。

在退一步问其道德层面的含义之前，我们再来看一个这种模式的例子。

> 十一月的一个下午，莫顿女士在开始上科学课时，告诉孩子们仓鼠的笼子没有清理，他们过后需要打扫。然后她说："好的，我看大部分学生都准备好上课了，有的人还没准备好。"她想要的是所有桌子上都整洁无物，而且几乎所有人都明白了这一讯息。然而，几分钟过去了，有一个女孩还有一本笔记本放在桌子上，莫顿女士抱怨道："你怎么还在做那个？看看别人的桌子。"

再一次，我们目睹到了这样的场景，一个学生没有仔细听讲，或是也许没明白教师的要求。（当然，有可能这一行为是一个公然的挑衅，但在我们看来这种可能性比较小。）如观察者所指，莫顿女士想要的是所有的桌子都清理干净，但其指示却并未明说。她只说她看到大部分学生都准备好开始了。或许在她观察大家时看的是学生们的桌子，但如果一个学生没能注意到这一点，她所说的话本身便会令人难以猜测出她的要求是什么。

回到如何解读这一切上来。我们可以这样说，在莫顿女士教室中的生活时常是很累人的，在道德和学习方面皆是如此，因为教师对学生的要求总是模糊的。而且，这一不确定性从考试的问题一直到如何服从命令的规则上都存在着。而且它还不单单局限于学术行为方面，看看下面的片段，这部分便与学术行为无关。

当学生们在座位上学习时，莫顿女士正站在公告板前，将他/她们的一些艺术作品挂上去。她挂的大部分艺术品都是"创造出来的生物"，它们是由一组固定的材料制成的——用硬纸板做身子，剪上几剪子，折起来几块彩纸做四肢和头。在将每一个生物钉在板上之前，莫顿女士都会把它放在不同的角度举着，向后退一下并审视着它在不同位置时的样子。有几次，她问学生希望自己的作品怎么摆——生物的腿应该是弯的还是直的？胳膊应该放在哪里？生物是从这个角度看更好还是从那个角度？

在这一片段中，让我们同在其他片段中同样惊讶的是，学生们再一次要面对那些既没有答案又不清楚的问题。他们怎么会知道用纸板和彩纸做出来的生物怎么摆更好看？腿应该直还是弯？胳膊应该举起还是放下？他们如何看得出？这又有什么要紧？我们想起了对那场几乎所有人都不及格的科学测验的问题。或许我们有第二次机会也对这一场小测验提出些问题？

或许最后一个反问有些嘲讽意味。不过一位教师要求一群 10 岁的孩子对一排人形纸板的角度做出精细的审美判断的确是有些不同寻常，或至少是不太合适。或许就像大家对每位好教师所期待的那样，莫顿女士也只是在认真对待学生们的作品。但她表现得有些分裂，既把学生们当孩子看待，又待他们如能猜到隐晦问题和表达的成年人，如"她默坐着像是墓碑上刻着的'忍耐'的化身。"

假设我们对这一片段模式的探究既精确又公正（我们已经承认并非如此），那么，我们如何解读其道德意义？我们已经说过，因为莫顿女士表达不清楚，有时学生们要猜测她对他们的要求是什么。想象一下，在这种环境中生活一整年，我们再一次发问：那是什么感觉？这可能让学生对

169

135

教师有何领会？对上学有何感想？

当一个权威人物（如教师）发出不明确的指令时，大部分接受指令者可能会变得有些不安，甚至可能有些恐惧。毕竟，权威人物有权力在多个方面实行制裁（对于教师来说，评分便是最明显的一种）。因此，明白他们的要求是尤为重要的。所以，我们对莫顿女士教室中学生们的第一个猜测是，他们或许有时会有点焦躁。这并不是说他们会坐在那里咬指甲，想着要做什么或是担心批评之箭会何时射过来。但我们发现在这种环境中最好的生存法则便是小心翼翼，时刻观察和倾听教师的需求，或许更重要的是她没有明说出来的需求。保持这种警惕的必要性或许对不同的学生来说有着不同的结果，因为我们有理由相信，一些学生无法像其他学生那样保持警惕或深入猜测教师的意图。对于能做到的学生，或许在莫顿女士教室中便能比做不到的学生轻松一些。

所以正确性——回答正确、准备妥当、按命令做事、摆放东西于合适的角度——所有这些事情在莫顿女士的教室中都很重要。但这些在其他
170　教室就不重要吗？难道我们不总是被要求在学校里要做正确的事吗？的确，学校不就是这样的吗？在某种程度上没错。但是一些学校对正确性施加的压力（有人也许称之为道德压力）要比其他学校更甚。从我们已读的观察节选中，我们了解到在莫顿女士的教室中，正确性的压力要大于其他地方——比如，约翰逊女士的教室。在读约翰逊女士教室的观察记录时，我们担心的是她是否在学术和道德方面有足够的要求。我们甚至使用了"偷工减料"这一概念来表达这一担忧。现在我们发现，我们的担忧在朝着反方向变化。在我们思考莫顿女士教室的观察记录时，我们开始担心的不是学生的教育是否被偷工减料，而是他的学生是否被过度要求了，即他们为自己所得到的教育上的和道德上的收获付出太多？

在我们研究约翰逊女士的教室时，我们还开始思考，是否有过多的指示，如果可以这样说的话，或许就不是教师作为个人的一种表达？换句话说，正确性的压力是否来源于莫顿女士当前或先前对自己表达上的模糊或错误倾向的担忧呢？我们提出这一可能性，并不是想要像临床心理医生

或是传记作者那样，试图刺探莫顿女士的私人生活，我们只是想告诉大家，一名教师所创造出来的道德风气往往是他或她所习惯并相信的，它是对一个人所热烈追求的一种生活方式的外显表达。比如，对诚实施以重大压力的教师自己也通常是更为诚实的人，或者至少是在与他人交往中希望自己做到诚实的人。这并不意味着这些人一定能做到他们想成为的样子，但它的确暗示着那些令人敬佩的好品质在他们的观念以及他们的自我认知中占据很高位置。

但如果是过度或不足呢？我们为什么认为约翰逊女士要求得不足或是莫顿女士要求得过多呢？这些评价几乎是刚一读完观察记录便一下子映入脑海。有时我们称其为"常识"。但我们所读的观察记录在到我们手里之前，是先通过了一个观察者的眼睛和耳朵，也就是说，它们已经是他的道德敏感度以及他的道德重要性判断标准的过滤产物了。而且，在我们对所见所闻或更准确地说，是对观察者选择进行记录的事物的阐释中，我们自己已经不再局限于这些记录本身了。我们的阐释为教师行为的描写加上了另一个过滤器。而这一过程还未结束，因为现在我们的读者必须要对我们所展示给他们的东西做出回应。他们也可以基于自己的道德常识及理解来进行回应。

我们刚刚所说的是否暗示着我们不能相信教师行为中道德意义的某些方面？相反，完全不是。它意味着我们会不由自主地选择立场并相信我们所相信的。这样做不是要证明我们是对的，当然，也不是说我们就不再改变心意了。但是这会让我们处于一个自己做决定的位置，不论我们是多么短暂地相信还是多么希望能够肯定地说出："对我来说，它似乎……"或"我也许说得不对，但是……"这会使我们所有的信念变成一家之言吗？一点儿也不会，除非从微观角度看，每一个观点确实属于每一个个体，否则，这种观点根本就不会存在了。然而，我们依旧必须捍卫我们个人的信念，并且，通过这样做，寻求其他人的肯定。这些观点具有极大的说服性，我们姑且称为真理。

但是预先对事物进行评价，并将其搁置，这种做法如何呢？在这种

171

情况下，我们不是应该这样做吗？我们不是应该避免仓促下结论吗？我们不是应该等到所有的数据都到位吗？我们不是说过教师应该做的事是——不要对学生太快作出评价，而是要敞开心胸，发现他们的新需求，新能力和新兴趣吗？

172　　对这一连串问题，我们有一些回答，有的是关于整体话题的回答，其他的是对不同教室情境有针对性的回答。从广义上来讲，我们当然应该肯定这些问题本身以及它们所暗指的行为方式。我们当然应该避免不成熟的评价，尤其是在差评会伤害相关人员的情况下。在这类问题中保持警惕的态度是很合理的。但同时，我们也不能永远等下去。数据很难全部"到位"，总是有出错的可能，但我们必须能在这一不确定性面前继续下决心前行。（教师一定总是如此）因此，总规则便简化成了直白的建议：谨慎，但不要太谨慎；慎重，但还要果断。

然而，当提到教室环境，尤其是当涉及教师工作时的一言一行时，我们似乎要比在其他日常生活的情形中更容易急于下结论，时常都不成熟。为什么会这样呢？在我们的这个情况中，很明显部分是由于个人原因。我们三个人都是教师，而且教龄也有一段时间了。而且我们每一位都在从不同的角度对研究教师和教学下过很大功夫。由于这一背景及我们的工作方向，我们在此很难避免在研究过程中作出评估性的判断。若我们一直以来从事的是木匠、律师或其他职业，那么我们或许就不会倾向于作这样的评判了。

然而，尽管这一解释有一定的真实性，但是它无法解释这种作出评价的冲动，这种冲动我们承认自己有，并且我们怀疑那些从未教过书、只是坐在教室后面的观察者或读一本观察记录的人也有。还可能有谁也会这样？部分原因可能是教学是一种多元的行为，而观察不同的行为需要采取一种评价立场。当我们观看脱口秀或是奥林匹克体操运动员做常规训练时，我们一定会在他们刚一结束时喊道："太逗了！"或是"真厉害！"即使我们自己从未在大庭广众之下说过段子或是在平衡木上有过训练。有表演就会有评价。

但是教学是一种极其特殊的表演，它使我们以一种独特的方式倾向 173
于作出道德上的评判。与在夜店讲笑话或是在高杠上荡秋千不同，教学需
要我们与他人的关系如同父母与孩子或是医生与病人一般。如同这两种关
系中的人与人一样，教师与学生的关系是或可以是亲密的。而且同行医一
样，教学也是一种治疗，是一种尝试让人们变得更好的方式，这就意味着
我们有权询问教师的学生们接受的治疗是好是坏。而就一个人如何对待另
一个人进行提问，不论其关系如何，这便是进入了道德评价的范畴。

在这些基础上还有一点，我们能够更加容易地识别出教师给予学生
这种治疗的道德含义，这是因为它属于半公共性质的行为（有许多证人注
视着正在进行的活动），还因为教师—学生关系中权力与地位的不同，这
一不同在年幼学生的教室中表现得最为明显。在这些班级中，虽然范围在
逐渐缩小，但教师全权控制教学活动的资源和基本形式，而相对来讲学生
们是没有权利的，其他大部分班级也是如此。这也就意味着教师可以随自
己的喜好或道德品行来决定是要亲切还是残酷，公平还是不公，贴心还是
冷漠，主导还是合作。（当然，教师的行为方式是受法律约束的。在此我
们讲的是他们在法律规定之内的行为自由。）他们能够公开羞辱那些有缺
点的学生，也可以保护其不受羞辱。即使父母也无法在一个半公共场合中
如此有策略地扮演道德代理人的角色。

因此，教室的环境是道德主导的，事件或物体就像是易燃的火星充
斥其中，它们可以瞬间点燃观察者道德上愤怒或是赞许的火花。的确，如
我们所见，这些深受道德支配的氛围在课堂一开始，甚至在上课之前便已
经高涨到可以进行评论了。因此，避免评论是几乎不可能的。而且我们认
为这一阶段极其关键，我们越习惯于从这些方面观察教室，就会做得越顺 174
手，直至最后，几乎我们所见的一切（或过后所读到的）都会开始投射出
明显的道德含义。

但也会发生其他情况。随着时间的推移，我们的评价变得不那么一
刀切了，而是有些模棱两可，起初给予否定的地方，也变得有了一丝宽容
的意味。这些变化的原因有许多，其中一些很明显。比如，假如我们事先

不知情的话，我们很快会了解到教室很复杂，教室中的人，如教师和学生们也很复杂。这意味着我们观察得越多，我们便会看到更多的好与坏，有时坏中有好，好中也有坏。我们开始注意到掩盖起来的情节和与其互补的品德，平衡与折中，以及一些细微差别。这不意味着一切都可以从非黑即白的状态转化为灰色地带。正相反，它意味着黑白不足以构成描述我们所见事物的调色板。我们不再将事件划为黑或白、好或坏的范畴。我们对于认识到的东西不再评判对错，尽管这很难。比如说，我们对约翰逊女士的一味接受或莫顿女士的超高标准感到不满，但若告诉他们其中任何一人像另一个人那样做，我们会感到同等不满。我们认为教室中许许多多细节之处体现的道德含义十分复杂且相互交织。因此，无法将一个场景中的独立行为删除或是将一个强加于另一个身上。我们用这种方式所看到的景象要比第一眼所见的更为微妙——满是问题而非答案。

这些问题也并非都无一例外地与外在的场景或声音有关。因为随着我们对教室复杂性识别力的提高，我们也学会了较以往更加仔细地感受自身对所见之事的反应。我们会问：那让我想起了什么？我之前在哪见过这种东西？我为什么对那一句话感到恼怒？如果那事儿发生在我身上，我会有什么感受？为什么我觉得这一事件很难忽略？是什么使这间教室成为这样一种舒服或不适的地方？这类问题形式多样，无穷无尽，随着时间的推移，数量会越来越多，也会越来越紧迫。

关于莫顿女士的最后一部分观察要比其他的长一些，如前面所说的一样，这部分也相对复杂。

一月的一天下午，莫顿女士正在同她的四年级学生们学习"相对位置"，这一话题学生们已经讨论了有好几周了。她让孩子们把桌子移开，在教室中间留出一块空地，她在地上放了一张海报，上面画着一个圆圈，上面有许多线条，象征着轮子的轴。孩子们围在圈子的外面，莫顿女士开始上课。

首先，她将"O先生"放在圆圈的中间。O先生是一根木棍做成的人，代表一位观察者。在许多课程中，物体的位置会描述成相对于O先生的位置，今天下午莫顿女士用圆圈所做的是为大家介绍一种以孩子的能力更加精确地定位的方法。

她在O先生周围放了一些物品，并让孩子们给出这些物品相对于O先生的位置。他们会使用一些"方向"词，如左或右、前或后等来描述。然而，尽管物体没有放在相同的地方，四个物品还是可以使用相同的词进行描述。

"哪里错了？"莫顿女士问孩子们。

几个孩子回应称应该使用更好的定位方法，那种可以更准确描述物品位置的方法。

她问："现在，我们应该如何使它更准确？"

"哦，"后面的一个男孩说："我们可以给线标上数字。"

176

大家讨论了一会这个方法，最后莫顿女士提出将圆圈分成360°的主意。她在一个轴上标上了0°，然后开始挨个让学生们给其他轴标上相应的度数。

他们轻松地进行着，这时莫顿女士宣布："前两次我叫了两名男生，所以我想我需要叫一名女生。"她选的女孩名叫艾拉。

艾拉应该标出30°线在哪里，但是她把30°写在了240°的线上。

许多孩子开始嘲笑起这一明显错误，但莫顿女士制止了他们，严肃地说："在这里唯独嘲笑别人的错误是一件不可接受的事。"然后，其他学生们在一旁等着，莫顿女士给艾拉讲解起来。她解释说圆圈顶端的轴是0°，因为圆圈是顺时针旋转的，度数是不断增大的，所以0°轴也是360°轴。她告诉艾拉90°轴、180°轴和270°轴的位置。然后她再一次问道，30°应该在哪儿？

艾拉还是没回答出来，于是莫顿女士从头又讲了一遍，与艾拉一对一地花了好几分钟时间。她一直在讲，直至艾拉回答说她真的明白了。这时莫顿女士的目光才回到班级其他同学的身上。

不一会，莫顿女士结束了这节课，让孩子们把桌子移回原来的位置，并宣布到发报告卡片的时间了。"我想做的是"，她说，"建议你们认真对待这些卡片。"她解释了评分规则以及它们的含义，解读了打钩而非打分的行为记录，她称打钩的数量（指需要改进的行为）与成绩相关联，她称，打的勾越少，分数就越高。

布置完后，她让孩子们去取外套和书包，准备好放学。当他们都穿好了也装好了，准备好出发时，她手里拿着报告卡片站在他们面前说道："我认为这些卡片没什么可讨论的。你的报告卡除了与你、我和你的父母有关，与他人无任何关系。"然后她从她的桌子走到门口，说："在我发卡之前，我认为任何人都不要问别人拿到了多少分，为什么？"

孩子们回答说分数是保密的，只能自己知道，或许有人分数很低。

"如果你的同桌成绩很差，而你的成绩却很好，那么你的同桌会有何感受呢？"

孩子们称同桌的确会很难过。然后莫顿女士开始一个一个地叫学生的名字，并递给他们卡片。

当叫到艾拉时，她走到莫顿女士面前，颤抖着双手接过了信封。她拿了一小会儿才取出卡片。然后她又停顿了一下，手中拿着未打开的卡。最后她深吸一口气，慢慢地折起一个小角，这样她就可以往里面偷瞄了。刚一看到成绩，她的眼睛便瞪得溜圆，然后她完全打开了卡片。她的笑容照亮了教室，甚至她看上去都长高了一点儿。

在她看卡片时，莫顿女士走到班级中的一个男孩身边，他是个学习很好的学生。他指着自己的卡片，好像哪里出了问题，然后将它展示给莫顿女士看，她点了点头。

她回到学生中，大声说道："艾拉！艾拉！我想我犯了个错误。我可能发错卡片了。事实上，我知道我发错了。"

他们交换了卡片，男孩这回看上去满意了。艾拉拿着新卡片，没有之前那么小心翼翼了。她直接打开了卡片。笑容消失了，她的肩膀往下一沉，把卡片塞进信封，然后站回了队里。

尽管上面的观察只记录了一堂参观课，但它包含两个截然不同却也相互关联的活动：科学课和发报告卡。这两项活动都展现出了一个明显的错误，第一个是艾拉犯的，第二个是莫顿女士造成的。让我们来按顺序分析一下每一个片段。

也许观察者选择对这节课进行记录的第一个原因便是他感觉到了该门课的内容和实施之间对比所带来的讽刺。但他起初不知道在这节课结束，孩子们排队离开前这一讽刺会加深到什么程度。这是一节主题为相对位置的科学课，但相对位置也成了其相对话题。当艾拉努力地思考30°应该在一个360°圆圈的哪一个位置时，她的同学们很显然能够毫无困难地描述艾拉距大多数同学的相对位置。可怜的女孩终于在最后明白了将数字放在哪，但这部分归因于老师的不懈讲解。在这期间，其他的学生静静地等待着，十分警惕。这天的这节课从双重意义上讲解了相对位置。

当然，同学们非常有可能已经知道了艾拉距班里其他同学的位置。或许这不是她第一次由于回答错误在大家面前接受教师的辅导了。她第一个回答所引来的嘲笑意味着类似的事情之前也发生过，或许还经常发生。

莫顿女士严厉地斥责学生们的嘲笑也值得注意，因为她随即解释道："在这里唯独嘲笑别人的错误是一件不可接受的事"。当然，通过阅读观察记录的前半部分，我们可以知道事实并非如此。莫顿女士的教室中有许多不可接受的事；嘲笑犯错误的人只是其中一项。我们认为，或许它是其中最不可接受的，或许莫顿女士正是这个意思。这种行为看上去似乎的确是比没接到信号便开始答题或忘带铅笔更为严重的错误行为。莫顿女士想让她的学生们明白，错误不应该被嘲笑。但是应该认真对待的不应只有错误。教师的训斥似乎是要避免人们因自己做不到的事而被嘲笑所受的伤害。

我们得知，笑声戛然而止了，但其背后隐藏的奚落态度呢？莫顿女

179

143

士的斥责也足够阻止它吗？或许不能。很难想象单单一句斥责便有这样的效果。不过，她严厉的斥责至少会作为一种道德教育而有一些影响吧？像这样的言论，其效果是一点点累积的吗？每当一个人有了不正当的行为倾向，这些话能擦除其痕迹吗？就像水滴落在石头上转瞬消失一般？

侵蚀这一景象之所以动人，是因为其将长期努力的必然结果和肉眼可见的直接结果结合了起来。它使得那些斥责或警告别人的人怀有不动声色便可永久改变他人的希望。然而，侵蚀这一暗喻还有一些问题。它主张与其机械地去看待一个过程，不如用与机械性相反的有机的方式去看待更好。或许这些行为更像是一口口食物在身体里缓慢地被消化，最终被吸收为机体的一部分，而不是像风力、雨力侵蚀掉山顶。想象成消化更符合我们人类的生理构成，尽管它牺牲了对效率和持久的保证。

不论我们选择哪一概念，事实都是嘲笑艾拉的学生们会继续对她有奚落的态度，即使他们渴望公开表达的感受由于莫顿女士的斥责受到了抑制。而且，很有可能的是艾拉在大家的笑声停止后很久还会感受到同学们的反应。正因如此，我们开始很想知道莫顿女士对艾拉的指导是在什么样的道德风气下进行的。据观察者说，莫顿女士花了"几分钟"的时间单独关注艾拉，以期更正她对于圆形度数的误解。从教育学来看，她的行为有很多意义。还有哪一个时间要比第一次出现错误便去纠正更好的呢？

但艾拉站在那些嘲笑她犯错的同学面前接受纠正时的感受如何呢？这些目光不会让她感到为难或是有些尴尬吗？莫顿女士不应该也将这一可能性纳入考虑之中吗？或许她考虑到了，但还是决定要去单独纠正她。不论哪一种可能，这一情境都让我们思考教师通常如何协调他们对"造成不适可能性的感知"同"确定纠正指导的明显需要"之间的矛盾。这是道德问题吗？只有当教师认识到它的时候，才是道德问题。而我们不知道莫顿女士对此的感知能力。不过不论莫顿女士是否将其视为道德问题，我们都可以十分确定这一情境对于艾拉，或许还有整个教室的同学来说，是有道德含义的。

下面，我们看看发报告卡这一情境。教师再一次通过发卡片前的话语，似乎是引起全班同学的高度注意。她告诉学生们要"非常认真地"对待报告卡，解释了评分的细节和含义，并让学生们对卡片信息保密，称对比分数会伤害大家的感情。这种引起兴奋之情的铺垫几乎是带有表演性质的。鉴于这些话做背景，不难明白为何艾拉从教师那收到卡片时双手是微微颤抖的了。（或许，我们会好奇观察者是真的看到艾拉的手在颤抖的事实还是只是在推测。"轻微地"颤抖可不是容易观察到的。不过，这一细节感觉很真实，所以我们就不计较了。）

接下来发生的一幕堪称默声电影时期逗笑观众的小悲剧。看到艾拉脸上自豪的笑容，我们立刻感觉到有些不对劲，毕竟，就在几分钟前，她费力地去理解一个几乎大部分学生都已轻松掌握的概念。走近教师的那个男孩（已知"好学生之一"）一脸疑惑地指着他的报告卡帮助我们在莫顿女士向大家承认自己错误之前便澄清了这个疑问。交换卡片这一过程和艾拉失落的神情像是一系列故事经典的高潮过后的缓和，它让我们想起了查理·卓别林闷闷不乐地跋涉在一条空旷大路上的可怜形象，大路最终缩成了一个小点，屏幕上闪烁出"结局"。

我们如何解读莫顿女士的错误？其道德意义是什么？公正的赏罚或许是其中的一个答案。一位只求精确而不顾学生感受和具体环境的教师一定会被人挑出错误。但是这一错误的后果很尴尬，即便是为了公正的赏罚，也没有人希望会发生这种事，我们都更希望一开始艾拉就收到的是坏消息，而不是开心过后情绪又瞬间一落千丈。

很明显，莫顿女士是无心犯错的，这类错误通常如此。她肯定不是想伤害艾拉，这一点我们很肯定。但同时，她并没有展现出悔意，或至少记录中没写。她有没有意识到发生这一事情的影响？我们也无从知晓。或许她都没有多想。毕竟，她那天发了30张报告卡，这么多卡片，发错一两张是有可能的。

艾拉呢？她会不会在回家的路上想这件事？或者她忧心于卡片上的成绩以及父母对成绩的反应？对此我们也不知。她或许也像莫顿女士那样对整件事不屑一顾，几分钟之后便忘了。

　　面对这么多的不确定，我们为什么还要继续在这样一个琐碎的插曲上思索呢？我们这样思考是希望有什么收获呢？不管这个纪录片段有多么像无声电影中的情节，我们的目的肯定不是为了娱乐。我们也不是要中伤莫顿女士，尽管我们或许对她处理这件事和当时的情况不太满意，但我们知道她是一个好心的人，认真对待工作，而且尽她所能对学生们好。我们反思每日教学的道德意义这一目标迫使我们批评她所做事情中的一些方面，但观察记录并不会让我们怀疑她的真诚和对教学的尽心。

　　"思考这一事情意义的主要原因"与"停下来思考莫顿女士在学生们嘲笑艾拉错误时斥责学生们"的效果类似。这两个情节都让我们好奇类似的场景是否会有长期影响，即使它们的短期影响也许很快会被遗忘。换句话说，它们会不会像河床里的淤泥堆积一般，直到它们一点一滴的影响最后变得巨大和持久以至于我们无法忽视？

　　这一可能性吸引着各个时代的许多哲学家和心理学家努力地去理解人们养成其个人特征和性格的过程。比如，爱默生在他一篇著名的文章
183　《经验》中，就对这类事情发生的过程进行了一番戏谑。通过反思我们日常的经历，他开始思考一些更值得敬佩的人类品质的来源。下面是他的原话："我们所有的日子，在它们一闪而过的时候于我们毫无裨益，所以如果我们在某地某时得到了这些我们称为智慧、诗歌、美德的东西，那简直不可思议。我们绝对不是在确切的某月某日得到它们的。一定有那么神圣的几日被添加了进来。这样厚古薄今是大自然的小花招，一片嗡嗡的嘈杂声，有的地方便神奇地在不知不觉中产生了效果。"

　　"神圣的几日"，魔法般的结果——这一语言是爱默生的典型风格，尽管这一思想已经不再新颖了。虽然在他之前已经有人提过，但是在我们所引用的文章中，至少爱默生举起双手问道：我们的美德、诗歌和智慧来自何处？他说，我们获得的这一切似乎是通过魔法或是上天的赐予，就我们沐浴在日常生活的阳光中所表现的那样，我们或许会说"挺合理的"。但爱默生的回答，尽管值得尊敬，却对那些被要求按照这种"魔法的"或"天赐的"结果力行的学者们没什么帮助。实际上，爱默生本人并不相信

这一答案。因为在许多其他场合，甚至是在他自己的文章中，他滔滔不绝地说要品味生命的每一时刻，不论它有多乏味和普通。他称，只有这样，我们才能收获生命的赏赐。比如，在他对引入的"神圣的几日"进行说明的后几页，他写道："充分利用时机，在旅途中每走一步都能发现旅行的目的，享受最多的美好时光，这就是才智……既然我们的职责与分分秒秒都有关联，那就让我们分秒必争吧。"还有几句："我丝毫不怀疑，我更加坚定了这样的信念：我们不应该拖延，不应该推诿，也不应该期待，我们只需要在我们所在的地方充分享受，不论我们与谁交往，接受我们现实的同伴和环境，不管他们是怎样的卑微和丑恶，把他们看成神秘的使者，宇宙把它的一切快乐都托付给他们，好给我们传达。"

爱默生所知道以及我们学者也在考虑的是他没能找到他最珍视的品质——智慧、诗歌、美德——的来源，没有让他从"分秒必争"度过每一时刻和"我们只需要在我们所在的地方充分享受"责任中解脱出来，无论我们的"伙伴和环境"是多么的"平凡或丑陋"。换句话说，他认为应该这样去做，就像这些时刻相互独立（一个独立的世界）和偶尔万能的（这一线索的终点是一个全面发展的人）。对于爱默生来说，这种行为方式形成了一种信条，一种没有明确认定的行为标准，但他发誓要追寻。 ¹⁸⁴

现在让我们看看，就我们所观察到莫顿女士教室中发生的事而言，爱默生的观点有何含义吧。接下来的思考就从我们对莫顿女士或艾拉或其他在场学生们都能长时间记得的观察记录开始，那天下午发生了三件事：（1）嘲笑艾拉的错误，随后莫顿女士对全班的斥责；（2）在全班同学的注视下，莫顿女士耐心地教导，艾拉改错这一烦闷过程；（3）艾拉报告卡出错。如果所有这三件事都迅速地从每个人的记忆中消失了（我们认为，这种可能很大，尽管并未如此），我们现在为何要一直关注这些事？我们也忘记它们，不可以吗？

对于这两个问题有一个广泛的回答，这一回答既适用于解释莫顿女士教室中发生的事情，也适合说明在最后两个部分我们所记录的其他小事儿，即这类事件远比其表面看上去更重要，在一些例子中，它们的重要性甚至超过经历这些事情的人所感知到的。部分原因是它们并非独立发生。它们极易再次发生，或是出现类似事件。这意味着，随着时间的进行，它们有可能一点点增长，成为一种不断上升的力量，其威力远比它们任何一个单独的影响更为深远。为了表达得更生动，我们使用自然作为暗喻——

185 风、雨对地表的侵蚀作用、食物的消化、河床上淤泥的缓慢堆积。我们认为，这样的事可能也会在我们人类身上发生，因为我们都处于过去事件的"点滴浇灌"之中。就像是石头上的水滴，这些"小水滴"如果持续久了，也会有侵蚀作用，其作用远比我们孤立地想一件事的影响大得多。

我们认为这个气象学的暗喻很引人注目，但同时，我们不得不承认我们只不过是在类比。在最后的分析中，我们必须要同爱默生以及其他人一样，承认我们真的不知道这些转瞬即逝、很难留下印象的事件有什么长久的影响。我们只能猜测它们或许有显著的、持久的效果。而且，不但我们永远无法知道有无影响这一问题的答案，即使能知道答案，它也无法帮助我们理解。因为等我们发现的时候，改变或应对这些环境的机会已经早就溜走了。我们将处于新的环境和条件之中。

因此，我们作为教育家、父母，或其他任何对别人生活有重要影响的人似乎没有选择，只能假定我们所做的事会成为典范、树立道德榜样或带来长远的影响，从而去好好表现，即使我们无法在有生之年亲眼看到我们努力的果实。从爱默生的思想来看，这一地位是一种信念，相信善行的功效，或许他的记忆中有其他人的这种行为在支持着这一信念。这样的信念对于教师来说十分重要，即使他们从来不会将它作为一种教学原则那样讲出来。在莫顿女士严厉斥责嘲笑艾拉犯错误的学生时，我们看到了这一信念。在约翰逊女士和第二部分四位教师的行为中，我们观察到了。这一道德姿态隐藏在学校为学生传递明确道德信息的所有努力背后。这种努力有效吗？我们也将永远无法确定，但在某种意义上，这一问题若是没有离

186 题的话，它们极具误导性，因为它要求一种根本无法提供的硬性证据。我们相信，这些信息为大家所信，而且长期看来会有收获，这一信念让我们坚持自己的行为，莫顿女士似乎也是如此。

还有一个信念元素源于莫顿女士教室中发生的种种事件，尽管我们担心它们并没有全面称赞莫顿女士的意味。这一信念要比关注长久影响的信念更加贴近爱默生的观点以及教学行为。它建立在对人类生命崇高的赞美以及尽可能多地减轻人类受难，尤其是因为我们对待别人的方式而导致他人偶尔受苦的基础上。从广义上来看，它让我们尽己所能避免伤害我们的同胞。这一信条常为教育者、父母、医生以及其他工作是照顾他人的人带来困难。因为其补救方法本身经常是痛苦或不适的，甚至，有时会超过需要补救的情况。这似乎便是莫顿女士在科学课上指导艾拉时的情景。我们无法确定艾拉是否认为这一过程使她尴尬，但很难认为她不是这样的感受。这一尴尬是否可以通过不去纠正她的错误来避免？通过对记录的阅读，我们认为这样做或许可以避免，但我们不敢肯定，更不明确具体应该如何去补救。

如何看待报告卡的混淆？它展现出了当时教师对艾拉感受的漠不关心吗？我们还无法确定，因为莫顿女士可能已敏锐地观察到了艾拉的反应，但当时因为其他原因而耽搁了。同时，她明显的冷漠让我们好奇她是否会采取别的行动。更重要的是，这件事作为一个整体加强了我们对教室内道德细微之处的敏感度，让我们知道了思考教室内事件的当下品质，把它和它的未来影响分割开来。我们相信这一解读也会对读者产生同样的影响。

第三组观察：特纳的课堂

接下来我们参观了一所私立高中的英语课堂，教师是特纳先生，一位五十出头、打扮随意（穿着套衫、不打领带的衬衫以及牛仔裤）的人。观察记录一开始先对物理环境进行了十分全面的描述。 187

> 选修这门英语课的有 17 名高二学生和所有高三学生，大多数人

在课程开始前已就座。一些学生与邻座的同学窃窃私语，我无意中听到一些谈话，有的是关于自己如何如何累，有的是他们即将结项的生物学项目，还有一些是对即将举行的地区选举的评论。一些同学正在一起看一本从某位同学书包中抽出的《纽约时报》上面的一节内容；其他学生在浏览书籍和其他资料；还有一些学生双臂交叉、伸出双腿坐着，没有特别盯着什么看。学生们偶尔开怀大笑，或者重读某个词或短语，打破了教室里平时的安静。

教室本身配备了 25 张桌子，桌面铺有福米家① 塑料贴面的，被布置成一个正方形。在教室的角落里还有几张零零散散的桌椅。东面是落地窗，与门相对，窗帘经常拉下至少一半。日光灯照亮整间教室，使桌面闪闪发光。地板上铺着褪色的红地毯，上面到处都是污迹，和扔得到处都是的小纸片。在门的左边，墙上挂着一张长长的公告板，上面除了一张从德国报纸上剪下的泛黄的剪报和一张写上了附文的小城镇照片外再无其他。另外两面墙在教室的南北两侧，是可以移动的，但已经被拉紧，把这个区域变成了一个独立的教室。可移动的面板用暗灰色的塑料材料制成，看起来很硬，好像已经有一段时间没被打开了。每面墙的中央都是小黑板。

在窗户附近有几个书架，上面空无一物，除了几张空白的纸和十几本厚重的韦氏大词典（每本词典两侧都写有教室号）。这儿没有专门供教师使用的桌子，也没有橱柜、办公桌或衣橱。

我们对这间教室的社会氛围抱有一种期待，就像一群人正等着某事要发生一样，事实上就是如此。但是这些学生明显不像足球比赛开始前的人群那样激动，他们更像剧院里的日场观众，在灯光熄灭前——心情复杂、含蓄、平缓、近乎无聊，可能对将要发生之事已做好准备，而非只是坐在座位上等待着戏剧的开始。

---

① 福米家，Formica，一种可做贴面板等的抗热硬塑料品牌。——译者注

这间教室本身与观察者所说的"平时的安静"的气氛相呼应，尽管这种描述也会让人联想到诸如倦怠或无聊之类的字眼。窗帘拉下了一半，就像昏昏欲睡的双眼；地毯褪了色，上面还有污迹和散落一地的垃圾；公告板呈现出疏于照料的迹象；书架上几乎空无一物；词典很"厚重"，而不仅仅是"厚"；甚至塑料的房间隔板随着时间的流逝和弃置而更加硬化。根据这些描述，我们描绘的是一间昔日崭新明亮而如今看起来有一点肮脏陈旧的教室。

从道德视角来看，这个描述的有趣之处在于我们对它的解读是怎样受常识的制约的，我们认为这种环境是一所私立学校而不是公立学校，这一事实通过学生们对地区选举的非正式闲聊和从书包中抽出的一份《纽约时报》而得到了强化。知道它是一所招收优势群体学生，甚至富裕学生的私立学校，虽然招收贫困生的学校内也可能会发现相同的特征，这就允许我们采取一种截然不同的眼光来看待教室内的这些磨损和疏于照料的迹象。如果这是市中心一所学校的教室，那么我们可能会对这些疏于照料的迹象愤慨不已，并对这种整体上破旧的条件感到伤心。照目前情况来看，这间教室的特征只是让我们有一点儿好奇，甚至觉得有趣。它们让我们想起了通过建立财富才能享有的这种安全感，例如老年贵妇拒绝卖掉喜爱的衣服，虽然这件衣服现在几乎已经破旧不堪了，这有助于学生们在自己的行为举止和言谈中展现出舒适感和安逸感。

观察记录继续：

特纳先生走进教室时，学生们仍在窃窃私语。他在上课正式开始前的几秒内便已到达教室（该学校没有铃声）。特纳先生带了一个用旧了的公文包，看起来鼓鼓的。他那看书时戴的眼镜被推到了头顶上。他和一位跟随在自己后面的学生说话时，眼睛迅速地环视了一下教室，沿着正方形桌子的南面坐下，他告诉这名学生，他先讲课，并将在下一次空课时补之前错过的测试。当这名学生在自己的座位上坐下时，特纳先生再一次环视了这间教室，与此同时抽出了

151

点名册。他俯视着学生，开始念他们的姓，声音相当大。同时，学生们还在继续低声交谈，尽管他们在听到自己的姓名时会快速暂停对话，并喊出"到"。几个迟到者突然冲进教室，坐了下来。

190 　观察者对特纳先生的描述与和对教室的外观的描述在一些重要方面相一致。他最后一分钟到达教室以及将眼镜推到头顶的行为都表现出一种随意和漫不经心的态度，这和学生们很像。"悠闲"将会成为"随意"的潮流术语。他那用旧了的公文包与这间教室褪了色和磨损的外观相称。公文包鼓鼓的，这一事实暗示着包里可能装着多于当天教学所需的资料，这可能意味着特纳先生没有费心去拿掉多余的资料，尽管这并不麻烦，但也是一种疏于照料的迹象。特纳先生迅速环视教室和他点名时只念姓的这种方式，以及学生们在点名时陆续进入并窃窃私语的行为，加强了整间教室释放出的那种舒适与放松的感觉。

观察记录继续：

特纳先生从公文包中拿出一个"8×14"厘米的黄色便签本，他在浏览上面写的一些笔记（包里似乎有四五个这样的便签本，特纳先生教这门课的四个部分），便签本的大多数纸张是卷角的。同时，学生们开始翻课本（梅尔维尔的《白鲸》），或者这是他们第一次把课本从书包里掏出来。然后，特纳先生站起来，走到另一个地方关上门，这似乎是一种能让学生们的声音突然降低并且让一般的骚动停下来的行为。

特纳先生再次就座，环视了教室。他把看书时用的眼镜放低，打开课本，然后检查自己写的笔记，面不改色地说："我不确定我们上次讲到哪儿了。"

六七个学生提醒他："我们之前正在讨论叙事手法的变化。"整个班级开始嘈杂地讨论他们上次学习的内容。

特纳先生问："我们之前讲到140页的斯达巴克在'船长亚哈面

前叹气’了吗?”

"讲到了！"几个学生一起脱口而出。

"好的，让我们来多讲讲，那么，关于斯达巴克和他对船长亚哈的认识，你们……"

一个学生打断道："对于 139 页的这部分内容，我有一个问题。"

特纳先生一边说："好啊，说吧"，一边把眼镜放低、打开了课 191本。整个教室瞬间充斥着翻书的声音。

这个学生的问题引发了一场关于斯达巴克的讨论，长达 30 分钟。

这堂课的开场加深了最初给人们建立的印象。特纳先生的行为举止很随意，不掺杂任何感情色彩。他坦承了对上次讲到哪儿的不确定，却没有显示出不舒服或尴尬的迹象。学生们也从容面对这种状况，并且迅速提醒老师之前讲到哪里。一个学生如此突然地用一个问题打断了特纳先生，都没有说"对不起"，也没有等特纳先生把话说完。特纳先生用随意的"好啊，说吧"来接受这一打断，这些只是加强了课堂上已经形成的这种随意和放松的氛围。

我们从记录中无法回答（也可能永远回答不了）的一个问题是：从道德视角来看，这间教室随意而不拘小节的氛围意味着什么？学生们乐于帮助老师记起课程从哪儿开始（"六七"个学生立即回答），这表明许多人（即使不是大多数人）对之前发生的事记忆深刻，并且似乎完全准备好，甚至迫不及待地要继续讨论下去。几个学生齐声喊出"讲到了（Yeah）"用于回复特纳先生关于 140 页的问题也表达了类似的观点。这些品质可能会被视为学生参与课堂的标志，也可能意味着他们已经准备掌握自己正在学习的课文在道德层面具有的意义。特纳先生那几乎用完了、卷角的便签本也暗示着这是一位在课堂上做了很多笔记或做了大量写作准备的教师，其中任何一项都表明他对手头的工作尽心尽力。同时，教室里的氛围正如描述的那般让人产生不安的猜疑，即教室里没有人（包括特纳先生在内）能够在情感上对任何事物感到兴奋。每个人看起来都是如此冷酷、世故，

192 导致我们开始怀疑这种态度是否真的会成为参与那种在场者的道德情操中引起共鸣的讨论的障碍。目前我们能说的是：我们到目前为止看到的所有证据都使我们对教师和学生实际上是如何参与讨论的情况并不清楚。

观察记录继续：

> 在讨论期间，17 个学生中有 12 个提出了个人意见，并且阅读了书中的内容。特纳先生反复问道："斯达巴克告诉了我们什么？"每当学生翻阅课文时，特纳先生都会反复要求他们大声朗读课文段落。我数了数，至少有 13 段，然后大家开始讨论。

这个简短的记录值得讨论，因为在我们一直思索的问题上，它给了我们一些启示，即这个班级的成员是如何参与的？当然也有其他原因。这一段所描述的班级学生对讨论的参与基本上是积极踊跃的。我们得知在场的 17 个学生中有 12 个参与了半小时的讨论，在那段时间里，这样的比例是难能可贵的。特纳先生坚持提出同一个关于斯达巴克的问题并反复要求学生大声朗读课文，反映了他以任务为导向，并且下定决心让学生们的注意力集中在课文本身，两者都是他自己参与手头任务的迹象，也是间接证明学生们共同参与其中的证据。

这里有一种道德上的考虑。学生们反复朗读课文（我们得知，半个小时里读了 13 次），这一事实不仅说明了学生们对整个课堂的参与，还说明了他们对文中作者的原话给予了大量的关注。我们认为，这是一个典型的道德问题。周密的文本分析本质上是一种充满敬意的阅读，即使它的目标是对所读的内容持不赞同或不信任的态度。认真对待一本书就是，至少部分是，注意其中的细节，重新审视书中真正讲的内容，而不是依赖于我们事先读过的东西。这个过程具有道德性，它类似于我们在与他人面对面

193 交流时对他人的尊敬：我们仔细倾听他们有什么要说的，并且相应地调整我们的反应。相反，当我们忽视别人对我们说的话的准确性时，无论是口头语还是书面语，失敬就发生了。然后从这些方面看，特纳先生通过要求

学生大声朗读课文，从而支撑他们自己的论点或使他们的问题准确，他这是在迫使学生对他们正在学习的文本采取尊敬的态度。我们坚持认为，这是道德教育的一种形式。

观察继续：

班级里的学生们在结结巴巴地说一些梅尔维尔的用语。有一次，特纳先生走到靠窗的一个书架边，取下一本词典，把它拿到桌子上，并且查找"亵渎神明（blasphemous）"这个词的词根，这是斯达巴克对船长亚哈意图的描述。还有一次，一个女孩朗读了一个段落后，特纳先生立即问道："'外在的征兆，内在的预感'（outward portents, inward presentiment）是什么意思？"这个女孩耸耸肩，回看课文，其他学生也这么做，虽然有些学生正在做笔记并且似乎要把这篇文章标注为重要的一篇，还有一些学生在饱含期待地看着特纳先生。

沉默了一段时间，特纳先生问道："好吧，当斯达巴克向外面的世界张望时，他看到了什么？他的人生观是什么？"

几只手立即举了起来。四位学生依次对课堂上已经说过的内容做了新的解读，同时强调斯达巴克是多么小心翼翼、多么不安、多么强烈地反对追捕白鲸！特纳先生回到较难的部分说："所以'protense'或'presentiment'是什么意思？"

一个男孩说："'protense'可能是预兆的意思，就像伊希梅尔①认为的那样。"

"是的"，特纳先生肯定地说："就像这个世界对他而言不只是一个物质世界，还充满了各种象征，当斯达巴克说追捕白鲸是亵渎神灵时，这个世界对他而言也颇为重要。"特纳先生着重对这一点进行了润色，几个学生因为他的解释而举起了手。他们耐心地举了一段时间，然后开始用另一只手臂支撑着这只手。然后，当特纳先生继

194

---

① 《白鲸》中的青年水手。——译者注

续讲话时，他们把手放到了膝上。

记录中的这一部分包含了一种奇怪的反常现象，这一现象既具有讽刺意味，有一点幽默，又具有教育意义。这一段以宣告特纳先生的学生在理解梅尔维尔的用语上有一些困难为开头，很快就发现并不只是学生们有这种困难。观察者也是结结巴巴地说出课文中的一个关键词，观察者将"protents"这个词三次错写为"protense"。鉴于记录开头"班级里的学生们在结结巴巴地说一些梅尔维尔的用语"，那么观察者的错误就变得讽刺且幽默了。记录中提出的问题，即对课堂实践的道德微妙性的观察存在局限性，使这段记录具有启发性。

观察者仅凭摆放在自己面前的一份翻开的《白鲸》副本显然不能跟上他们的讨论。如果跟上了，那他可能事先看过"protents"这个词的正确写法，在这种情况下，后来他就不可能会在报告中写错字。但是如果手里拿着课本的观察者没有跟上他们的讨论，他却能理解发生了什么事，这说明了什么？如果他以这种方式置身事外，那么他是否能够判断学生们的经历所具有的道德意义呢？他与学生们的经历如此不同，导致无法揭示他们可能受到影响的方式，是这样吗？关于这一点，我们可能要回顾一下学生们参与讨论的统计数据。很显然，当讨论进行时，观察者正在进行统计。他是否在做统计的同时也在专心地听他们说的话？有可能，但事实是他只记录了半小时内发生的所有事情的一小部分，这让我们怀疑他至少在某些时候只是似听非听。

195　　无论教室观察者是一位研究员、教师、管理者或者家长，这些话都引起了我们对他（她）"局外人"身份的注意。鉴于课堂事务具有的封闭性和私密性，这种身份是不可避免的；关于我们在这本书中对道德问题的思考，这种身份既有利又有弊。利在于观察者可以自由地从正在讨论的话题或正在教授的课程中脱离出来，因此，他可以关注到参与者可能忽略的互动的各个方面。教师自己通常对观察者在他们教室中观察到的内容所作的报告感到吃惊。当然，这没有什么不同寻常的，并不是说观察者具有比教师更敏锐的洞察力，而是作为来访者，他们的注意力并不像教师那般集中在手头的任务上。

然而，在一间像特纳先生那般随意而轻松的教室里，观察者局外人的身份就变得特别不利了。因为观察者在那里看到的东西比在约翰逊或莫顿女士的课堂看到的少一些，在她们的课堂上，课堂生活的结构和参与者的情感毫不掩饰地展示着。在这种受约束的环境中，当学生们的主要活动是仔细阅读课文时——这是一种观察者无法参与的活动，除非他或她不再是该课堂的"读者"——那么这种不利就变得特别严重了。特纳先生的学生深入参与了他们正在开展的阅读和讨论活动吗？他们认真对待《白鲸》中暗含的道德信息了吗？这很难说。因为他们参与其中的迹象很混乱，此外，教师和学生之间的这种交流所具有的文本性（text-specific）和低调性（low-key）不仅很难从道德层面解读，甚至很难让观察者关注这种交流。这也许可以解释为什么在半小时的讨论中所发生的事情却很少出现在记录里。

观察继续：

> 特纳先生通过再次提醒学生注意词义而结束了讨论。"这是较难的一章"，他把这句话插入到讲话的中间。他站起来，在黑板上画了一个很大的圆圈。他一边说道："把这个想象成小说里的世界"，一边转身面对全班同学。每个人都看着他，他回头看了看那个圆圈，然后露齿而笑，摇了摇头。他把粉笔放在窗台上，又一次坐下并说道："嗯，如果我尝试在这儿画一些东西，你们就知道接下来会发生什么了。"学生们大笑了一会儿，然后特纳先生继续表达他原本想要说明的要点。
>
> 当他结束时，两个学生（没有被要求或告知）在后面查词典，并且等到适当的时机，读出了所查字词的含义。

196

157

　　这一段值得注意的部分就是有一个学生们显然都能理解的内部笑话，但是我们读者，甚至观察者都理解不了。这也引起了人们对"局内人"和"局外人"在视角差异上的关注。如果特纳先生继续画粉笔图，那么会发生什么？我们显然不能肯定地回答，但很显然这将会很有趣。如果特纳先生继续画，他可能会把自己都搞混了，这也可能在之前就发生过。无论怎样，特纳先生想起了以前发生的一件或多件事情，这让他及时停笔了。他露齿而笑，摇摇头，回到了座位上。

　　这一段有趣的地方在于特纳先生那轻松而漫不经心的行为举止。他似乎是在以一种扭曲的方式来取笑自己，而且学生们也以同样的方式作出回应。这个笑话是关于老师的，然而学生们的笑声里却没有嘲笑或蔑视的意思。他们看出了老师是在自谦，而且他们发现这很有趣，特纳先生也一样。似乎没有人认真对待这件事，班级里的学生很快就安静下来，继续学习。事实上，这件事听起来更像朋友之间的玩笑而非师生之间的交流。

　　这场嬉戏含有什么道德信息吗？如果我们考虑到学生们可能会吸取的经验教训，那么就有。如果我们尝试着将其完整地阐明清楚，这个经验教训大概会是"优雅地接受自己的不足，从过去的错误中吸取教训，而且不要害怕向别人承认自己知道自己的缺点。"对于特纳先生的学生而言，这是一个非常重要的教训，因为在课堂讨论中，他们经常面临难题，并且会在同学面前犯错误。当特纳先生问："关于斯达巴克，我们得知了什么？"或"'外在的征兆，内在的预感'是什么意思？"时，那些试图回答的学生如果犯的不是简单的错误，那么可能会显得自己是个差劲的读者。特纳先生以他对待自己缺点的这种方式告诉学生，"不要害怕犯错，要学会谦卑。"

　　然而，特纳先生并没有完成一开始的画，通过这一回顾，我们需要对这个教训进行修改。特纳先生不希望过分愚弄自己，出于这种考虑，我们可能会怀疑，他的学生是否在学习做人不仅要谦逊，而且要克制，对自己将要回答的问题认真进行选择。总之，这是一种模棱两可的说法。从一个角度来看，特纳先生在鼓励学生自由表达自己的想法，要毫无保留；从另一个角度来看，他在警告学生：你们的回答应该是深思熟虑的结果，而不是即兴的推测。

对学生们而言，这一段也包含了另一个道德教训，是他们在处理师生关系时必须用到的。特纳先生在学生面前随意开自己的玩笑是一种信任的表现。他似乎并不担心如果承认了自己的缺点是否还能维护自己的权威，他相信学生们能够与他坦诚相待。他并没有放弃教师的角色，他问了大部分问题，并对大多数的答案进行了评判，他邀请学生成为他的朋友。

观察继续：

> 总的来说，教室几乎一直都很平静。学生们在听他人讲话，一起翻书，看着老师。一些学生在记笔记，将其作为讨论的成果（期末特纳先生会收集所有的课堂笔记，并打分）。随着时间的流逝，一些学生越来越懒散地坐在椅子上，尽管在对讨论有所贡献时会迅速坐直；一些学生时不时地瞥一眼钟表，或看一眼他们的手或脚；偶尔有一些学生在涂鸦或走神儿做白日梦，眼睛不时地耷拉着。特纳先生似乎不受这些消极迹象的影响。他很少点名叫学生回答问题，更喜欢听学生主动回答问题。

观察者回到之前对教室做的整体描述。他用"无精打采地坐着""涂鸦""走神儿""白日梦"和"耷拉"这些字词来再次引起人们对教室内普遍存在的注意力几乎不集中这种显而易见的状态的关注。他还说，这个班级很"平静"，表现出了"消极的迹象"，顺便说一下，这似乎对特纳先生并未造成干扰（我们应该回到这一点上）。同时，他说，那些无精打采地坐着的学生在有话要说时会"迅速坐直"。他也指出，学生们在听他人说话，"一起翻书"并"看着老师"。这些混杂的迹象依旧令人困惑不解，并且不仅仅局限于课堂上的行为。例如，对于特纳先生给学生的笔记打分这种行为，我们应该如何理解？这种对学生课堂参与所进行的正式评估与教室随意、友好的风格不一致。如果特纳先生打算对学生从课堂讨论中学到

198

159

的东西进行评价，那么他心中必须对学生的参与有一些最低的标准，这就意味着学生并不能像轻松的氛围所暗示的那样自由地按自己的意愿行事。

记录还在继续：

> 讨论转向了船长亚哈。一个学生一边看书，一边就亚哈拒绝让一个自然生物超越自己一事发表意见。
>
> 特纳先生问道："是哪一页？"这个男孩告诉特纳先生页码时，全班同学都把书翻到了这一页，特纳先生立刻让这个男孩大声朗读整段文章。
>
> 然后，特纳先生打开之前从公文包里抽出来的《圣经》，读着关于人类统治其他所有生物的故事。他解释说："尽管'dominion'（统治权）在这儿的意思不清楚，但清楚的是亚哈对此有强烈的想法。"
>
> 刚提过问题的那个男孩突然插入到另一场讨论中，讨论亚哈反对鲸鱼对自己有统治权这一观点。这个男孩认为亚哈不仅想成为凡人。特纳先生承认了这一点，并且补充了自己的理解，大意是：在《创世记》中，人类在被赋予统治权之前是素食者，从未杀过动物。这个学生将书翻到小说中的一个段落，并解释说鲸鱼被描述为具有神一般的特性，以此作为回应。
>
> 特纳先生说："很好！"他立即拿起课本，读了更多相同的段落。一个女孩打断他，问他页码，全班同学又一起立刻将书翻到这一页。

特纳先生和他的一个学生之间的这种简单的关系创造出了教师们梦寐以求的那种交流方式。那个学生在开场白中就清楚地说明，为了更好地理解亚哈的动机，他正在做一件大事。老师立即意识到这个学生初展头角的洞察力的潜在重要性，并迅速通过求助《圣经》而将其建立起来，而《圣经》"刚好"在他触手可及的位置。这个男孩进一步论证了自己的论点，而且特纳先生也"补充了自己的理解"。这个男孩再次提问，引起了特纳先生的热情回复，"很好"，而且全班同学立即将书翻到相关的段落。

整个插曲用时不到一分钟就完成了，但是它形成了一个优美的整体，一个教授给予和承担的小花絮，嵌入到当天课程的大框架中。

我们应该如何理解这样的一个插曲？师生之间的交流肯定是激动人 200
心的，甚至会产生火花。特纳先生热情洋溢的"很好"二字与他平时酷酷
的行为举止以及目前所讨论的整个班级轻松的氛围形成了鲜明对比。至少
就目前而言，每个人看上去都很专注。情况好转了吗？还是这种改变只是
暂时的？我们猜测这只是暂时的。特纳先生和学生看起来都不像那种能长
时间保持高度热情和极度兴奋的人，至少在讨论像《白鲸》这样的文本时
是这样（读者可能会将这个班级的氛围与沃尔什女士的班级相比较，正如
第二章所描述的那样，在沃尔什女士的课堂上，教师和学生都兴奋地参与
其中）。但是，我们劝告大家不要对这种突然爆发的注意力的意义或与之
相对的事态快速地得出结论。我们仍要接受这两种情况，但我们会推迟这
样做，直到观察记录结束，这已经不远了。

观察还在继续：

> 班级里又开始重新提及斯达巴克。特纳先生针对亚哈说的"斯
> 达巴克是我的"这句话进行了提问。他提醒学生注意斯达巴克对亚
> 哈的独白。他再次朗读了《圣经》里的一小段内容，他说的话体现
> 了《圣经》的观点，即人类是由上帝的气息创造出来的。"这儿"，他
> 补充道："我们可以看到斯达巴克在吸入亚哈的气息。"

这一段的焦点在教师的活动上。特纳先生进行了提问、提醒、朗读、
说明及补充，他关注的主题自始至终都是斯达巴克。特纳先生再一次引用
《圣经》，这一次在亚哈和上帝之间作对比。圣经中的引用是否给人们正在
阅读的内容增加了道德引力（moral gravity）？似乎没有，尽管它们明显丰
富了我们对斯达巴克和亚哈性格的理解，因此，它们只是有助于增加这两
个人物的道德复杂性。它们是否在以一种道德教育的方式这么做？有可
能，尽管很难说学生们通过正在获取的这种理解文本人物的洞察力，能够 201

在关于自己或人类一般性事务方面学到什么。

记录仍在继续：

> 在这一节课结束之前的几分钟里，有几个学生开始收拾他们的书籍和资料。这节课后，有一些学生要吃午饭；有一些学生有别的课；还有一些学生有空闲时间。他们安静地收拾东西，因为讨论还在继续。特纳先生对他们已经讨论过的问题进行了评论。在"正式"下课时他还在继续讲话，并解释说真正尝试去理解亚哈是多么的重要。学生耐心地等着，大约有一半学生仍拿着打开的课本，另一半学生靠在座位边上。稍稍停顿了一下，特纳先生再次环视了整个班级，大声说道："好，下课。"学生们或从座位上一跃而起，或悠闲地站起来，还有几个学生在整理资料时伸展了一下身体。

甚至在课堂结束的时候，特纳先生的班级表现得也很有特点。课堂是在慢慢地结束而非突然结束。有人会说，它终归是结束了。一些学生加入课堂结束的队伍，并且开始为此做准备，尽管很安静，但提前了许多。其他人似乎并不着急。特纳先生一直到下课都保持着他那酷酷的行为举止。下课时，他还在讲话，甚至说完必须说的话之后，停顿了一下，在大声说出促使学生们离开的"好了，下课"之前，镇静地环视了教室。那些在离开之前站起来伸展身体的学生比那些从座位上一跃而起、夺门而出的学生似乎更能表达整个班级的基调，尽管后者也有足够的自控力在耐心地等待着特纳先生说下课。

那么我们这些只看记录的人呢？我们是否也渴望离开？或者我们更像懒人？我们是希望这份记录更长一点还是乐意看见它结束？我们如何设想课堂结束时观察者的感受？

作为评论者而言，我们必须承认：与前两组观察相比，我们更难对这组观察作出评价。整个过程中，我们发现自己的思绪早已飘到了那些与描述内容无关的问题上。例如，在描述特纳先生走到字典旁查阅亵渎神明这个词时，我们发现自己开始想得更多，我们在想：教师肯定有能力知道学生从他们自己的经历中学到了什么，而这种习得超越了他们对正在学习的文本有更深，甚至更满意的理解所带来的知识上的收获。这个问题引发了对文学是如何增进读者道德福祉（moral well-being）的深入思考。这里，我们就被一个问题吸引住了，即教育者作为一个群体，对公众的质疑（质疑我们国家的学校所进行的文学研究的价值）是如何回应，或不回应的。我们开始在这一部分的初稿中写下这样的内容：我们认为通过阅读观察者的记录而产生的所有想法都是"合理的"，是对自己所读内容的"反思"。但是，我们的写作让我们偏离了出发点，导致我们很快就发现自己在担心如何回到起点。

我们认为，我们在专心记录特纳先生教室里发生的事情时所经历的困难是由教室本身的静态性质、文本讨论的重点以及学生与老师漫不经心的行为举止所造成的。鉴于我们写这本书的目的，所有这些都使我们对所发生之事的细节产生了无话可说的感觉。这并不是说观察记录没有激起我们对道德问题的思考。恰恰相反，正如我们刚才解释的那样，我们在这些方面的想法使我们越来越远离课堂本身的细节。此外，我们怀疑观察者可能也一直有类似的困难，虽然他显然在这一部分结束前成功地保持了至少部分的警惕，但是对于试图辨别教室里所发生之事的道德意义这一过程而言，这些困难说明了什么？

它们说明的最明显的一点是：我们必须非常谨慎，不要仅仅因为我们在阅读或从教室后面看的时候感到有些心烦意乱或者无聊，就说一个班级乏味或者缺乏道德意义。在观察者的记录中有大量的间接证据表明：尽管大多数行为都不太令人兴奋，但是从理性视角甚至从道德视角来看，很多行为正在特纳先生的教室里发生着。然而，那些相同的困难也暗示了（并且如果我们观察得足够仔细，那么我们就能在记录里看到这些提示）在教室里，并不只是观察者一直感觉自己有点"心不在焉"，那些在场的其他人，包括后来夺门而出的一些学生，他们可能也有同样的感觉。

让我们假设在特纳先生的教室里，一些学生的思绪在大半节课的时

203

163

间里游离了主题。（观察者告诉我们情况几乎就是这样，他观察到学生们的眼睛"偶尔耷拉着"，并且他说"一些学生在涂鸦或走神儿做白日梦"。）那么关于所发生之事的道德意义，这种情况会告诉我们什么？

就其本身而言，它不会告诉我们什么重要的信息，因为很难想象一个班级里没有几个时不时做白日梦的学生。但是它会让我们开始询问特纳先生对自己班级里有这种学生的可能性持什么态度。他知道班级里有这样的学生吗？他甚至怀疑他们是不是在做白日梦？他在意吗？他是否做了一些事来确认是哪些学生并试图让他们回过神儿来？诸如此类的问题的确带有道德色彩：它们处理公平和正义的问题，因为那些古老而高尚的理想在教室环境中得到了实现。例如，如果特纳先生完全忽视了那些很少发言或几乎不发言以及那些可以看到在上课期间明显走神或几乎睡着了的学生，如果他只专注于那些注意力集中的学生以及那些自觉对讨论作出贡献的学生，那么一些教育评论家肯定会想要指责他没有履行教师的职责。

204 我们自己当然也不愿提出这样的指控。此外，基于一组观察就去这么做是非常愚蠢的行为。任何人想要回答我们提出的问题，就必须多次参观特纳先生的教室，并且与特纳先生详谈他的教学目标和方法。与此同时，我们不禁注意到，在记录中有几处细节指向了这种判断。

例如，我们注意到特纳先生"很少点名叫学生回答问题，更喜欢听学生主动回答。""很少"这个词说明观察者之前已经看到过特纳先生点名叫学生回答问题，但也许不是在这个特定的课堂上发生的。无论如何，我们被告知这件事很罕见。我们或许也注意到，记录中完全没有任何迹象表明特纳先生对那些看似在做白日梦或睡觉的学生感到忧虑或担心。很少点名叫学生回答问题，他可能很容易通过皱眉或轻敲桌子来引起他们的注意，或者做一些其他的事情来表明自己的不满或忧虑。然而，没有任何迹象表明他对这些情况作出了反应，至少在特定的那一天没有。我们应该牢记，正如观察者所注意到的，大多数学生的确参与了讨论（有时令人印象深刻）。我们猜想许多读者，尤其是高中英语教师，会认同这种程度的参与。

但是在记录中还有其他值得注意的地方，这是我们在第一次阅读时没发现的。报告中没有提到任何一个学生的名字，特纳先生并不是通过称呼某人的姓名来提问的，除了上课开始时的点名外，而且观察者也没有使用正式的名字。观察者提到所有说话者或与之交谈的人时，除了特纳先生外，都是简单地用"学生"来指代。把这种情况与约翰逊女士教室里的情况进行比较（顺便说一下，都是由同一个观察者进行的）。约翰逊女士总是用名字来称呼每个人。为什么会有不同呢？这会不会反映出特纳先生更加的超然态度？会不会是他没有约翰逊女士那么关心学生？在我们看来，这是一个过于草率的判断，也是一个错误的问题。

这是一个错误的问题，因为我们给出评论的目的不是以比较的方式去评判教师。单独考虑的话，我们也不希望去判定他们中的任何一个人是道德缺失还是在道德上令人钦佩。特纳先生显然非常关心他与学生们一起阅读的文学作品，他对学生的关心也可能比观察记录所揭露的还多。事实上，根据我们对特纳先生长达三年的了解，我们相信特纳先生确实是一个非常关心别人的人。

然而，只根据这份记录，特纳先生显然习惯于不以名（first-hame）或任何我们能说出的名字来称呼学生，我们仍然对他的这一习惯感到困惑不解。或许这一特征是他那酷酷的行为举止的另一种表现形式呢？或者是我们在开始时提到的一种特质？有可能，但是这让我们仍然在猜测：从道德视角来看，那种酷酷的行为举止，尤其当全班学生或至少相当多的在场者似乎都有这种行为时，意味着什么？学生们只是在模仿特纳先生的态度吗？老师和学生之间的这种行为举止是否源于他们自身以外的东西：可能是遍布学校的一种社会思潮，或者可能是一种淡化了的"厌世"的世界观，这种厌世情绪是对某些特权阶级的刻板印象？不管怎样，我们从特纳先生的英语课上离开后，仍然在思索如何理解我们所看到的内容。

第四组观察：格蕾丝的课堂

206　　最后一组观察片段对天主教学校的一个三年级教室进行了描述。教师是格蕾丝修女，一个心地善良、拥有爱尔兰血统的女人，身材矮小，看起来四十多岁。虽然格蕾丝修女是宗教组织的成员，但是她在授课时穿的是便服。

　　九月末的一天下午，孩子们被分配了一项制作海报的任务，以此作为宗教课的一部分。在这周之前，他们已经剪下了"人们互都互助"的照片，现在就是要三人或四人一组把他们剪下的照片贴在海报上。为了向全班同学解释这项任务，格蕾丝修女拿起一张海报纸，面对着它，把两张图片斜着贴在这张海报纸上。

　　她问："你们会像这样贴照片吗？"

　　学生们齐声喊道："不会。"

　　格蕾丝修女把两张照片扭成重合的样子，问道："像这样呢？"

　　"不！"

　　她把照片平行放在海报纸的边缘。"像这样干净整齐呢？"

　　"会！"

　　"你们会在照片后面涂很多胶水还是会沿着边缘涂？"

　　"沿着边缘涂！"

　　在这段开场白中，我们对格蕾丝修女的提问方式感觉既熟悉又奇怪。
207 这些提问的方式类似于成年人在与小孩子交谈时常常采用的某种询问方式，这就是熟悉的原因。导致它们有点奇怪的原因就不那么好说了。部分原因在于它们的修辞性。教师显然知道每一个问题的答案，孩子们也一样。他们齐声喊出答案就使这一点非常明显了。此外，为了在这个人人都知道答案的问题上更进一层，教师事先就清楚地知道学生们知道答案。她用一种几乎无法回答其他答案的方式来组织问题，那么她为什么要问这个问题呢？可能是因为她想提醒学生应该把照片干净整齐地贴在海报上（即平行于边缘而不重叠），而且使用胶水应该谨慎。如果她没有提醒他们这些事情，那么至少有一些学生会制作出歪歪扭扭的照片，有一些会在贴照片时用了过量的胶水，这些都非常有可能。

我们会说，没错，但是为什么要用提问的方式来达到这个目的呢？为什么不直接用示范的方式告诉学生应该怎么做呢？我们不确定格蕾丝修女会如何回答这个问题，但是我们可以很容易想象到她说，这样做只是有点好玩儿而已，而且很可能就是如此。但仅仅是她提到的"好玩儿"就帮助我们理解了我们起初认为的奇怪之处。

从教学的角度来看，即从提问作为教学手段的功能这个角度来说，格蕾丝修女的提问根本不是真正的问题。它们是模拟的问题，是师生间玩儿的小游戏的一部分。她并不是在试图找出孩子们所知道或理解的东西，她很清楚地知道他们会对她举出的两个例子作何回答。针对胶水提的问题也是如此。此外，同样清楚的是，学生们清楚老师知道他们会如何回答。换言之，他们知道这都是精心制作的游戏的一部分，这也是他们带着如此明显的喜悦大声喊出答案的原因。他们的老师只是在跟他们开玩笑，而且他们很高兴能加入其中。

我们已经说过这是一种成年人和小孩子之间熟悉的提问方式。马戏表演已经成为一种近乎经典的互动模式。在那里，我们发现，小丑几乎一 208 直在用马戏表演"煽动"人群（毫无疑问，人群里一般都有年轻人）。他们通过比手势的方式"提问"，提示观众喊出问题的答案，这反过来又使得小丑做出一些古怪行为。观众通常喜欢被要求以这种方式参与，我们也很可能会想象到小丑也玩得很开心。

然而，当这种形式的噱头出现在教室里时，除了考虑它所带来的乐趣之外，也不可避免地产生了其他思考。毕竟教室不是马戏团，尽管现在大多数教育工作者可能会在一定程度上坚持认为笑声和乐趣要在学校里占据应有的地位。但那是什么地位？什么形式的乐趣合适？当我们回到观察记录中时，这些都是需要牢记的问题。

> 那天下午，格蕾丝修女正在提问孩子们关于地图的问题。她先读了一段话，然后让孩子们告诉她这种说法是正确的还是错误的。第一句是："地图是一个地方的图片。"对我而言这句话似乎模棱两可，但是孩子们一起大喊："对！"这显然是老师想要的答案。
>
> 后来在提问中出现了这句话："地图上只能显示小地方。"对于这句话，孩子们自信而且异口同声地说："错！"
>
> 格蕾丝修女的脸上浮现出了怀疑的表情，她说："错吗？"
>
> 很多孩子立即大声喊道："对！"
>
> "对吗？"格蕾丝修女睁着一双大大的、看似惊讶的眼睛说道。然后，她让孩子们在解决这个困惑之前好好思考这句话，并承认：是的，这句话是错误的。

209 　在这段记录里，我们也发现教师正在对学生进行提问，尽管采取的不是之前那种开玩笑的方式。这次她的问题在性质上比第一次的更有教育意义。然而，对这两种状况所进行的全面对比也揭示了一些值得注意的相似之处。如前所述，孩子们齐声喊出一个字的答案，他们似乎喜欢这样做，就像他们以前做的一样。这里也有玩笑和戏弄的成分，尽管和之前的不一样。让我们来更仔细地看看它们是如何进行比较的。

在这个例子中，教师的玩笑包括了一种尝试，她尝试让孩子们相信他们给了一个错误的答案而实际上他们并没有。许多孩子立即改变了主意以应对这种骗局，却只迎来了老师的另一个怀疑的表情。孩子们对这一事件的转变困惑不已，因为它明显暗示着这两种答案都是错的。他们的表现让我们想起了狄更斯的小说《艰难时世》中格莱恩先生那群慌乱的学生，每次他们的老师皱眉时，他们就会立即更改答案。在这一纪录片段中，格蕾丝修女通过向学生们保证第一个答案最终是正确的，就像他们一开始想的那样，从而解除了他们的困惑。

这个状况与之前的状况的主要差别在于，在这里，教师增加了一个之前状况中并不存在的欺骗元素。严格来讲，我们可能想说老师在第一个例子中也骗了人，因为她表现得好像是在提出真正的问题，而不是反问式的问题。但是在那种情况下，孩子们很容易识破骗局，而在这里骗局却很有效。他们陷入了一时的困惑之中，因为看似正在发生的事情原来根本不是重点。这节课应该是关于地图的，但是由于格蕾丝修女的玩笑，孩子们发现自己正在上一节关于课堂提问和如何作答的课。

我们不禁再次想问：教师为什么会这样做呢？我们之前想象的是格蕾丝修女的答案是"只是为了给日常活动加点乐趣"。这个答案当然也适用于这里，但是不知为什么听起来没有之前那么具有说服力。某些类型的欺骗（如温和的戏弄）几乎在任何情况下都能令人稍感愉快，但是有一种形式的欺骗会让学生在教学情境中产生真正的困惑，即使只是暂时的，且它也开始检验在这种情况下理智和适当的限度是什么。在这个例子中，格蕾丝修女把戏弄放在了工作之前吗？或者至少用一种无益且不明智的方式把两者混淆在一起了？这个问题是否也是这样？这也引发了一个道德问题，因为关于教师如何履行教学职责的问题确实是一个道德问题。

观察记录继续：

十一月末的一天下午，格蕾丝修女把孩子们拉到祈祷的角落谈论圣诞季。她开始说："你们知道等待生日或假期的到来或等待一个孩子出生是什么感觉吗？"孩子们点头。"等待很难还是很容易？"

他们说："难。"

"你们在等待的时候会发脾气吗？"

他们说："会。"

"整个世界都在为圣诞做准备，"她说，"我们把圣诞节前的四周称为什么？"

大约有五个孩子举起了手，格蕾丝修女看起来非常失望。她说：

"我要闭上眼睛，直到有比这更多的手举起来。"她低下头，过了一会儿抬起头，几乎所有孩子都举起了手。她叫了一个孩子，这个孩子回答说："降临节。"

格蕾丝修女问："好东西值得等待吗？"

所有孩子一起回答说："值得。"

这里有另一种问答形式。如前所述，格蕾丝修女提出只需用一个字回答的问题，这开始看起来像是她的固定模式。假设如此，我们应该如何理解？如果我们只考虑形式——主导问题和简短回答——那么我们发现格蕾丝修女的询问法和所谓的苏格拉底式提问有一个惊人的相似之处。在许多柏拉图式的对话中，苏格拉底通过论证引导着他的对话者，他们的贡献不过是定时说"是"或"不"或"确实"——和格蕾丝修女的学生对课堂讨论所作出的贡献一样多。然而，这种形式上的相似性是这两者之间全部的共同点。与苏格拉底式提问不同，格蕾丝修女的问题不是任何明显的论证策略的一部分。事实上，它们几乎不能起到"问题"的作用。它们更像游戏里的步骤，其主要目的是将玩家的参与最大化。

考虑到这种可能性，想想格蕾丝修女对少数学生举手回答圣诞节前的四周被称作什么的问题而作出的反应。带着失望的表情，她宣布自己将闭上双眼直到更多的手举起来，然后她就开始这么做了。如果我们假设孩子们先前在很多场合得知了降临节的事，那么她的失望就很容易理解。但她为什么要闭上眼睛呢？为什么不直接给孩子们一些额外的时间思考答案，并且睁开眼睛等待着更多的人举起手呢？

有一个答案与迄今为止给我们留下的印象相一致，那就是：闭上眼睛的举动会使当时的状况更像游戏，所以更有趣。闭上眼睛，实际上格蕾丝修女是在说："请相信我有几秒钟是不能看到你们的，正好给你们机会去做一些我后来发现会有些惊讶或者困惑的事情，或者既惊讶又困惑的事情。"孩子们无疑对这一举动很熟悉。这确实类似于在生日宴会上，当蛋糕被抬进去的时候，主人会要求贵宾闭上眼睛。此外，它还以多种多样的形式在无数的儿童游戏中起着至关重要的作用。正如我们已经开始发现的那样，格蕾丝修女似乎很喜欢和孩子们玩游戏。

另一种可能就是格蕾丝修女想要拒绝那些可能被认为是"欺骗"的事情，这并没有和刚刚给出的那个答案相冲突。比如说，她猜测让更多人举手的唯一方法就是一些学生通过窃窃私语或不出声的方式帮助其他学生想出答案。然而，这种"知道"答案的测试是能够自己想出答案的。因而，为了避免看到这种"违反规则"的交流，格蕾丝修女就顺势闭上了眼睛，她选择不去看那些本来她必须谴责的东西。

无论我们用哪种方式解读，格蕾丝修女那闭上的双眼都将一种神奇或虚幻的元素引入一个整体上本身不是魔法或游戏的过程当中。我们感觉奇怪的是，这个元素恰好与直接讨论即将到来的假期相吻合，因为格蕾丝修女的表现掩盖了这堂课所宣称的目的，并且让我们在脑海中提出了一些问题，即在我们与非常年幼的孩子打交道时，我们应该如何将玩笑和严肃进行适当的结合？这样的结合是什么？我们怎么知道它什么时候实现了或失败了？而且我们将其称为"适当的结合"是什么意思？怎样才能是适当的呢？在这一点上，我们并不试图对此作出回答，让我们回到观察记录。

十二月初的一天下午，书法课开始时，格蕾丝修女问孩子们今天将要学习的新字母是什么。然而，她并不是在征求学生意见，相反，她是在问孩子们通过回忆之前书法课上练习过的字母是否可以推测出字母表中的下一个字母是什么。有一个孩子被点名，他回答说："N"。格蕾丝修女说："不是"。然后，孩子们开始兴奋地挥舞着手，这一幕在课堂上反复上演，达到了流行笑话的效果。孩子们是如此热情、如此渴望被叫到，导致他们无法满足于只举起手。甚至对许多孩子来说，大力挥动双手都远远不够。他们在椅子上扭动着或晃来晃去。一些孩子开始用声音来表达他们的热情，大喊道"噢(Oh)！噢！噢！"

格蕾丝修女像她通常做的那样对这个场景作出反应——假装把

213

171

孩子们的热情呼喊作为一个现成的答案,她说:"不,不是O"。一如往常,孩子们笑了,然后一些孩子把他们的"噢!噢!噢"改成了"唉(Ay)!唉!唉"。对于这个,格蕾丝修女假装困惑不已,说:"我听到了一个奇怪的声音——唉(ay)"。

之前的问答模式带着一些变化在重演。我们再次见证了另一种问答模式的诞生,在这种模式中,孩子们的反应(不是他们对问题的回答,而是他们兴奋地大喊)有时是愚弄老师的回答,老师则报以笑声。这次教师似乎误解了孩子们说的话,她把兴奋的叫声当作问题的真正答案。此外,据观察者所说,格蕾丝修女如此频繁地使用同样的伎俩,使它成为一个笑柄。有可能一些孩子带有目的地大喊"噢",只是为了看老师用她那标准的方式来对此作出反应。他们快速将"噢"转换成"唉",似乎证实了他们热衷于参与这种幽默,并且想让这个笑话继续流传下去。

这种多次出现的幽默值得更仔细地观察。正如我们所看到的,它产生于一个明显的误会。一种自发的兴奋式叫喊被看作对一个问题的回答。但是,当然老师不是真的在犯那样的错误,而且学生也知道。如果她在犯错,那么这个笑话就是在笑话她,而且这个笑话就不可能重复发生。真正发生的事情是:老师在嘲笑孩子们无法抑制自己对大声回答问题的渴望。她在以一种良好而自然的方式戏弄他们,而且他们很喜欢。

我们再一次提出这个到现在已经成为标准的问题:为什么要以这种方式戏弄孩子们?直截了当的答案——只是好玩——依然奏效。甚至,这个答案再次听起来还是那样的完美且合理。在这个例子中,不像那个关于地图问题的例子,似乎没有特殊的情况发生,而且正如我们所说,孩子们似乎喜欢这种戏弄。他们看起来似乎玩得很开心,但对于格蕾丝修女来说,这是其行为方式的一个足够好的理由吗?也许"只是好玩"的答案并没有把其他的东西考虑进去?例如,从不断地把注意力从主题上转移走的老师身上,孩子们能得出什么教训?他们会开始怀疑学校教育所宣称的目标的重要性吗?如果主题看起来关联不大,那么他们会开始怀疑自己对这种主

214

题的理解能力吗？我们承认，一个和学生玩耍以及开玩笑的教师说明她了解学生的需求，但是一个更严肃、更冷静的教师也能如此。也许是教师经常在课堂上开玩笑促使幽默且高涨的气氛形成，这样做是在冒着舍本逐末的风险，最终会逐渐破坏整个（教育）事业所宣称的目标。在格蕾丝修女的案例中，会是这样吗？她只是在无伤大雅地嬉闹，还是会有更多的意义呢？

观察继续：

在圣诞假期前一周左右，一天下午她的三年级学生都在体育馆，格蕾丝修女在每个孩子的桌子上放了一份惊喜——一端印有圣诞老人图像的糖果条纹铅笔。当他们从体育馆回到教室并且发现铅笔时都非常兴奋，所有人都有铅笔，除了雷金纳德，他的桌子上没有铅笔。格蕾丝修女在第一时间意识到雷金纳德真的没有收到一支铅笔的时候，她就突然想到自己可能误把那根少了的铅笔放在了那天缺席的三个孩子之中的某个人的桌子上。她让艾米丽去检查那三张桌子。

这只是艾米丽作为格蕾丝修女助手的众多例子之一。艾米丽的特殊地位也以其他的方式展现出来。那天下午晚些时候，格蕾丝修女宣布现在是为社会科课程做准备的时候了。她说："清理一下你们的桌子，我想知道哪一排会最先做好开始上课的准备。" 215

艾米丽在电脑旁，尽管其他学生都回到了座位上并且开始清理桌面，她仍在那里。格蕾丝修女开始回顾孩子们已经读过的关于霍皮人（Hopi）的一个章节。她对霍皮人的家进行提问——它们是怎么建成的？它们叫什么？它们是怎么加热的？她问克奇纳神（kachinas）是什么，并问霍皮人是怎么祈祷的。

她问："你们觉得霍皮人之间会有许多争斗吗？"

教室里有很多学生举起了手，格蕾丝修女叫了一个学生回答，那个学生说："不觉得。"

"不觉得"，格蕾丝修女说："为什么不觉得呢？"

又有很多学生举起了手，格蕾丝修女叫了第二个学生回答。这个学生说："因为他们很和平。"

"因为他们很和平"，格蕾丝修女说："我在想一个词，这个词的意思是'桌子'（table）。"

学生们的手在空中挥舞着，一些学生在蹦蹦跳跳，渴望被叫到。格蕾丝修女叫了第三个学生，这个学生说："方桌（Mesa）。"

格蕾丝修女说："是方桌。"

在进行第一部分课堂回顾期间，艾米丽就一直在电脑旁（我从未看到其他孩子有这种特权），格蕾丝修女和孩子们对艾米丽延迟加入小组都表现得习以为常。

这个观察片段有些奇怪，因为它提供了两组不同活动的细节——分发铅笔礼物以及后来对霍皮人的讨论——但是它真正的主题是艾米丽以及她在格蕾丝修女教室里似乎享有的特权。对霍皮人的讨论所做的叙述可以解读为：尽管观察者在试图参与正在发生的事情，但是他不能，因为他的心思也在艾米丽和她似乎被给予的特殊对待上。观察者对此不能理解，他也无法理解为什么其他学生不反对艾米丽被对待的方式。"艾米丽是教师宠爱的人吗？"这是他用尽所有言语提出的问题。

让我们假设艾米丽是教师的宠儿，那么关于格蕾丝修女教室里的道德风气（moral climate），这会告诉我们什么？它会告诉我们格蕾丝修女偏袒喜爱的人，可能大多数人会谴责老师这么做。在教师拥有的所有道德品质中，公平肯定是最受好评的一个。公平规则要求教师对所有学生一视同仁，至少在给予恩惠和特权时应当公平，尽管其也允许给予那些公认表现突出的学生特殊的奖励。特别让人费解的是，即使最年幼的学生也懂得这些规则，并且会关注违反规则的行为，这也是艾米丽的同学明显能够接受她的特权地位让人困惑的原因。他们在面对这种不平等的对待时似乎不可能会保持沉默，或许他们知道一些观察者所不知道的东西。假设对艾米丽的特殊待遇有一个合理的解释，基于这种假设，我们继续思考，尽管我们猜测格蕾丝修女对待学生不公平，而且这种猜测一定会一直存在，除非它以某种方式得到解决，就像许多其他通过参观教室产生的直觉和猜测以及随之产生的思考一样。

关于铅笔礼物和对霍皮人的讨论还有什么要说的吗？铅笔礼物肯定会被解读为格蕾丝修女的一个体贴举动。我们假设这是她的个人行为，可能是用自己口袋里的钱买的。尽管费用可能不是很多，但是正如人们所说，心意才是最重要的。孩子们收到礼物时那明显的兴奋毫无疑问地说明了她的这一行为很受欢迎。

关于霍皮人的讨论，由于记录过于简短而不能透露出太多的信息，但是它确实表明他们学习的材料从正面对霍皮人和他们的文化进行了描绘。然而，从孩子们被问及的各种各样的问题来看，我们想知道孩子们被要求对他们所读的内容进行多么深刻的反思。格蕾丝修女的大多数问题只要求一个字的答案，而且一旦正确答案给出，就似乎没有任何跟进或进一步的探索。另外，整套问题囊括的话题既奇怪又混乱，从家庭话题到祈祷话题，虽然可能只是因为这是一堂复习课而已。然而，当我们把这些问题加入到我们之前考虑的问题中时，我们就越来越觉得她没有太多地考虑到孩子们思考的方式，或者没有更好地考虑到孩子们能够思考的方式。在她的提问方式中，她表现得好像学校教育的目标就是获得"一些"知识，并且能够按要求进行展示。

我们强调"表现得好像"这几个字是因为我们认为，基于我们对格蕾丝修女的了解，她可能比观察记录迄今为止所显示的能更清楚地阐明更加复杂的教学理念和儿童思维理念。然而，我们冒着对格蕾丝修女不公平的风险只采纳观察者或学生的观点，坚持自己有些负面的判断，只是为了说明学生的工作是储存知识这一观点不只是一种心理观点，更不是一种教育观点，它也是一种道德立场，因为它构成人类价值（human worth）和人类能力（human capability）的概念，反过来也指明了我们对待别人的方式。因此，一个一贯表现出似乎教育主要是积累微小知识的教师，并不仅

217

仅是他恰巧坚持了过时的心理学理论。过时的心理学理论也会产生道德影响。

观察继续：

一月份的一天下午，格蕾丝修女正在讲关于处理语音的语言艺术课。她展示了几组带有相似语音的单词，并且让孩子们在这几组里挑出一个拥有指定语音的单词，如 all（所有的）这个单词在 drawl（拖长腔调慢吞吞地说）中的发音。希拉对 drawl 这个单词的发音有些困难（可能因为她对这个单词不熟悉），所以格蕾丝修女尝试着问她这个词在词尾去掉 L 会是什么词来帮助她。希拉能认出 draw（绘画、拖、拉等）这个单词并且设法理解了 drawl 这个词。然后格蕾丝修女让希拉读完单词表里剩下的单词，有一个词是 hell（地狱、阴间）。希拉费力地读完了除 hell 外的所有词，她似乎无法理解 hell 这个单词。

格蕾丝修女关掉了她正在用来展示单词表的投影仪，而语言艺术小组中的其他人在等待着，她走到黑板旁，在上面写下一组新的单词——fell（砍倒、打倒）、well（好、水井等）、sell（卖、推销）和 hell。希拉毫不困难地读完前三个单词，但是她坚持认为自己不知道第四个词。格蕾丝修女把 hello（哈喽、喂）这个词写在黑板上，而希拉立即就读出来了。

"那么这个怎么读呢？"格蕾丝修女问道，手指着 hell 这个单词。

希拉再一次表现得好像这个单词是一个不可能说出的谜一样。

最后，格蕾丝修女生气地说："我们不会容忍那种胡说八道。我们不会在你们不配合的情况下耽搁整个班级的进度。你知道我在说什么吗？"不等回答，她就和小组其他成员一起继续复习发音了。

这是一件多么奇怪的事情啊！所有的迹象都指向希拉不愿意说出 hell 这个单词，因为她认为这个单词是骂人的字眼儿，甚至可能她父母或其他一些成年人禁止她说这个词。然而格蕾丝修女没有考虑到这种可能性。可以肯定的是，宗教组织的成员应该比其他大多数人对像 hell 这种词的情感意义以及反对说脏话的警戒力更敏感。在这个例子中，她为什么看起来对这种事儿这样不敏感呢？她为什么没有问希拉拒绝说这个单词是否有一些原因呢？也许格蕾丝修女不关心希拉为什么不想说这个词。

从道德视角来看，这种漠不关心的态度令人不安。格蕾丝修女不希望她的学生对别人的关心无动于衷。事实上，她断然否认自己漠视墙上黑板上方张贴的"班级规则"中的"互相尊重"。然而，如果她对希拉的感受漠不关心，那么她就没有表现出对希拉的尊重，尽管她一直在努力教导希拉。

如果希拉说了"对不起，但是我不可以说那个词"，这又会怎样呢？格蕾丝修女会作出生气的反应并且坚持认为她不会"容忍那种胡说八道"吗？可能不会，因为如果她说的胡说八道是指希拉假装的无知，那么就是这个学生的假装而不是她拒绝说这个词激怒了格蕾丝修女。这很讽刺，因为希拉用一种不那么复杂的方式来做格蕾丝修女经常做的事情，即假装无知。但是不像格蕾丝修女有戏弄人的习惯，希拉假装不知道 hell 这个词根本不是闹着玩的。她明显不是在试图戏弄她的老师，她拒绝发出这个词的音显然是认真的。为什么格蕾丝修女看不到这一点呢？为什么她不能用一种不那么粗暴的方式来处理这种情况呢？我们现有的资料还无法回答这些问题。

观察继续：

> 一月的一天早上，格蕾丝修女问学生们是否愿意为兰普夫人制作慰问卡。兰普夫人是隔壁教室的三年级教师，她的父亲最近去世了。学生们都急切地想做，有一些学生是兰普夫人某一阅读小组的成员，他们所有人都认识兰普夫人。
>
> 在孩子们开始制作卡片前，格蕾丝修女问他们打算如何装饰卡片，要说些什么。当很多孩子建议用一张棺材的图片时，格蕾丝修

220　女说："我希望你们不要在卡片上用很多棺材的图片，但是你们仍然可以做你们想做的，我只是给你们提出我的建议。"除此之外，她没有告诉孩子们应该如何制作卡片。她只是在倾听他们的想法，然后把用品分发下去，并做了记录。

孩子们开始专心致志地制作卡片，在接下来的 25 分钟里，教室异常的安静。他们全神贯注地工作，似乎对周围的环境浑然不觉，除了他们中的许多人在默默地唱着唱片里的歌。

当孩子们完成时，格蕾丝修女对每张卡片进行了仔细的检查并评论了一番。她看完所有卡片时，问孩子们"观察者"是否也可以检查卡片。没有人反对，所以我也仔细地检查了一下。大多数学生写自己理解兰普夫人的感受；许多孩子讲述他们的一个家庭成员是怎么去世的；其他人则试图安慰兰普夫人，向她保证她和她父亲将会在天堂重聚。有一个男孩试图让兰普夫人感觉好些，告诉她学校的一切进展顺利，他写道："我做完了所有的作业。"

这个简短的片段代表了道德事件自发地介入到正在进行的教学日之中，正如一些先前的观察记录已经表明，这是在我们参观的所有教室里出现的相对频繁的一个事件。在这个例子中，要求学生以慰问卡的形式给一位悲伤的教师提供安慰。这种经历作为一个整体构成了一节礼仪课，尽管它几乎不包含正式的教学方式。再者，从另一种视角来看，我们也可以把它看作一门即兴的艺术课，而教师很少干预其中。

我们试图思考这样一种经历对那些参与者意味着什么，从而引发了对发送慰问信息的常规性质的思考。有一个问题立即产生了，它与感到同221　情（feeling sympathy）和表达同情（express sympathy）之间的关系有关。孩子们被邀请给兰普夫人送表达同情的卡片。我们想象他们也为她父亲的逝世感到悲伤吗？这种经历有助于这种感觉的产生吗？或者学生们仅仅是在我们文化的社交礼节中接受教育吗？大多数学生写自己"理解兰普夫人的感受"，有一些卡片提到孩子们亲身经历过亲人的逝世，这些事实表明这次实践可能会唤醒或重燃真正的悲痛之情。然而，其他一些回复则比较传统，例如坚信在天堂能重聚，它们让我们怀疑这些信息所表达的情绪是否真实。这并不是说在学龄儿童中鼓励这种社会习俗必然是一件坏事，即使他们的感觉与表达的情绪不一致。但是它确实提出了一个问题：格蕾丝修女是否利用过这种场合去探索一些与特定的社会情绪表达有关的道德问题？

对格蕾丝修女在这一片段中的表现，我们应该说什么呢？她似乎接受并且用了一种相对非指导性的方式来指导孩子们将要完成的任务。她对"很多棺材"的温和劝阻听起来确实很合理。她询问孩子们是否愿意让观察者看他们的卡片，而不是简单地认为他们不会介意，这显示出了她对学生在一定程度上的敏感和尊重，这与我们在其他一些片段中所看到的表现形成了鲜明的对比。这种对比本身就具有教育意义，因为它有助于揭示我们在教室里经常看到的许多矛盾性——我们在第二章和第三章的评注里充分说明了这一点。我们经常发现，我们观察的时间越长，我们所观察的教室和教师释放出的道德信息就越复杂。参观完格蕾丝修女的教室之后，我们会回到这个出乎意料的发现上来。

观察继续：

一月的一天下午，格蕾丝修女大声朗读《蚂蚁说"我不能"》，这是一本用短小的押韵诗句写的儿童故事书。她在每一处尾韵前停下来，叫孩子们猜这个词是什么。在 sling（吊索、吊带）这个词那儿，格蕾丝修女叫杰罗姆猜，而他猜不出来。又叫了另一个孩子，他说出这个词后，格蕾丝修女就转身向杰罗姆走去。 222

她问他："为什么我叫你回答？"

他答道："因为我正在玩。"

格蕾丝修女似乎吃了一惊，但很快就恢复过来了。"是的"，她同意道，"但是我是在那之前叫的你，因为在圣诞前，你的胳膊被吊在吊带里。"

这个简短的交流有趣的地方与其说是杰罗姆对他为什么被叫到而产生的误解，倒不如说是他清醒地意识到老师确实会在学生"玩耍"的时候叫他们回答问题，并将此作为一种约束他们不当行为的方式，从而使他们再次将注意力集中到课程的主题上。格蕾丝修女此次显然不是因为这个原因才叫杰罗姆的，但是我们可以很容易地推测到她在过去这样做过。很多教小孩儿的教师都对这种策略屡试不爽。

该策略所揭示的教学、管理或纪律问题在课堂上是怎么结合的？它表明，老师们有时在组织自己的提问和评论时别有用心。他们不仅要求学生找出自己知道的东西，而且在学生没有对正在发生的事情给予足够的关注时予以警告或训诫。事实上，他们并没有必要隐瞒这种做法，许多人甚至以这种做法引起了犯错误学生的注意，就像杰罗姆明显以为格蕾丝修女在问他为什么被叫到时就是在这么做。格蕾丝修女的惊讶和快速恢复正常带有这样的含义：尽管杰罗姆的回答让她措手不及，但是她对自己会以这种方式表现一点儿也不震惊。

观察继续：

223　　　　二月的一天下午，格蕾丝修女和整个班级的学生一起复习《家庭生活》中关于植物繁殖这一章内容。当他们复习完时，她让孩子们转到下一节关于哺乳动物繁殖的内容。书中有不同种类哺乳动物的插图，展示了不同母亲繁育后代的身体部位，而且格蕾丝修女谈到了雄性的精子是如何进入雌性体内以使卵子受精的。她说精子通过一个开口进入，并且问道："这个开口的名字是什么？"

一个女孩举起了手，格蕾丝修女叫她回答。这个女孩说："阴道。"阴道这个词一说出来，其他几个女孩就开始咯咯地笑。格蕾丝修女忽视咯咯的笑声，继续讲幼体是如何在雌性哺乳动物体内成长的。然后她问道："雌性是唯一的亲本（parent）吗？"她接着说"举手"，这说明她想让孩子们举手回答问题。只有两个学生举起了手，所以她问道："雄性和它有什么关系？"仍然再没有更多的人举手，格蕾丝修女宣布："好吧，那你们必须同意雌性是唯一的亲本这一点。只有两个人举手。"然而，她继续等更多的孩子举手，过了一会儿，她又鼓励他们说："我还在期待更多人举手。"

这一事件与我们之前讨论过的希拉的情况相似。我们再次见到一种不愿意参与的情况，这次除了两个学生外其他所有人都牵涉在内。同样，这种情况阻碍了更充分的参与，学生们似乎是希望避免以一种可能引起尴尬或被人取笑的方式说话，就像当被要求识别精子进入雌性体内的位置时，在那个回答"阴道"的女孩身上发生的情况一样。像之前一样，老师没有直接承认学生们的不适，相反，她继续敦促更多人参与，因为她在充满期待地等着学生们举手。

同样，我们也发现自己对格蕾丝修女的举动有些困惑。她在叫某人回答问题之前，当她没有像之前那样提问时，她为什么还坚持认为不止有两个人举手？为什么她把问题从"雌性是唯一的亲本吗"转换成"雄性和它有什么关系"，从而放弃了对第一个问题的回答？她为什么再一次与那些没有举手的学生说话？她强调他们"必须同意雌性是唯一的亲本"，只是为了证明雄性和它有关系吗？我们自己对这些矛盾之处的解读导致我们猜想她在讨论解剖学和生理学的性别时和她的学生一样感到不适。事实上，我们想知道那些学生是否感觉不到这一点，是否可能是格蕾丝修女的不适导致他们自己也感到局促不安？

这种情况和涉及希拉的那种情况之间有什么相似之处？它们只是巧合吗？还是它们暗示着格蕾丝修女在那儿也可能一直感到不适，并莫名其妙地向希拉传达了她的不适，从而增强了希拉保持沉默的决心？当然，我们没有办法回答这种问题，但是在这两种情况中，关于格蕾丝修女的一些行为让我们认为这样的假设可能不会太离谱。

格蕾丝修女的行为让我们有什么感觉？在这两种情况下，她都没有意识到这一主题的情感本质。她试图通过看似漫不经心而又随意地提起这种让人高度紧张的文字和主题，（向学生？观察者？还是她自己？）证明她是多么开明和开放。可能这就是她在希拉和后来整个班级的学生似乎明显不想参与其中时努力引导他们参与的原因？她是否从责任感的角度出发告诉希拉，除了个人和宗教的感情之外，她应该能够冷静而坦率地讨论这些问题？同样，我们不能回答这些问题，但必须简单地将它们归档以备后用，就像我们对之前几个问题所做的那样。

225

记录继续：

> 在三月的一天下午结束时，格蕾丝修女正在让孩子们收拾书包并且到门口排队。书桌被排列成网格状，她依次叫每一排。然而，马克没有坐在任何一排上。他的书桌那天一直都是单独摆放的。格蕾丝修女显然忘记了这件事，因为她点完所有排后，就走到门口，站在那儿，监督正在排队的孩子们。
>
> 教室里热闹非凡——孩子们在收拾书包、穿外套——我意识到，在混乱中，格蕾丝修女不太可能注意到马克仍然耐心地坐在他的书桌前。我离马克只有几英尺远，所以我俯身说道："你最好把外套穿上。"
>
> 他解释说："直到我们这一排被叫到，我们才能离开。"
>
> "我认为你的老师忘记了你不在任何一排中，"我说，"我保证会没事的。"
>
> 马克摇摇头说："我们应该得到许可。"
>
> "其余人都要准备离开了，"我提醒道，"你不想错过大巴车吧。"
>
> 马克点点头，似乎思考了一会儿自己的境况。当坐在离他最近的女孩维姬也认为他真的应该准备离开时，他终于转变了想法。他小心翼翼地站起来，但是在去往衣帽间的路上眼睛一直在盯着格蕾丝修女看。

226

在这一段里，格蕾丝修女几乎没有出现，但是我们却一直能感觉到她的存在。她拥有让马克离开与否的权力，甚至直到马克在观察者和同学维姬的共同努力下几乎已经离开时。我们想说："可怜的马克，他难道不知道格蕾丝修女只是这次忽视了他，而且如果她突然意识到自己的疏忽，她会立即让他走吗？"最迅速的答案是他"显然不知道"，但是也许马克真的知道。因为即使把格蕾丝修女忘记的可能性解释给他之后，马克还是坚持要等到她的批准后再离开。事实上，在去衣帽间的整个路上，他继续表现得就像一个仍在等待老师最后点头同意的人似的。

从道德视角考虑，这样的一种态度意味着什么？它意味着不假思索地遵守规则，规则的权威性未经思考，没有把人为错误或疏忽的可能性考虑进去。当然，马克最后确实对其他人的推论作出了让步，所以归根结底，他似乎并不是完全赞成盲从。但是说服他却需要付出很大的努力。我们印象中，马克自己不会做出离开教室的决定，促使他这么做的力量必须来自外界。

如果其他学生也都发现自己处于马克的境遇中，那么他们会像马克那样做吗？可能不会。维姬就是一个可能不会这么做的人。其他大多数人或许也不会这么做。所以，我们在这一段中见到的所有这些可能都是教室里意志薄弱、顺从的年轻人所特有的反应。但即使这样，我们仍然需要问：马克不愿意违反规则的情况会告诉我们，他生活在什么样的道德风气中？格蕾丝修女有意或无意地在这种风气中起了什么作用？然而，我们在这里不是回答这些问题。我们提出这些问题只是为了说明一旦我们开始仔细观察教室生活的细节时，各种道德问题就开始出现了。

观察继续：

五月的一天下午，格蕾丝修女把她的班级分成若干小组，并且要求每个小组汇报自己关于"安全规则"的想法。报告人汇报时，有一些孩子开始私下交流，这时，格蕾丝修女走向了自己的桌子，坐下，低下了头。过一会儿后，她抬头看着孩子们，好像很惊讶。她问道："哦！你们是想让我讲吗？"

格蕾丝修女在这里又做了另一种伪装，就像她闭上眼睛等待着更多

227

人举起手一样。我们没有被告知她的学生是如何回应她那假装退缩却突然觉醒的行为，但是我们可能会想象她的策略是有效的。换言之，孩子们通过她的行为受到警告，随后安静下来，开始听小组做汇报。然而，相比于她的行为的有效性，其典型性让我们感觉更加有趣。走到桌子旁，低下头，然后假装被孩子们注视的眼睛惊讶到，格蕾丝修女在扮演角色。她在以我们之前看到过的方式表现——戏谑的、幽默的、孩子般的、小丑式的、虚构的——但是永远不只是为了好玩儿，一直都是为了建立和保持对教学环境的控制。我们现在想说："这就是格蕾丝修女做事的方式，这就是她教学风格的一部分，她经常开玩笑。"

我们经常把"开玩笑"和"认真"做对比，但是这两者并不是对立的。娱乐的方式可以说是工作的对立面，它们之间的关系比这更为密切。开玩笑是一种非戏剧性的游戏形式，它将玩笑带入了欺骗的领域，是伪装的戏谑。当玩笑的陈述和观众的理解之间存在一时的困惑或混乱，在一会儿短暂的间歇后取得了暂时的成功，这时开玩笑的效果最好。在间歇中，被开玩笑的人会误以为玩笑是不正确的，如果这个间歇持续太久，那么玩笑就会变成别的东西了。然后被开玩笑的人就开始发觉别人对自己撒了谎或者自己被公然欺骗了。

但是即使在可接受的范围内，我们有时也很难知道如何对待那些总是开玩笑的人。问题不在于如何分辨他们何时在开玩笑，因为这通常是显而易见的。相反，问题在于了解什么形成了他们与别人相处的风格。为什么他们觉得有必要那样呢？标准答案——他们这么做是因为好玩儿——简单地回避了这个问题，因为它只会促使我们问，为什么好玩儿是如此必要？或者至少为什么这种好玩儿是如此必要？

当我们停下来思索我们从格蕾丝修女教室的观察记录中一直目睹的这种好玩儿时，我们对其在教学环境中的得体性的忧虑便开始加剧。假设一个对别人开玩笑的人相对于其他人更权威，至少在短暂的时间内，开玩笑的人在寻求控制另一个人对现实的感受。正如前面提到的，它的目的是欺骗。但是，教育作为一个过程，有着完全相反的目标。它的目标是解除困惑，给人以启迪。那么像格蕾丝修女这样经常在课堂上开玩笑的老师又怎么样呢？当和幼小的孩子一起工作时，这种戏谑完全不合适吗？肯定不是。事实上，从某种意义上说，这是很自然的。孩子们几乎会邀请与他们互动的成年人做出这种反应。正如我们所看到的，他们似乎喜欢被戏弄、被开玩笑。事实上，格蕾丝修女的三年级学生是老师在讲笑话时典型的热情参与者，但是热情是衡量教育活动价值的一个很低的指标。

我们发现格蕾丝修女的戏谑令人不安的地方在于它符合我们在观察记录中所看到其他事物的方式：例如，在问答环节，她提出的问题很肤浅，当讨论敏感话题时，她不能考虑或似乎拒绝考虑学生的感受。这种观察给我们留下的印象是，格蕾丝修女对学生的感受不是特别敏感，而且她对他们能在智力方面达成的目标评价相当低。也许就像我们怀疑约翰逊女士所做的那样，她是在欺骗他们吧？

我们的猜测是不是太过了？我们对待格蕾丝修女的戏谑以及她做的其他事情是否太过认真了？有可能。而且这种可能性及其内在的讽刺性和我们对格蕾丝修女的看法一样让我们担忧。因为不仅仅是格蕾丝修女看起来在教学上不像很多认识她的人想象中的那么有吸引力，另外三位老师的情况亦是如此，我们在这一章中已经讨论了对他们的描述。我们知道情况是这样，因为我们自己对这四位教师很熟悉，而且和他们每一位教师关系都很好，但是对观察记录的仔细考查将会揭示什么，我们完全没有准备好。虽然我们预料到这样一个过程会揭示我们之前忽略的每间教室运作的方方面面，但是，我们没有预料到这四个观察评论会最终引发许多疑问和问题。是什么导致了这种情况的发生？它对于我们在这一章中所做的很多事情的有用性、有效性甚至公平性又说明了什么？

深不可测的复杂性

为了回答我们刚刚提出的问题，这就要求我们回到在四间教室里所观察到的细节上，我们需要从更广阔的视角看待这些细节。回到写这本书的一个主要目的，它给我们提供了最佳观察视角。当我们仔细观察教室中发生了什么，并且对所见所闻进行反思时，我们的目的始终是展示教室的道德复杂性是如何变得显而易见的。我们对道德意义产生的新认识的关注已经缩减了我们观察和反思的方式，因为任何一种选择都是必然的。例如，这种关注使我们忽视了许多教育工作者会感兴趣的东西，并且忽视了其他有关扩展所谓的教学知识基础的问题，也将我们的注意力从社会语言学家或传统的民族志学者可能希望研究的问题上转移。然而与此同时，我们对道德问题的关注已经拓宽并深化了我们的视野，超越了我们最初的期望。这也导致我们停下来去思索我们通常会忽略的稍纵即逝的事情和平常事物。这就是我们所说的拓宽了视野的意思。它也促使我们去探索我们所看到和听到的许多事物表面之下的真相，这也是我们所说的视野得到深化和拓宽的原因。

当我们对道德意义的探索应用到教师的言行时，便产生了一个复杂的问题。它揭示了许多值得赞扬的教育实践和个人偏好，还有其他事物——比我们预想的要多——从道德视角来看，这是值得怀疑的。所有这些都来自多年来一直表现得很成功的教师以及那些被所有认识他们的人高度赞扬和钦佩的人。我们如何解释该结果？这对于鼓励观察者（无论是作为其他教师教室里的观察者还是在他们自己的教室里的观察者）采纳类似于这种赞扬和钦佩的观点又有什么意义？最先浮现在脑海里的解释是，人们需要注意道德缺陷具有普遍性。也就是说，仔细观察任何人，我们一定会发现一种或另一种缺陷。因此，我们对教师在行为方面的观察以及我们后来对这些观察所作的反思反映出许多教育实践是存在问题的，这并不令人惊讶。根据这个观点，如果我们以前没有发现这些缺陷，那么惊讶就会存在了。此外，按照这种推理，如果我们自己的教学被如此仔细审视的话，我们已经准备好承认我们的观察员和评论员很可能表现得再好也不过了。

但是，承认每个人都有不完美的地方是一回事，而观察这些缺陷是如何像在本章中那样累积起来又是另一回事。要么我们一直在与一群不寻常的、不完美的老师一起工作，要么我们的观察评论程序充满偏见，导致那些老师显露出来的缺点看起来比他们本身的缺点更多。我们倾向于后一种解释，尽管这需要符合一定的条件，但很快就会很明显。 231

对于和我们一起工作的教师是否比那些一般教师缺点更多的问题，我们会断然说不。正相反，根据和他们三年来密切联系得到的所有了解，我们可以断言，总的来说，他们在教学上的投入和对探究道德分歧（moral ramifications）的渴望远远高于平均水平。他们展示出坚持要改进自己教学实践的意图。此外，这些判断既适用于我们在本章中集中讨论的教师，也适用于其他被观察的教师。对我们来说，我们无意中选择了与一群道德缺失高于平均水平的教师一起工作的可能性不仅令人难以置信，而且完全不可能。

研究人员称抽样误差的可能性是多少？作为观察者，我们是否可能只是在寻找问题，是否可能仅仅为了一点点道德上的可疑行为而睁大眼睛呢？也许后来作为评论员，我们同样热衷于找出一处或另一处存在问题的地方，只要说一些有趣的话就行了吗？回想起来，我们相信这两种形式的偏见的确存在，尽管没有这里所暗示得那么明显，肯定无意使老师陷入困境。这种偏见，正如我们现在所看到的，似乎融入了我们的工作方式之中，但实际上是由我们的调查目标决定的。

走进一间教室，将其看作是一种道德环境（moral environment），就是要以一种陌生的方式去看待它。它变得不熟悉的原因之一是，我们所见所闻之事的道德意义很少是显而易见的。因此，寻找道德上有趣之事的观察者就需要不断地问："这件事在道德上有意义吗？这个事物或活动是否在道德上有值得考虑的一面？"这些问题难在它们通常不能立即得到解答，我们所看到事物的道德意义通常不停留在事物或活动的表面。因此，观察 232 者被迫决定什么是重要的，什么是值得写的，甚至在它的道德深度（假设原来有一些）还未被完全理解之前马不停蹄地把这件事做好。这个选择是如何产生的？它通常始于一种困惑的感觉。观察者的所见所闻让他或她思考为什么它们会这样。我们认为写作方向（关于道德上存在问题的实践）上的偏差就是在这里不知不觉产生的。因为经常使观察者困惑的事物，自然是教师和学生一起做的事情，是那些让人难以理解，至少不会立即理解的事情。结果发现其中包括相当多道德上可疑的行为，这是刺激观察者的敏感性或者导致它们一开始看起来很奇怪的一个原因。为什么观察记录让教师们看起来在道德上比我们所了解的可疑，这至少是部分解释。

但是这一解释并未就此止步。除了观察者自然倾向于记录道德上有问题的事件和行为外，我们的原则——不向老师询问我们所观察到的情况——也起到了作用。读者会记得，我们制定了这一原则是因为我们不想把教师置于不适的境地，不想让他们不断地为自己的行为辩解。我们也想限制自己对真实看到和听到的内容进行的思考，相信通过这么做我们会更接近于学生们自己可能会采用的视角。我们推断，每间教室里的学生在他们的认知中同样受到限制，因为他们通常不能要求老师为他或她自己的行为作出解释。然而，我们认识到如果教师经常有机会解释并且证明他们的行为是正确的，那么观察者看到和听到的一些事情就可能变得更易理解，在道德上存在的问题就会少一些。所以我们不求解释的原则可能会使教师的行为在道德上有问题的方面变得比以往更加引人注目。

233 　　对于我们的描述和思考带有的些许批判语气，还可能有其他几种解释，有一种特别值得提及。更确切地说，它值得特别强调，因为我们已经在本章提到过。它是这样的一种可能，即一些关于课堂和教学本身的东西可能会引发参观者几乎违背意愿的判断和评价态度，特别是如果他们自己是教师的话。这种倾向对那些正在接受观察的教师而言没有什么可惊讶的。他们通常预料到参观这间教室的人会自动对他们做出判断，我们大概发现，这可能解释了许多教师不愿容忍参观者的原因。

教学带来了这种批判立场，原因在哪里？我们不确定，但是我们认为可能和教学的许多道德要求有关。教师应该知识渊博，但尊重那些无知的人。他们应该善良体贴，但能根据情况需要变得苛刻、严厉。他们对待他人时应该完全抛去偏见，做到绝对公平。他们必须对个别学生的需求作出积极的回应，同时又不能忽视全班同学。他们应该维持纪律和秩序，同时体谅自发和任性的行为。他们即使存在个人的疑虑和恐惧也应该乐观向上、充满热情。他们必须在处理突发事件，有时甚至是粗暴无礼的学生时保持镇静并且不失控。当他们状态不如往常并且宁愿待在别的地方时，也必须面带微笑而且表现得很快乐。

对任何人来说，这些都是不可能经常满足的要求，不管他（她）多么的努力。因此，各级教育的所有教师迟早都会达不到他们所期望的标准，这是不可避免的。如果我们足够仔细地观察，或许可以看到他们每天都在这么做。在观察工作中，我们并没有发现每一位教师在每次参观时都辜负了我们的道德期望。但那可能只是因为我们没有寻找这样的缺点。即使我们对每位教师所说和所做的事都非常自然地给予了大量的关注，但是我们关注的范围更广泛，不只是关注教师。

在最后的分析中，从道德视角来看，如果我们仔细观察一个人，那么我们的观察所揭示的内容就正是我们期望发现的。人无完人，坦白说，老师，甚至是好老师也不例外。我们在自己老师身上发现的缺点是否比多数课堂观察者发现的更多？我们相信如此，部分是因为我们所寻找的事物的本质。其他的影响，其中一些我们已经推测过，无疑促成了我们本质上选择现有的这些所看到和记录的事物。

那些认真对待我们的建议并且试图在自己的学校和教室采取本书中例证的观点，或者将其作为教师教育计划的一部分的人呢？这种观点会促使他们看到什么？他们会不会对他们所观察的老师变得吹毛求疵？这个过程会使他们自己的教学自我意识增加到使人丧失能力的程度吗？关于教学在道德方面能够或应该达到什么目标，它会让人愤世嫉俗和绝望吗？这些问题让我们思考所有目前关于教师职业倦怠和其他困扰当今学校的道德问题的探讨。似乎很清楚的是，教师们最不需要的就是接受一种使他们对教学的满意度低于他们本应达到的水平的观点。

我们不仅相信所有的负面影响都不必发生，甚至，我们还自信地断言我们一直提倡的观察方式的实践应用是阻止这些负面影响发生的一种手

234

段。我们相信采取这种观点其实会鼓舞教师的士气。这一断言似乎与我们迄今为止所说的许多话背道而驰，它将会在第四章得到充分的解释和辩护。但是首先我们会简短地描述我们的一些看法（关于与自己一起工作的老师）发生了什么样的变化，因为我们日益沉浸于试图从道德层面理解在他们的每一间教室里所发生的事情。

235　　我们的观点中最戏剧性的变化是，即使在最简单的教室环境中，我们对工作中各种力量的复杂性也有了更深入的理解，并相应地增加了我们对每位教师管理方式的尊重，通常是为了应对这种复杂性。随着我们对他们的了解越来越多，每间教室、每位教师都变得越来越独特，对我们而言也变得越来越特殊。这并不是说我们都同样喜欢所有的参观，甚至是每位教师和每间教室。尽管我们不想透露这些偏好，就像大多数老师尽量在与自己一起工作的学生面前不表现出自己的不平等一样，在所有的教师和教室之间我们肯定会有自己喜欢的。

　　我们对教师和环境的日益熟悉也并不意味着我们最终对他们的了解如此之深，导致我们耗尽了他们制造惊喜的新意和能力。正相反，我们对每间教室和每位教师的了解越多，或许更好地说，我们对自己所知道的每一件事物做的反思越多，那么每一件事物就会变得越来越神秘、越来越深不可测——就像我们对朋友的看法一样：我们对每个人的个性思考得越多，他（她）就变得越来越多面。这可能是我们在工作过程中感知到的第二大戏剧性的变化。我们直接把它归因于我们开始理解探究我们所见所闻的表达性意义所具有的重要性。在第四章，我们将对此有更多的阐述。

　　当我们意识到我们刚刚做的这一点时，我们回顾了多年来在统计学课程和其他地方所学的一些方法上的建议。鉴于我们从自己的经验中学习到的东西，有一条建议就像幽默的讽刺般突然浮现在我们的脑海里。这与可靠性的概念有关。在我们所学的课程和课文中，我们得知，提高我们作为研究人员研究成果的可靠性的主要方法之一就是增加我们观察的数量。"当有疑问时，再观察一次"会成为提出这条建议的最简单方式。

　　但是作为课堂观察者，我们发现，通常我们观察的次数越多，情况就会变得越令人费解，结果我们得出的结论通常就会越不可靠。和我们之前学到的东西正相反，重复的观察似乎会产生疑虑而非确定的结果。这个看似矛盾的说法使我们感到好笑，我们开玩笑地想把一篇题为《重复观察的不可靠性》的文章提交给了一家教育研究期刊，这篇文章将包含对我们经验的描述。当然，我们意识到这种看似矛盾的现象比真实的现象有更多的含义，除了幽默外，它还保留了重复观察直接提高结论可靠性的情形。事实上，这正是我们为自己所做的，只是不像教科书上所说的那样。我们观察的时间越长、重复的次数越多，我们就越来越相信进一步观察总是会揭示一些新东西。没有办法，或者我们至少没有发现一个办法，能穷尽我们所见所闻的复杂性。所以从某种意义上说，这种判断的可靠性确实会随着我们观察的频率而增加。

把我们观念里的这些转变加在一起就等于：我们观察的时间越长，我们对所见所闻的思考就越多。（1）我们就会对教室生活那深不可测的复杂性变得越在意；（2）我们会对自己观察的教师变得更加尊重；（3）在当前环境下，最重要的是，我们会越来越坚信我们的观察程序和后来对所见所闻进行的思考是在各司其职，帮助我们梳理出我们参观的教室里所发生的许多事情的道德维度。简而言之，我们的观察程序为我们服务而不会让我们产生愤世嫉俗或绝望的情绪，或可能会挑起与每位教师道德完美局限性的冲突等任何其他的负面结果。我们的方法也帮助我们避免成为对教师和教学变得多愁善感或盲目乐观之人，我们相信这种帮助显而易见。多愁善感和盲目乐观是我们所提到愤世嫉俗和绝望态度的另一面，对教师的影响不亚于对研究人员的影响，我们相信相同的变化会发生在那些愿意尝试这种方法的人身上。

第四章 学校和教室内表达性意识的培养

　　到目前为止，我们介绍的所有内容的实质都归结为两个要点。第一个要点是，我们访问的五所学校（并且通过推理，其他学校也与它们相似）显然想要以各种各样的方式对学生施加道德影响。诚然，一些学校表现得更为明显，但这一切都会被敏锐的观察者一眼识破。第二个要点是，学校和教师实际上具备的道德影响力远不限于那些明确的努力，这一点在教师没有刻意扮演道德主体的情况下延伸到了教师的言行上，还进一步适用于不是专门为达到道德目的而设计的教室环境和学校整体的方方面面。本书最后一个话题解决的问题是如何挖掘和展望我们一直在描述的观点，为了对本话题的讨论做好准备，让我们先简要回顾一下每个要点都强调了哪些重要内容。

　　在第一章中我们提出了八个类别。前五个类别指的是学校为了给学生施加道德影响而做出的明确努力。这五个类别包括：（1）可以正式称之为"道德教育"的具体课程设置（除了两所天主教学校在基督教伦理中对此有正式的教学外，我们几乎没有看到过这种课程）；（2）在常规课
程中引入道德话题（例如，谈论历史人物或故事中人物的性格）；（3）具有庆祝性和积极意义的各种仪式和典礼（例如，毕业典礼或颁奖大会）；（4）传达各种道德信息的标语和公告板（从督促学生不要乱扔垃圾的手绘标语，到颂扬出勤美德的印刷海报）；（5）在正开展的课堂活动中自发地，经常中断性地插入道德说教和讨论（例如，教师突然说："理查德，请给别人你想要的尊重！"）。学校和教师为了对学生施加道德影响，可能还会采取其他类型的主动干预措施，但这五项足以涵盖我们遇到的所有情况。

我们进一步指出了学校和教师积极施加的另外三种形式的道德影响。它们在大多数情况下是无意中发生的，或者至少是在没有正式意识到其道德意义的情况下发生的。在第一章中我们也对它们做了介绍，包括（1）规范师生互动的教室规章制度；（2）加强和促进各类教学和课程安排的一般假设（我们把这些广泛的共识称为"课程子结构"）；（3）行为、物体和事件的表达性内容，其道德意义不会立即显现，除非人们已经习惯了寻找它们。在逐渐形成的理解框架中，随着工作的推进，这三种潜在的道德影响也变得越来越重要。当工作结束时，它们已经成了核心问题。我们逐渐认识到，它们对于充分认识学校对校内每个人的道德构成所做的潜在贡献至关重要，学校中的人主要是学生，当然还有教师，甚至可能还有管理者、办公人员以及其他雇员，尽管我们并没有特别关注这些非教学人员在学校的道德生活中可能扮演的角色。我们把第二章和第三章几乎全部展示，当我们开始关注在最后三个类别里分类的现象时可以看到和学到的东西。

我们逐渐开始理解并欣赏这三种不太明显的潜在道德影响，这一事实也为接下来发生的事情奠定了基础。因为这表明那些尝试重复我们部分工作的读者可能也有类似的经历。他们可能也很难分辨出教室生活中一些不易发现和更具表达力的方面。既然如此，我们就尽可能多地谈谈最终采纳的观点，以及在这一过程中遇到的一些困难。这将是本章的任务。然而，必须指出，我们自己的观点仍在变化，所以我们要阐释的观点必须被理解为是试探性的和未确定的。此外，当着手这项任务时，我们强烈地意识到我们的受众目标——实习教师和学校管理者、培训教师、教师教育者以及教师研究人员——之间的差异。虽然这四个群体的兴趣一定具有共性，但每个群体对表达性意识培养这一点都有自己的关切和问题。如果能够预知这些兴趣，我们就会努力去解决。

本章的目标并不是提供一本指导手册。相反，我们想仔细地研究表达性意识的培养过程，这在很大程度上借鉴我们自己的经验，并参考第二章和第三章中提到的许多内容。虽然我们不提供类似详细操作步骤的东

239

西，但是希望这些评论能让其他人更容易采用我们观察教室的方式。

观察和倾听之外

在前几章和本章中，我们同时使用了很多以视觉为导向的术语和表达方式来讨论我们的工作方式。我们把自己描述为采用了一种观点、一种立场、一种视角。我们一再将对教室的访问称为观察，并将这些访问的报告称为观察记录。对于观察的问题，我们已经谈论了很多，只是对于倾听的问题谈论得较少。

考虑到我们花了大量的时间观察和倾听教室里发生的事情，所以对视觉和听觉器官的强调完全可以理解。然而对于整个过程所需要的内容，这种强调往往会给人一种错误的印象，即听起来好像是为了感知课堂生活中与道德有关的方面，仅需要坐在教室后面的座位上，然后睁大眼睛，竖起耳朵。当然，从某种意义上说是这样的，但只是表面上而已。关注课堂生活的道德方面不仅需要被动地坐着观察，或者坐着倾听，还需要付出很多努力，我们相信大多数读者现在对此都能理解。至少它需要我们对自己的所见所闻进行思考。但是思考只是所需的附加要素之一，不一定是首先被提及的要素，至少不是以任何持续和系统的方式进行的。

甚至在开始思考教室内正在发生的事情之前，我们就必须先选中一些东西来观察或倾听。这对普通的观察者和每天都驻扎在那里的教师来说都是如此，尽管后者可能很少有机会能奢侈地坐在一个不起眼的角落里，让自己的目光懒洋洋地在教室里游走。最初选择关注什么并不总是那么容易。教室是热闹的地方，当然，有些教室更加热闹，但即使是在最安静的教室里，也总是有更多的东西要观察，要聆，而不是立刻就能理解。因此，新来者的注意力通常从一个物体转移到另一个物体，或者从一个学生转移到另一个学生，然后再固定到一个更持久的目标上。这种前注意阶段的观察和倾听几乎不能被称为观察和倾听。它更像是我们到了一个之前从未去过的地方，周围有许多新的景象和声音争夺着我们的注意力。以我们的经验来看，这种前注意阶段会持续数分钟，甚至有些时候似乎从未停止过。在这样的日子里（庆幸的是，这样的情况不常发生），人们通常开始觉得心浮气躁，甚至无聊透顶。然而，这种经历的有趣之处在于其变化之快。教室里今天无聊透顶，明天就能变得绝对引人入胜。事实上，如果足够耐心，我们用昏昏欲睡的双眼观看了一段时间的活动也会突然间出乎意料地活跃起来。当这种情况发生时，不是活动本身发生了变化，相反，是因为我们的知觉器官发生了一些变化，或者我们希望称之为手段的东西发生了变化，从而我们面前的场景突然就有了新的意义。如果我们在之前只用"眼睛"观察的话，那么我们现在第一次"看到"了我们原本可以看到的东西。

241

　　当他人采纳我们尝试解释的观点时，所发生之事的特点就是这种迟来的顿悟。这有充分的理由，而且不久之后我们会对它们进行探讨。但是我们暂时不这么做，以便回到普通观察者遇到的困境。我们假设普通观察者进入了一间新教室，正因为决定把注意力放在哪里而踌躇不定。我们的基本观点是：从一开始，观察者与被观察者之间的互动就会比传统意义上定义的通过对所见所闻的简单描述所表达的信息更加丰富。此外，无论剩余的描述还包括什么，它绝不是纯粹理性的。这种最初的适应阶段与其说是由深思熟虑所指引的，还不如说是由对重要事物的直觉所指引，或者是由一件事物超出另一件事物具有的不可抗拒的吸引力所指引。对于最重要的东西而言，那些内外部的牵制和推动因素的指引并不总是可靠的，这很自然，但是它们通常是我们必须继续研究的内容。顺便说一下，那些内外部的牵制和推动因素在小学和高中教室中有所不同，我们也发现了这一点。典型的小学教室有如此多的视觉刺激物——公告板、海报、学生作业展览、科学桌、为特殊活动预留的区域（如电脑区或带有耳机和播放器的"听力角"），等等——导致新来者免不了要花大量的时间环顾四周。相比之下，高中教室通常环境单调，很少有展示。而且在小学，课堂作业、小组活动和教师主导的教学相结合实际上是一种规范。与小学相比，高中不

242

太可能会同时做多件事。因此，在观察或倾听什么的问题上，参观高中的观察者面临的决策通常比坐在小学教室后面的观察者更少。然而，在这两种环境下，教师亲自参与的活动通常会成为观察者最自然的选择，除非其他地方正在发生非常特殊的事情。

当观察者真正安下心来并且开始将注意力集中在某个特定的物体或活动时，比如说，教师正在和一个阅读小组一起工作。还有一个问题待解决，即如何理解观察者的所见所闻。对于很多观察者而言，这个问题与做什么记录密不可分，反过来说，这个问题就相当于：观察者所见所闻的哪些方面应该保留下来，以供进一步参考。如果观察者事先知道自己在寻找什么，那么这些问题就很容易回答，但此处另一个关键点是：这种情况很少发生。那些设法理解学校生活道德层面的观察者，就像我们一样，很少事先准确地知道他／她在寻找什么，而且，这种状态符合我们的预期。这种状态是资产而不是负债，因为它允许观察者对自己注意力这个狭小范围内发生的事情要尽可能地保持开放和警惕的状态，而不是蹲守某种预先指定事件的发生，正如观察者所做的那样，他们的视野受到任务清单和观察时间表的限制。

这些都意味着：一旦我们决定了要观察的内容，选择和挑选的过程就绝不会结束。在每一个观察阶段都必须不断地做出选择，就像在最初的适应阶段所做的选择那样。一方面，这些选择需要的不仅是被动地观察和倾听；另一方面，这些选择要求的东西比一个完全合理化的决策过程要少得多。直觉这一术语又一次浮现在我们的脑海，它是一种包罗万象的标签，用来描述模糊的冲动感，引导着我们选择自己所见所闻中令人难忘或值得注意的方面。但是将其称为直觉也并没有多大帮助，此外，我们自己的经历比直觉更精确一些。

我们可以用惊奇、迷惑甚至奇怪这样的词来替换直觉一词。当收集观察材料时，我们一再发现：一些感觉很奇怪或陌生的事，一些不太正确的事会经常引起我们的注意，并且让我们在观察活动的过程中翻看观察记录本，这些事可能是教师回答问题的方式或者开始组织问题的方式，也可能是对某个错误行为的处理方式或者导致了这个错误行为发生的相关情况。有时候甚至在观察者还没有确定要观察的内容之前，这种奇怪的感觉就已经产生了。例如，在约翰逊女士的教室里，几乎所有可利用的空间都贴上了海报和图片，观察者首先对这一幕印象深刻。这些装饰品值得注意（在某种程度上很奇怪），是因为它们与高中教室似乎有些格格不入，看起来更像是在小学里能找到的东西。这会不会就是观察者注意它们的原因？观察者本人虽然没有这样说，但是假设有些东西因为不合常规而给他留下了深刻印象似乎也合理。

正如前文提到的观察材料所描述的那样，依赖于一种奇怪而不寻常的感觉作为指南，指导我们去注意一些东西，结果表明这种方式有利有弊。一方面，它几乎总是能够促使产出内涵丰富的记录，因此值得继续反思，前两章对此已有过介绍。另一方面，正如第三章特别说明的那样，观察者倾向于注意观察内容里存在问题和值得怀疑的地方，这种倾向包含着一种内在的偏见，即倾向于把人类行为在道德上存在的问题而不是值得称赞的地方挑选出来。这是因为违反道德期望的行为通常比符合预期的行为更值得注意，而且更令人困惑。格蕾丝修女取笑学生的习惯，约翰逊女士放在显眼位置上的荣誉文件夹以及特纳先生懒散的态度，尤其引起了我们的好奇。

如果只依赖于此，这种"关注有问题方面"的取向会导致我们忽视或最多只粗略地关注一些描述平凡美德的常见表达，如耐心、专注、热情以及诸如此类的美德，多数教室里都有大量的证据。为了达到平衡，这些司空见惯的事情必须被观察者记录，这一点很重要。然而，我们发现这种平衡观点并不要求观察者去有意识地注意教师表现出的每一个小小的善举或他（她）给予的每一个鼓励的微笑。实际上，这几乎无法做到。相反，这种平衡观点随着时间的推移一点点建立起来，那些不计其数的细微举动、转瞬即逝的一颦一蹙，开始被有意识地认定为是对主管教师，甚至是对整个教室喜恶的反映（因为对整个教室喜恶的可能性都存在，观察者很快就会发现这一点）。一旦这种判断出现了，我们就会把教师看作一个善良、体贴或者热情的人，这并不是因为他（她）做了什么特别的事，而是因为这就是他或她表现出的样子。只有在作出这样的判断很久之后，我们才能开始（要么同时性要么回顾性地）准确列举出那些我们想要了解之人的品质。

这一过程的动态特征众所周知，绝不仅限于我们对教师和教室的看法。它们在一般的人类事务中具有同等的效力。在当前语境下，它们之所以具有特殊的意义，是因为它们对教室观察行为的重要性进行了补充，这些行为包括观察者可能会产生的预感、直觉和类似的模糊暗示。它们不仅完全包括我们开始时的困惑和惊奇的感觉，而且也包括喜欢或不喜欢、吸引和厌恶、喜悦和烦恼的感觉。此外，有一点很重要，即所有这些感觉，如果将其作为有效的指导来使用的话，就必须持续对它们进行监控，因为它们虽然还处于萌芽阶段，却是最有帮助的。当观察者对所观察到的一切事物感觉都很自信的时候，可能就已经错过了注意所发生之事的细节这一机遇。这意味着观察者既要对自己的反应进行观察，又要对场景进行观察。

我们之所以强调这个相当明显的观点，是因为它所包含的建议违背了客观和科学观察的标准概念。通常来说，观察者渴望得到称赞，需要将自己的主观性放在一边，试着去看事情"本来的面貌"。对某些类型的观察而言，这可能是合理的建议，但当我们试图抓住我们眼前的事物所具有的表达性意义时，这恰恰是错误的行为方式。因为正是在模糊的感觉和朦胧的意识层面，表达性意义才变得明显。主观性，指的是那些尚未言表的影响，无论是积极的还是消极的，都给我们提供了必须借鉴而不是去忽视的信息来源。

顺便说一句，在刚刚谈到的表达性的动态中，有一条特别的信息，老师、家长和其他与孩子打交道的人可能会注意到这一信息。当学龄儿童被询问一些标准的成人问题，如你们喜欢老师吗？或者对一个特定的学校科目感觉如何？或者上学的总体经验？他们常常很肯定地回答："她很棒"，"他很糟糕"，"数学还行"，"社会科很无聊"，"学校令人讨厌"。但是当谈到他们为什么这么认为的时候，他们往往很难说出原因。他们回答说："我不知道，她（或他或它）就是那样。"有时候，当要求他们说出原因时，他们甚至会看起来很惊讶，因为他们自己的判断在他们看来是如此明显。然而，对于许多成人询问者而言，孩子们理由的缺乏会破坏他们所表达观点的效度。没有理由作为支撑，这样的判断如果不是完全不理性的话，说得再好也只是不成熟的判断。（年龄大一点的孩子和那些早熟的孩子很快就会明白什么样的回答是被期待的。当要求告知原因时，他们很快就会找到，即使这意味着他们要当场杜撰。）

　　但是如果我们作为课堂观察者的经验可以作为指导的话，那么孩子们的证词就揭示了所有年龄段的人正常的行事方式，而不仅仅是一种孩童般回应世界的方式。纵观一生，我们似乎通常是在一些感觉出现之后，而不是之前，才找出产生这些感觉的原因。我们可能会推迟对自己的感觉做出决定，直到所有的证据都集齐，我们有时会认为这是我们的目标，但这种说法通常仅指最终的判断，而不是初步的判断。我们没有办法阻止这些初步的反应，尽管我们肯定会选择忽视或压制它们，也许这就是我们大多数人的生活方式。然而，如果我们选择领会所观察事物的表达性维度，即感知我们在第二章和第三章中所确定的含义，那恰恰是错误的行为方式。因为我们对自己观察和聆听到的内容所作出的第一反应，虽然可能是模糊的、早期的，但往往是一些线索，可以引导我们去感知隐藏在表象下的品质，而这些品质本来是可能会被忽略的。即使这些第一反应后来被证明是错误的，就像他们有时所做的那样，但是它们也同样有助于我们理解所发生之事的表达性品质。我们甚至可以说，只有注意到那些初步的预感和第一反应，我们才能让自己能够对所看到的事物作出更丰富、更真实的判断。

　　关于初步判断和后续判断之间的区别的讨论，让我们进入下一个子主题，这个主题将探讨我们对学校教育的道德维度变得敏感这一过程中的某些暂时性的层面。然而在此之前，我们需要向教室观察者（无论是教师还是外来观察者）强调本部分的三条建议：（1）观察者没有预先明确他（她）在寻找什么，而是尽可能地对吸引他（她）注意力的事件或情况中发生的微妙变化保持开放的态度；（2）观察者要为有问题的事物睁大眼睛、竖起耳朵，因为我们的所见所闻在某种程度上是偏离主题的，或者有不和谐的感觉，即使非常轻微；（3）观察者要一直将自己纳入被观察的对象，并且学会审视自己的反应，包括对所见所闻的喜恶，不管这些反应是多么微弱，看起来多么不成熟。通过这些方法，观察者的任务远远不只是被动地盯着课堂活动这个万花筒。

暂时性和阶段性过程

我们刚刚承认观察者对自己在课堂上观察和倾听到的内容进行的初步判断和后续判断之间可能存在差异，并且进一步坚持认为，与坐在教室后面被动地记录所发生之事相比，我们在关注教室生活的表达性维度方面还有很多工作要做，我们现在可以开始探索这个过程是如何随着时间而发生变化的。就最后一组评论而言，情况也是如此，我们对此问题缺乏确切的了解，也没有办法给那些想了解情况的人提供指导。相反，我们所提供的是一套基于自身经验的反思，我们相信不同类别的读者都能在我们的评论中找到一些对个人有价值的东西。

我们对教师和教室的看法随着时间的推移而发生变化，这一点就不多说了，因为同样的观察也适用于其他地方。这事实上很普遍。如果从长远来看，一切事物都会随着时间的推移而发生变化，所以我们对教师和教室的看法也不例外。真正有趣的一点不是因为我们的看法发生了变化，而是变化的本质以及变化是如何发生的。

理解教室生活的表达性维度通常需要时间，而且需要很长时间，比如几周或几个月。这个过程本身分为两种周期性的模式或阶段，一种发生在教室内，另一种通常出现在其他地方。这两个阶段分别是：首先进行观察；然后对观察的内容进行反思，或者让别人对我们记录的内容进行审视，即我们在第二章和第三章中运用的策略。这两个阶段当然是相互关联的。我们对所见所闻反思的结果是：我们不仅对那些过去发生的事情产生了不同的看法，而且也回到了之前的观察任务上，即用眼睛和耳朵去注意那些最初被忽略的细微差别。简而言之，我们的看法一定程度上决定了我们要观察和倾听的内容，反之亦然。

至少就像我们经历过的那样，这个过程的反思阶段与观察阶段至少有三个相似之处。第一个相似之处是这两个阶段都要求我们具有选择性，也就是说，这两个阶段都要求对观察者这个角色进行解释。第二个相似之处是开放的态度，这种态度对这两个阶段都至关重要，让我们的思维向意想不到的方向发展。第三个相似之处就是密切监测情况或事件（或我们对它的记忆或记录）让我们产生了何种感觉，这对观察和反思都同样重要。这两个阶段的共同目标是将观察者指引到有问题的地方，并最终获得在开始时无法获得的见解。

这两个阶段的主要区别在于，在反思阶段，当我们坐在教室后面的时候，许多相互竞争的刺激物都没有引起我们的注意。等到我们对自己观察和倾听的内容进行反思的时候，或者和他人分享我们的观察记录时，初始情况的复杂性已经大大降低了，仅留下了数量极少的内容，是对过去更加丰富多样的经历的简略描述。相比较而言，这些内容虽然很少，但也极具选择性；它已经通过语言的塑造，成为一种叙事性或说明性的形式，唤起人们的关注，从而成为一种合理的监测对象，有时也成为对其合理性的困惑的来源。观察者沉思着说："当汉密尔顿女士询问费莉西娅和理查德他们是在闲聊还是帮忙时，为什么我记得教室里那几秒发生的事？"阅读观察记录的读者想知道："为什么观察者要费心对约翰逊夫人教室外的走廊展览进行记录？他为什么将一位学生画的地图描述为'粗制滥造'？"这些问题提醒我们：在学校和教室中寻找表达性品质绝不仅限于观察者的所见所闻，它还延伸到观察者工作的所有成果上。这些成果同样也是表达性的对象，观察者必须带着详细解释的耐心和热情去阅读和收集，而这种耐心和热情首先促使他们收集这些东西。

249

是否有一个规则规定了观察和反思的最佳比例？是否有可以决定每个活动花费多少时间的公式？尽管我们知道都没有，但是我们可以记录这样的问题是如何解决的。尽管我们在这两种活动上都花费了大量的时间，但是明显花在反思上的时间比观察上的更长，而且我们怀疑大多数人都是这样的，无论是教室里的教师还是外来的参观者。此外，如果我们把花在每项活动上的总时间的比例换为另一种比例，即将思考某个特定事件的时间与该事件实际发生的时间进行比较，那么差异将变得巨大。在教室里只持续了几分钟甚至几秒钟的事件却需要花费几十分钟甚至几个小时来进行反思。举个例子，细想一下，第二章中沃尔什女士的课堂上发生的插曲，起初她对校长在对讲机中发出的声明做出了震惊的反应，然后迅速恢复了镇静，转过身来，以一种庄严的方式向墙上的扬声器所在的方向鞠躬。整套动作，包括校长的声明，不可能花费超过 15 秒或 20 秒的课堂时间。然而，花在记录这套动作和思考它的意义上的时间可能接近一个小时。这本书中提到的其他观察片段大多数亦是如此。每一个观察片段花在记录和反思上的时间都比它原本发生时所需的时间更长。

在反思的过程中发生了什么？为什么它需要如此长的时间？把发生的事情称为"思考"，既是正确的也是错误的。思考肯定是必不可少的，但它不是将 A 点演绎式地移到 B 点的那种思考，也不是将 A 点归纳式地移到 B 点的那种思考。它是一种曲折的思考，是一种消磨时间的、迂回的思考，有时会自行消失，远离起点。它是一种试验性的思考，在这种思考中，它尝试对情况或事件做出很多反应并随后将之抛弃，然后偶然想到一个或更多满足两个标准（说得通，感觉对）的反应。也许把它看作是一种思考是错误的，这也是我们说把发生的事情称为"思考"既是正确的也是错误的原因。有些人更倾向于将其称为想象力练习，然而在任何虚构或幻想的意义上，它都不具有想象力，因为它的目标仍然是发现而不是创造性的发明。在最后的分析中，它所涉及的是对意义的追寻，希望能理解那些我们隐约感觉到但不能很清晰地表达出来的东西的意义。我们在这么做的过程中遇到的困难很难解释，需要时间。

　　这个过程的两个阶段中（观察阶段和反思阶段）都有一些其他的东西，那就是"磨蹭时间"和"闲逛"这两个引人注意的概念。至少对实践者来说，认真思考课堂上所发生之事的象征性意义是一种间歇，是对正在开展的活动（处理日常事务工作）的一种中断。甚至对于那些和我们一样，把这些问题作为研究工作的一部分去探索的人而言，同样如此，尽管这种间歇与工作日的间断很接近。无论哪种情况，这一过程都有某种逃避现实的东西，一种让它看起来像是奢侈品，也许是放纵的东西。所有的这些都可能有助于解释这个过程为什么不是定期由那些人，特别是那些被此时此刻的要求刁难得走投无路而感觉很沮丧的人完成。我们必须找时间来进行我们一直在讨论的客观观察以及随之而来的反思。甚至必须抽出时间，正如我们所说，"拿出时间"，或者"腾出时间"来这么做，以便完成观察和反思这两个阶段，这并不总是一件容易的事情。

　　腾出时间去寻找教室生活的表达性维度是十分必要的，它可能足以使忙碌的教师气馁，并且也可能对其他人产生负面影响，包括那些急于观察一些事物的普通观察者。此外，我们都可能会面临另一种沮丧的情绪，那就是我们的观察可能是徒劳的。因为表达性维度不会因为我们希望它出现就一定会清晰地展现出来。根据经验，我们知道是这样的。我们在一个早晨或一个下午的观察结束后，却几乎拿不出什么来展示我们的劳动成果，这种情形并不少见。尽管我们做了最大的努力，但是有时我们还是不能通过进一步的反思来丰富我们之前观察到的东西。

251

　　我们无法解释这些"干旱期"或"休耕期"的原因，只能猜测它们是由我们自己在特定的日子里的接受能力发生变化引起的。同时，这还不足以说明我们现在将"适应"我们周围事物的表达性意义。我们也必须得这样做，这意味着，除了其他事情之外，我们还要足够放松地去仔细观察和倾听，同时也要警觉我们对所发生之事的反应，从而使它们成为继续观察和进一步反思的指南。这种准备不能是被迫的。有些时候，它是不存在的，再多的诱导也无法使它发挥作用。在那些日子里我们发现，我们最好还是放弃，然后转向其他的事情。

从积极的一面来看，我们可以说，随着时间的推移，这个过程似乎变得更容易了，也变得更有价值了。这并不是说"休耕期"完全消失了，但是它们出现的频率确实减少了。更重要的是，作为观察者，我们越来越相信自己的直觉。我们必须说，这种变化是受人欢迎的，它可以放大那些微弱的内心声音，或者至少对于我们来说经常是这样。简而言之，我们发现，在这方面工作的时间越长，就越善于观察教室生活的表达性维度。

这是否意味着有这样一个时刻即将来临，即这种想法是如此让人习以为常，以至于它不止在单独的间歇期出现，而是一直保持存在的状态。我们怀疑，如果没有其他原因，只是因为现实的压力不允许，这种观点能否彻底转变？充满日常事务的世界很少能让我们长久地思考任何事物的表达性意义。我们不断遭受需求的冲击，被迫采取行动。因此，我们经常被迫以纯粹的工具术语来回应我们的所见所闻。这通常意味着我们很少注意或没有注意到这些所见所闻的表达性意义。我们都知道，对生活需求做出反应一直以来都是必要的，即使是对我们所能想象到的最有表达力的人来说也是如此。

与此同时，习惯通过重复得以形成。我们没有理由认为，这种情况不应该发生在感知领域和其他领域。因此，从长远来看，我们认为观察教室的表达性意义的持续实践会留下印记，并且会有助于我们采取一种普遍的方式去观察和倾听。即使现实困难重重，让平静的观察和漫长的反思成为一种奢望，但是这种方式仍与我们同在，并且在继续运行，至少偶尔、半自觉地发挥作用。

表达性品质的嵌入性

表达性品质在何处安家落户？当我们寻找时，在哪儿能够发现它？想想耐心这一简单的美德，它是教育者经常被要求展示的内容。据我们所知，教师经常展现出耐心的品质，但是耐心本身并不像是一个标签，让所有人都能看得到；它更像是一束微光，光源来自内部。它由教师的行为方式表现出来，并且由她的一举一动揭示出来。此外，这些行为并不仅仅是一种反映事物内部状态的信号，就像一张宣称"我头疼！"的公告牌那样。相反，教师的行为模式会使这种情况实例化。当教师在等待一位学生对某个问题的回答时，耐心就表现在她的观察方式上；或者当课堂变得井然有序时，耐心就体现在她的站立方式上。我们从她的眼睛、面部表情、脑袋倾斜的角度和双臂垂在两侧的方式中看到了耐心的存在，而且这只是开始。耐心还体现在她对中断课堂行为的反应上，调节教学节奏的方式以及其他无数方面。总而言之，耐心的教师一整天表现得都很有耐心，尤其是在面对那些会让别人不耐烦的情况时。她的容貌、姿势、工作方式都体现了耐心。如果她真的表现出了这种特殊的美德，我们可能更倾向于强调说："她是耐心的化身。"

我们可以用类似的方式来描述其他美德或恶行的产生。一切都以某种方式嵌入人类的行动、言行举止中，最重要的是，嵌入他们做事的方式上。其他的表达性品质也是如此，包括那些与人类行为没有直接关系的品质。它们也被嵌入或悬浮在作为传送媒介的物体或事件中。举个例子，思考一下，莫顿女士在处理艾拉的问题时课堂上产生的紧张气氛（第三章）。这种气氛存在于哪里？它位于何处？它无处不在！就像一股气味，或穿过窗户的光线，或空气本身，弥漫在整个教室之中。

鉴于它无处不在，难怪教育者们使用气象术语，如气候或空气，来指代这样的气氛。在这本书中我们也是这样做的，因为这些隐喻十分贴切，可以捕捉到在这些地方的感觉，在这些地方，这种气氛似乎包围着我们。教室确实形成了自己特有的气氛，也就是说，环境中的许多表达性特征结合在一起，形成了一种混合物，合力对在场者产生影响。当然，教室作为环境，在这方面并不是独一无二的，因为在教堂、市场、客厅，事实上在任何其他我们可能提到的场所中，也会出现同样的情况。每一个地方的氛围都向独具慧眼的感知者传达了一连串独特的品质。然而，我们在这里关心的并不是这一现象的普遍性，而是这一现象与我们所说的教室生活

253

表达性特征的嵌入性之间的联系。为此，让我们这些研究者继续讨论我们的结论。我们所有人都要接受任何教室确实都存在笼罩着每一位在场者的气氛。我们所有人都要认同在教室里看到的每一件事物的表达性品质同样嵌入到这些物体、人或事件之中。对于我们这些寻求观察表达性品质并向他人描述的人来说，这种情况预示着什么？

254 　　从描述的任务来看，这表明，我们努力传达我们在教室里的经历所具有的表达性维度，但这不太可能完全成功。虽然竭尽全力，但是我们在某个特定的人或物体面前，或者当我们目睹某个特定的事件或情形时，却很少捕捉到自己当时感受到的精确品质。然而，这并不是语言的失败，因为这些品质在某种程度上是被束缚或被占有的，即嵌入在被描述的人、对象或事件中。因为品质是事物本身所固有的，当我们试图向他人描述时，似乎会不可避免地把其中一些东西抛在了脑后。我们在第一章中介绍了这一点，那时我们说，事物表面上的表达性意义并不那么丰富，好像它可以像标签一样被剥去。但是，更确切地说，表达性意义存在于被感知到的事物中，因此，如果没有亲身经历过，就无法将它充分地传达给别人。对那些似乎没有领会到我们尝试解释自己所见所闻的人，我们遗憾地说："你必须亲身经历"。

　　与此同时，就我们以这样的努力所取得的成功来说（我们几乎一直都是如此），我们的描述总是更接近于捕捉所描述事物的本质，而不是专注于对易观察事物的时间和细节的简单比较。这也与嵌入性的属性有关，因为我们所说的表达性品质不仅是它们所描述的对象或情形中不可分割的一部分；而且从字面意义来说，它们也更有意义，也就是说，它们在意义上更加完整。它们告诉我们更多关于事物真实面貌的东西，而不仅仅局限于记录中所谓的表面特征。例如，它们很容易描述出教室的总体物理特征、查数桌椅的数量、给出教室的大小，甚至描述一些关于教室中的人的一般特征（比如有多少男孩和多少女孩），而没有传达任何关于教室作为道德环境是什么样子的信息。只有当我们转向诸如教室的气氛这类问题
255 （例如，特纳先生的课堂气氛轻松）或者试图说一些关于教师的工作风格

的话时（例如，沃尔什女士的热情），我们才开始讲述在这样的教室待上几个小时、几天、几周会是什么样子，在这样的教室里接受道德影响又会是什么样子。

因此，尽管我们无法传达作为教室观察者的所见所闻具有的丰富表达性，这是不可避免的，但是我们至少可以保证，我们描述的内容将会更接近于捕捉到的课堂生活中人类的重要属性，而不仅仅是赤裸裸的事实，另一种说法是，它会更接近于从道德层面上获取的重要信息。这种保证让我们十分值得为之努力。

寻找表达性

对于我们的观察方式和在教室里观察到的内容，嵌入性的属性意味着什么？首先，它意味着我们要密切观察，因为表达性特征就具体地附着在我们所见所闻细节的表面之上。此外，通过对细节的描述，我们最有可能使他人相信我们的所见所闻具有的表达性意义。细节起符号的作用，它们代表一些东西。当然并不是每一处细节都能这样起作用。细心的观察者努力记录的细枝末节，结果证明绝大部分毫无意义。此外，在一开始时需要注意哪些细节、忽略哪些细节，这一点并不总是很容易知道。

歪歪扭扭的窗帘，未浇水的植物，老师办公桌下的垃圾球，所有这些细节都暗示着某人对他（她）周围的物理环境漠不关心，这种冷漠似乎也延伸到了生命体上。观察者开始思索，是谁这么冷漠？教师？门卫？还是学生？是真的冷漠还是另有解释？挂在墙上的那幅磨损的卷着角的地图，电子公告板中展示的用图钉钉，以及刻有姓名首字母缩写和铅笔涂鸦的折叠桌面，它们讲述着自己古老的故事。然而，这个故事即使有道德意义，却依然很模糊。我们应该如何理解这些细节？它们是否会像特纳先生教室里污迹斑斑的地毯和布满灰尘的教室隔板第一眼看上去那样，给人们营造了一种悲伤的气氛？也许是这样，也许不是。我们不能确定的原因

256

是，作为孤立的观察，它们缺乏更广泛的背景，使它们在象征意义的层面发挥作用。换言之，我们不知道这些细节如何与整个教室构成的整体图景相吻合。可能所有这些频繁使用和疏于照料的迹象都将被教室里极其新的墙漆或教室内年轻教师的热情洋溢抵消或淹没。在这种情况下，油漆的光泽或在教师讲课时眼中闪耀的光芒将是我们想单独考虑和描述的细节。

以上这些加起来就是双重认知，一方面，细节对于传达课堂生活的表达性特征至关重要；但是，另一方面，只有把细节当作符号时才是如此。细节代表着一些情况，它们即使有可能被表达出来，也是很困难的，正因为如此，才使它们有了被描述的价值。分享精心挑选的细节能够使读者通过与教室的间接接触，重新产生一种困惑感，而这种困惑感能够激发记录者的动力。只有通过这种方式，读者才能把教室的场景看作是"开放性"的，一种难以捉摸的复杂情境。表达性细节引导读者开始进行潜在的、无休止的搜寻，寻找所描述事件的道德意义。

我们之前谈到了预感、直觉和观察者通常会感觉到的类似的模糊暗示的重要性。我们讨论了监测那些所谓的主观状态的重要性，而不是尝试去忽视它们，更不能尝试去完全压制它们（这样更糟）。通常，我们认为，当观察者面临将注意力转移到何处的问题时，它们是唯一可用的指南。现在我们的讨论已经达到一个阶段，即我们需要更多地讨论观察者感的模糊感觉这方面的内容。然而，要做到这一点，还需要转换隐喻。我们现在必须把它们看成构成意识阴影的边界，而不是把它们当作模糊的指示和指引道路的向导。从这些方面来看，我们的预感、直觉和其他的东西形成了我们知识的最外层边缘。它们位于我们视野的"地平线"上，在我们能看到的最远的地方。

"地平线"这个隐喻的运用抓住了前一个指南中没有的东西，即对教室事务意义的探寻在本质上是永无止境的。我们在教室里观察和倾听到的所有东西的表达性意义，随着我们的研究进展而得到了进一步的扩展和深化，只要我们愿意投入时间和精力去探索它的深度并拓展它的边界，它就会继续得到扩展和深化，就像地平线一样，永远无法到达尽头。当然，我们愿意继续进行探索的程度总是有限的。有些是由偶然因素决定的，比如探索的成本以及我们对表达性意义保持警惕和感兴趣的能力的变化；而另外一些则是由智力条件造成的，比如我们对当前表达性意义的领会程度感到满足。但是，至少从假设上来说，这样的探索是无止境的。在寻找新的意义和更深层的意义时，除了我们自己设定的限制外，别无其他。我们总能走得更远。

在实践上，观察以及观察后的反思需要花费大量时间，这意味着表达性含义具有无限性。这表明我们给了表达性意义一个机会，在环境允许的情况下使其尽可能完全地显现出来。这就意味着我们要进行大量的观察，还要花费充足的时间进行反思。这也意味着，在这段时间里，我们随时准备改变我们对之前所见所闻的看法，或者，至少我们仍然对之前的观察所拥有的解释持开放态度，尽管这些解释趋于细致。实际上，第一印象往往是持久的，但它们很少能够维持下去而没有任何改变，至少在我们继续观察和反思的时候是这样的。我们相信第二章和第三章的讨论已经充分证明了这些观点。遗憾的是，正如我们之前所说，我们知道没有一个可以确定在这两项任务中花费了多少时间的公式。所以，我们的忠告是"能负担得起多少时间就花费多少时间"。

同情性偏见的价值

如果我们希望认识到教师、学生或教室明确表达出来的积极品质或美德，那么就需要采取一种最有可能找到它们的行动。我们认为，要做到这一点，最好的方法就是采取并且保持同情的观点，偏向于解读错误的积极意义，偏向于看到并不存在的美德，而不是反其道而行之。对一些人而言，这可能说起来比做起来更容易，因为它确实不像选择某件东西，或者，比如说，像选择 X 品牌还是 Y 品牌那么简单。尽管我们希望如此，但并不是每个人都对当今的教师和学校里发生的事情深表同情，甚至连最 258

209

基本的喜好都没有。但是那些没有这种态度的人几乎肯定会错过他们眼前的许多事情。因为教师、学生和教室的许多积极品质表达得都很巧妙，只有那些仔细观察并以同情的眼光看待的人才能看到。例如，教师展示信任的方式有时无非就是在黑板上写字时，一直背对着全班学生或在办公桌上办公时一直低着头，或者更恰当地说，当他从工作中抬起头来扫视教室时脸上的表情。友善、耐心、关爱、尊重以及其他社会美德表现在学生和教师的彼此回应上，表现在他们交流时的眼神和手势上，表现在他们在彼此面前站立和走动的方式上。许多这样瞬息即逝的事情在转瞬之间来来去去，我们必须时刻保持警惕去抓住它们。同情的眼睛比冰冷的逻辑更容易注意到这种昙花一现的事物。

正如我们可能怀疑的那样，这种观察方式存在潜在的危险。其中最主要的危险是：它可能会让我们为学校和教室里发生的事情营造出一幅过于欢快的画面。"盲目乐观""伪善""通过玫瑰色的眼镜看世界"，这些不过是那些不友好的批评者提出批评的一小部分，针对的是那些对所观察事物过于乐观的人。但是我们在第二章和第三章中的叙述应该已经表明：采纳同情性的观点并不意味着对缺陷视而不见。恰恰相反，没有什么能阻止富有同情心的观察者看到他（她）可能看到的任何不光彩的一面。根据我们自己的经验，可以说不这样做几乎是不可能的。不管我们的偏见有多么明确，我们都不可能在长时间参观一间教室期间，看不到那些会导致消极判断的事件和行为。我们没有办法完全忽视这些事情，除了坚决地闭上眼睛。不能忽视存在的问题是一回事，而只专注于某个问题又是另一回事（我们会将其称为一种"充满仇恨"或"愤世嫉俗"的倾向），这也是我们试图避免的问题，这么做的目的是对我们在参观的学校所目睹的一切保持同情性偏见。

在我们一直提倡的观点和教师自己的观点之间，我们遇见了一种奇特而强大的亲和力。教师也是如此，或者至少我们这么多年来遇到的大多数教师，都是用同情的目光注视着他（她）的教室环境，努力用最佳的眼光看待学生和学生的工作，他们看重的是学生的优点而不是缺点。他们会采纳学生在课堂上说的话（例如，学生对讨论所做的贡献），然后改变这些话的表达方式，直到学生更好地理解，同时询问学生一些问题，或者以一种比学生最初陈述时内容更为充实的方式来重新措辞。教师为那些努力尝试的人喝彩，不管他们取得的成功多么微不足道。教师掌握了如何在尴尬的姿态中洞察出潜在的优雅的诀窍。

教师普遍倾向于看到学生对课堂所做贡献的潜在价值，一般来说，他们普遍倾向于在学生的身上发现其优长的早期迹象，这些早期的优长尚未开花结果，这种普遍的倾向与我们所描述的"在教室里寻找表达性"的过程有相似之处。教师们看到的优点或者他们认为自己看到的优点，就像美德或性格特征，融入学生的言行中，它们构成了所见所闻意义的一部分。从隐喻的角度来说，它们隐藏在事物的表面之下。事实上，我们在谈论教室生活的表达性维度时运用的所有隐喻，诸如嵌入性、表面 vs. 深度、地平线的意义等概念，都同样适用于教师在用同情的目光注视着聚集在一起的学生时所感知到的事物。

这种相似性是否意味着教师会很自然地采纳我们一直在本书中提倡的观点呢？如果他们采纳了，那么为什么还要把他们当作观众呢？为什么不直接把我们的评论告诉那些从未教过书的教室观察者，或者告诉那些教学经历已经过去了很久以至于现在忘记了负责一间教室的感觉是什么样子的教室观察者呢？如果教学经验丰富的教师已习惯用同情的眼光看待学生——如果他们对学生所做之事的表达性方面十分警觉——此外，如果新手教师几乎也本能地采取了同样的态度，那么我们为什么不把作为潜在读者的这两个群体都忽略掉，而把注意力集中在那些仍能从我们的观点中获益的人身上呢？

我们想把教师和准教师纳入观众中，不仅要把他们纳入进来，还要让他们成为中心，这么做的主要原因基于一个明显的事实，即教师凭借着与学生的直接接触而处于改善教室的道德氛围最有利的位置，促使表达性观点的采纳成为可能。然而，基于我们自己的经验，再加上从与我们一起工作的教师身上学来的经验，我们断定：除非或直到大多数教师为此作出

260

了特殊的努力，否则他们可能不会充分理解采取这样一种观点实际上需要些什么，这意味着他们没有对此进行充分的实践或者没有尽可能地欣赏自己和学生从这种改变的观点中获得的好处。

正如前文所述，作为一个群体，教师倾向于在学生的言行中寻找最好的一面，这是事实。这种倾向导致他们朝着我们所说的同情性偏见的方向发展，反过来又将他们置身于寻找学生行为的表达性品质的活动之中。然而，对学生抱以同情的态度，仅仅是感知教室道德生活的开始。正如我们在本书中尝试阐明的那样，表达性绝不局限于学生的言行中所表现出来的那些品质。教室内的一切事物，包括教师，都能被视为传达表达性意义的载体。教室里的座椅、公告板、黑板、海报、照片、书籍、文具盒、照明灯具、壁橱和抽屉，每个塞满了物品（有的是被储存起来的，有的可能是被遗忘的）的角落和缝隙，这些东西都可以被看作是教学用品，其物理属性并没有充分体现出他们所具有的表达性。所以，这种观点要求教师首先要扩大习惯性视角（customary perspective）的范围，正如我们所做的那样，把周围环境也纳入到观察之中，而不仅仅观察学生。这并不意味着我们必须对教室里的每一个物体都进行仔细地检查，也不意味着要仔细观察每一个物体的象征意义，但这确实意味着每一个这样的物体都有潜力成为承载表达性意义的宝库。

培养表达性意识需要做的另一件事，以及许多教师（尽管有同情性偏见）可能都不会自己意识到的另一件事，就是必须从正在开展的日常活动中脱身出来，以便把人和物体本身看作是值得思考的独立实体。例如，这意味着不仅仅要把学生看成学习者，无论他们此时此刻是否已经掌握某一特定学科的知识，还要把他们看成令人好奇的观察对象，因为他们的外表会掩盖复杂的内心生活。在这样的时刻，教师必须以一种质疑的方式看着他们，就像盯着一个坐着让别人画肖像的人或者盯着一名在法庭受审的囚犯一样，并问道："这是什么样的人？"这也意味着我们要以类似的方式去观察物理对象，而不是简单地把它们看作是等待被选取和使用的工具，或者是需要推开或忽视的杂物；相反，我们应该把它们视为不需要立即投入使用的工具，把它们看作具有自身特征的物体，值得深入研究。换言之，我们的目标就是看看教室里的小摆设，就好像教室里的某个物品被安置在博物馆展柜里一样，然后问："这个物体代表什么？它象征着什么呢？"

这种悠闲、反思性的观察当然需要花费时间，现今日益忙碌的教师却很少有时间。然而，即使是在上学日，那种忙里偷闲的短暂观察通常也具有启发性和价值。此外，伴随具体的操作实施，当它或多或少令人习以为常的时候，用于它的时间似乎也在增加。

时间得以增加的部分原因是：我们学会了更好地利用回忆。即使是最忙碌的教师，通常也能在放学之后或者在晚上挤出时间来，至少简要地回顾一下当天早些时候发生的事情。场景可以被回忆，学生的个人行为也可以被回忆。与我们一起工作的教师一次又一次地回顾了那些需要进一步思考的特殊时刻和事件：有一节课上发生了一个出乎意料的转折；一个学生突然对几个月前讨论的话题有了深入理解，大家对此十分惊讶；教师对一些不当行为愤怒不已；学生因工作表现出色而露出了自豪的笑容。观察所发生之事的意义，从这样一个角度往往比贴近观察看得更清楚。这让我们想起了华兹华斯曾说的"平静中回忆起来的情感"，它经常作为诗歌和其他艺术作品的来源。这提醒我们：对更普通事物的回忆可以不断加深对其内涵和意义的认识。

那么，将同情性意识及其日常实践应用到自我理解方面会怎样呢？教师能像看待学生一样看待自己吗？他们能从日常活动中走出来，对自己的行为和事业投以同情的目光吗？简而言之，他们会认为自己是具有表达性的吗？目前还不清楚他们能否做到这一点。借用另一首诗中的话："像别人看待我们一样去看待自己，结果证明这种能力至多是一种天赋，而且是一种罕见的天赋。"即使是优秀教师在对待学生时自动采取的那种仁慈和宽容的看法，对我们自己可能也不那么容易。然而，在承认了这一困难之后，我们仍然坚持认为，比起我们所有人，教师有可能对自己的性格以及对自己是哪种人有更深入的了解。这项任务需要我们乐于对我们所描述的内容进行反思，这对于深入了解学生和整个教室环境所表现出来的表达性品质来说是必不可少的。

除了把他们与生俱来的同情性观点延伸到去接受自己所看到和听到的一切，包括接纳自己外，那些想要充分发掘环境具有的表达性意义的教师，还需要特别努力地说出他们看到和想到的东西。他们需要把自己的预感和猜疑、怀疑和处于萌芽期的信念用言语表达出来，无论这些预感和直觉是试探性地还是粗略地表达出来的。这可能需要写成日记或记到笔记里，也可以简单地通过与他人（例如，其他的教师或者朋友）交谈来完成。我们三位笔者发现，相互交谈对于拓展个人视角至关重要（我们也发现，当我们中的一个或更多的人开始担心批评者可能会对我们的工作发表意见时，这些谈话尤其具有持续性）。与他人交谈，或者至少自己独立完成一些写作或思考，可以帮助教师对一些新的含义保持开放的心态，也可以防止教师对学校里发生的事情采取盲目乐观或愤世嫉俗的态度。

我们相信努力清晰地表达关于教室问题的想法和感受十分重要，这源于我们坚信我们周围事物的表达性意义最初是模糊的，随后通过我们试图将这些模糊的感觉转换成文字的过程而变得清晰。这并不是说我们要为自己的想法寻找合适的词语，而是说词语的选择本身就是发现过程中不可或缺的一部分。我们在试着把最初模糊的内容用言语表达出来的过程中形成自己的想法。这并不是一个原始的观察，却是教师和其他所有参观教室的人都能很好地铭记于心的一个观察。

表达性意识的价值

用反思和同情的观点来看待教室内的事物会有什么收获？为何要这样做？有什么回报？用威廉·詹姆斯（William James）的话来说，它的"现金价值"（cash value）是什么？对这一系列问题不容易做出确定的答案。事实上，如果我们坚持将确定性（definitiveness）作为衡量标准，那

264

么我们对于那些希望渺茫的事情会更加确定，而对那些抱有期待的事情反倒不那么确定了。以反思和同情的观点去看待教室内所发生之事（以及我们的内心）这一行为不大可能产生关于教学的是与非。用这种方式并不会获得指导行为的良方，也不会为道德教育的项目设计提供一套原则。寻求这一设计的人最好还是另寻他处吧。它也不会对人类的处境提出什么新颖的、惊人的见地。此种观点的践行者几乎不敢奢望自己能挖掘出任何开拓性的关于人类本性的新的、重大的真理。

如果我们自身的经验值得信赖，那么对于那些践行本书理论的人就不必获得以下三个方面的内容了——教学方法、课程设计原则，以及对全人类的新发现。"那么，为什么还要听呢？"批评者立刻回击道。"为什么要遵循这些建议？"

对于上述问题我们所能给出的最好答案也只是一些逸事和感想，没有任何确定的东西。它们描述了伴随着我们逐渐意识到教师作为教室中道德主体的角色以及这种意识在过去三年中不断增强，我们及与我们一起共事的教师发生了怎样的改变。本部分和下一部分将对这些新看法进行讨论。它们不会描述我们所有人的转变结果，也并非适用于我们每一个人。实际上，称之为"结果"是会误导人的，因为"结果"展现的方式不是这样的。首先，这些看法不是静止不变的，它们反复变化着，和最终的结果总是相距甚远。而且即便是在此项目已经完结的现在，这些看法还在持续改变着。或许"变化"才是一个更合适的描述词，因为这些看法有意义在很大程度上是同以往的对比而得出来的，但称为"变化"也并非稳妥。"不断变化着的变化"或许才更贴切。

变化分为两种，至少我们将这样进行讨论。在现实生活中它们有什么区别这一问题我们就留给读者去思考吧。一类变化是关于我们的所见所闻。它描述的是一旦我们开始认为世界充满了表达性含义而去审视时，我们的行为会发生什么样的变化。另一类变化则更为内在和个人化。这一类别的一些直观例子包括如教师对自己工作构想的调整，以及对自身责任的重新认识。正如我们已经指出，这两个类别之间的区别并不明显，但是在

265

分析时，这一细微差别则尤为重要。

我们在多处提及，一旦我们开始以表达性的视角审视事物，我们对世界的看法会发生什么样的转变。我们讨论了我们认识能力的拓宽和加深，讨论了在表达性意义的驱动下，人和物会变得多么饱含意味，它们的物理性质所传递出来的信息似乎与其性质本身融合在了一起，或至少相互之间密不可分。目前我们对这些观点没有什么需要补充。现在来谈论一下那些采用我们所述观点的人会获得的益处，我们需要强调一点，即我们通过使用所述观点而获得的信息通常是对我们现有认同之事的补充或是对以往认同之事的纠正。换句话说，这是对我们知识的扩展或完善——无论是哪种情况，我们都会更加接近真理。通常受益的对象是我们周围的人，对于教师来说则是学生。汉密尔顿女士认为加里学习很用功，所以安排他和艾米搭档；莫顿女士开始注意到艾拉的需求，但在此之前，她却从未发现。正如我们多次重复的那样，这些变化也会改变我们对客观世界的看法。曾被我们所忽视的环境细节可能会突然鲜明地凸显出来，令人觉得不安。开学之初那明亮又鼓舞人心的窗帘突然失去了光泽，变得毫无生气。这是什么时候发生的？是我们刚一转身便出现这种情况了吗？黑板被擦拭得一尘不染，没有了昨日那些令人倦怠的粉笔字，在晨光的照耀下闪着希望的光芒，似乎是在等待着新的开始。

感知度强的人会发现这些变化时时刻刻都在发生着。但遗憾的是，并非每一次变化都会受到欢迎。当我们仔细观察时，我们也许会对所看到的事情感到遗憾，或许会想忽略掉它。众所周知，现实通常是严酷又令人着迷的。在之前的第二章和第三章中我们提到过，当我们开始观察，并在事后对其进行分析时，我们绝不会想到会在教室中发现如此多的活动都存在道德上的问题，或是道德含义模糊不清的情况。我们很了解这些教师，也很喜欢他们，这让我们对此感到更加意外了。不过，我们怀疑发现这些的或许只有我们。我们认为，任何一位像我们努力去观察教师和教室的人都会经历迷茫、疑惑和困扰，就像我们所感觉到的那样。对我们来说，这些都是很自然的，因为只要认真对待人类活动的表达性就会出现这些情况。或许它暗示着我们鉴赏道德的智慧在稳步增长，这对于教育者和关心教学的人来说当然是件好事。

当我们以怀有同情的态度试着仔细去观察周围所发生之事时，还有许多值得探讨的内容，无论是在学校，还是在其他地方。第一点就是，这样的观察会让我们更愿意去原谅不好的事情，或至少将其视为同好事一样其本质是好的，即这些事情是在学校或教室等环境中发生的，或是某位大体正派之人所做的本意为好的事情。（如果事后证实，该不当行为是极其恶劣的，或是环境相当严酷，那我们当然就不得不摒弃我们全部的同情，并以其对立面的反感取而代之。幸运的是，在"道德生活项目"的实施期间，我们从未有过这种态度上的大扭转。）

原谅或至少去容忍那些我们认为大体不错的人所出现的小缺点，忽视一个大体和谐、看上去很受益的环境的不足之处，这样的意愿都会让我们抑制匆忙下结论的倾向。正如我们所说，这几乎是每一位教室观察者的本能。我们要用更宽容的目光去审视，而不是像记账一般，把我们所见所闻的每一件好事或坏事都事无巨细地记录下来，并试图在最后计算出总分。事实上，给予更多的原谅和理解是一种宽容的姿态，不仅是对学生和教师的宽容，甚至当我们把审视的目光对准自己的内心时，这也是对我们自己的宽容。

我们一直提倡的这种观念还带来一个额外的回报，那就是它让我们看待教育活动的方式变得比最初更加包容了。最初，我们的目标是想知道我们是否能够鉴别出学校和教师们一些令学生受益的方法。正如我们在本书前三章中阐明的那样，我们从未放弃这一目标。不过我们的确还进行了一些补充。因为随着我们对教师们的深入了解，并开始对所遇到的一些有问题的教学实践的意义进行思考，我们认识到，我们"发现"形成的整个过程——观察、事后反思、内部成员之间以及与教师进行交流——同"发现"本身一样，有趣并值得深思。这并非只是因为我们的研究同平常的研究在方式上有多大不同，还因为这一研究将我们与那些通常只关心教学实践"有效"或"无效"的教育者们分开了。相反，我们觉得自己关心的内

267

容变得更加包容，即将教师和研究者的态度导向也囊括其中了。正是以这种方式，我们对表达性及其相关概念变得更加感兴趣，而且更努力地去探寻它们作为一种道德事业是如何对教学活动产生影响的。

熟悉本研究语言的读者们也许会发现我们变得对方法论的种种问题很感兴趣，在某种程度上，他们是对的。因为我们的问题很明显都是与分析一个人如何去做某件事有关的。但是这些问题和那些经常困扰研究者的方法论问题完全属于两个世界，换句话说，它们与评价信度、建构效度、分析策略等平常我们需要担心的问题关联性很小，或者说完全没有关联。相反，我们主要关心的事情是如何处理个人对教室内所见事物的反应；如何对我们的观察进行描述；对看起来似乎很平常的事物，如一位教师的个人风格或教室的物理细节应赋予什么意义，这些都是我们在全书中反复谈及并在本章中进行细节讨论的一些问题。

这些以研究为导向的评论或许会引出一个很多读者在跟随我们的描述时便已在心里提出的问题：是否存在一种方法能将本书中讨论过的观察方式的所有方面进行归纳，用一个术语来概括呢？我们能否为采用过的方法取一个名字？我们想不出什么，事实是我们没有真正去尝试过，因为我们怀疑，即使为其贴上标签，对任何人来说也都没有什么意义。我们用了像"表达性意识"和"同情性偏见"这样的词来描述我们工作的不同方面，但是这样的表述，虽然体现了许多内容，却远远不及全部。

当我们描述观察教师和教室的方法时，与其核心内容最为贴近的描述总是最充满想象力的那一个，就像艺术家、诗人或其他那些苦苦追求用丰富的想象力去观察事物的人持有的理念一样（在我们看来，一个没有想象力的观察是不存在的，因为它本身没有含义），对于这一相似之处我们已经暗示过了。例如，在第二章中，我们用艾柯的描述词"开放"和"封闭"为我们的教室观察和评论做了铺垫。读者们或许会回想起我们使用他

的描述是为了强调解读具有基本开放的属性，即如果我们假设人类活动的含义绝非单一视角所能定义，那么新的解读就会出现。

不过，将其与艺术家们所做的事情相比存在危险性，即很容易造成

一种误解。有人或许会认为这是将我们的方法称为"艺术的"形态，是对我们自身工作的一种褒奖。我们绝无此意。其他人或许会认为这样表述有些欠考虑，因为它将我们与那些在教学问题研究中使用更为传统方法的人士拉开距离。这种观点也是不对的。

我们想要将我们对学术领域与艺术领域中的观点（尽管差距仍然很大）相提并论的唯一原因是：我们在所有领域与艺术家们一样，都不约而同地相信这个世界是蕴含着丰富的含义的。不管我们转向何处，我们所看到的、听到的信息都不只有眼睛和耳朵（或涉及的其他感官）所捕捉到的那么简单。艺术家们对此很了解，只是他们很少明确地表达，他们的作品替他们说话。诗歌、绘画、戏剧、舞蹈——这些都清晰地体现出创作者们在向我们展示（而不是简单地描述）这个世界的日常生活，其意味远远要比我们日常感知的丰富。毋庸赘言，秉持这种想法的肯定不止艺术家这一类人，其他人也是如此；或许我们每一个人在不同程度上都是这样。但是艺术家们，至少是其中的佼佼者，都在一直将该信念付诸实践。他们将其应用于日常的工作之中，相比之下，余下的大多数人都很少重视那些想法，并将其用在自己身上，甚少有人将其当作指引我们的明灯或是行为的准则。

如果研究恰当，艺术作品也会向我们传授关于从世界中获取含义的过程。批评家罗伯特·修斯（Robert Huges）[①]通过对符号和艺术品两者区别的一系列简要评论，刻画了这一获取含义的过程。他谈论的主要是视觉艺术，但他的话具有较强的普适性："一个符号便是一个指令。其传递的信息是即时的。它只传递一个信息——精妙和模糊并不是符号的重要属性，而且最好不要人为地进行捏造。艺术作品以一种更为复杂的方式去阐述关系、暗示、不确定性以及矛盾。它们不会将含义强加于观众，其含义从虚构的中心点产生、增加、展开。符号表述着含义，而艺术作品让人经

270

---

① 罗伯特·休斯（Robert Huges），澳大利亚著名作家、艺术评论家，以其对现代艺术刻薄的语言及批评而著名。——译者注

历探索含义的全过程。"①

"发现含义的过程"不是单纯描述；探索精妙又模糊的"关系、提示、不确定性和矛盾"；声称含义自然地"产生、增加、展开"——修斯对艺术作品的评价所用的词和短语都非常适用于我们为完成本书所做的项目内容的描写。正是由于我们的工作同艺术家日常的工作之间产生了一种相似性，才让我们能将两者进行对比。

然而，做完这一对比后，我们必须尽快缓和一下这种例外性，通过强调艺术行为和更为日常的活动之间的相似性，我们已经开始这样做了。因为倘若我们仔细去观察人类的大体生活经历，如我们之前提到的，会发现艺术家工作的方式，至少是上文列举的那些，并非与每个人经常做事情的方式有多么大的不同。我们都是逐渐发现周围世界的含义，使用的方法同修斯所描述的方法十分相似。如果仔细审视，我们的日常经历包含了无数次艺术性的追问和探索。二者之间的不同之处在于关注度，艺术家对经历（包括作品本身作为艺术媒介的特殊性）的追问和探索的细心程度远远要超出大部分人对日常生活关注的细心程度。这一点正是艺术教给我们所有人的重要一课。

可是艺术与教学有什么特殊的相似性呢？之前我们谈论过同情性偏见会以哪几种方式加深我们对阐述教师与学生所做之事的相关内容的理解。我们称这一偏见是抱着一种原谅的态度去对待"坏"，部分原因是它认识到好与坏之间是复杂微妙、密不可分的。我们还说过，带着同情心去看待事物会使得人们不会匆忙作出判断，这是进入到教室里的所有人，无论教师还是研究人员，都会有的倾向。此外，我们认为同情的观点帮助我们超越了只关心活动是否有效的狭隘思想。它扩展了我们的眼界，也使得我们对教育工作的思考更具包容性。现在我们要对这一切加上一条声明，即这种充满活力、广阔的视角来源于同情的认知，并指向对周围世界含义的持续探寻，这与艺术家们的观察方式基本是相同的。

---

① Robert Hughes，*The Shock of the New*，New York：Knopf，1991，p. 325.

同艺术进行对比也引出了一个我们必须面对的问题。教师能像大多数艺术家那样，成功地以一种同情的、接受的眼光，而非审判和批判的态度去看待他们所见的事物吗？他们在扮演教师这一角色的同时仍能采用这种观察方法吗？在教师这一职业的约束下，他们在多大程度上能做到深思熟虑以及在道德问题上保持不偏不倚呢？会不会有什么事物其本身就引人评判，以至于这一事物本身便带有道德属性，导致教师们无法对其周围事物怀有十分包容的心态，尤其当周围有一些事物的特点是教师们理应去进行纠正的：比如他们所带学生的缺点、观念或其他？

教师们的确肩负责任，当学生们犯错误、知识欠缺或公然做出危害自己和他人的行为时，教师不能坐视不管。显然，教师与以任何形式表现出来的无知都是不共戴天的仇人，他们也是我们文化遗产的捍卫者。这两方面的责任都促使他们要采取行动。然而，在此我们与艺术的类比就出现了——在那些已经得到认可的职责框架内，教师可以采取任何明智又谨慎的行动，这要求教师对当时的情况有一定程度的理解以及充分的感知，而这只能是那种艺术家们通常所做的超然的沉思和反思才能得出的结果。

这种超然一定不能与冷漠混为一谈。正相反，我们所提到的这种超然表达的是一定程度的、不同寻常的关心。其不寻常的原因之一在于它实施时所需的时间。如我们所料，本书中的内容现在已经充分地体现出这一点，即无论是观察学校还是其他地方发生的事，如果不投入大量的时间，观察是不会细致的。"大量"是多少？这取决于我们所观察的内容以及我们需要做的其他事情。在我们做这项研究期间，我们通常认为"大量"指的就是将我们可用的时间都用上，然后再多花一点儿时间。任何情况下，时间对于我们大部分人来说都是一个十分宝贵的东西，花时间对我们的所见所闻进行观察、倾听以及反思，都表示我们若不是抱着闲来无事而好奇的态度（在这种情况下，好奇通常不会持续很久，因此它所花费的时间并不多），就是出自某种关心和关爱。关于此类时间的花费还有一种说法：我们对所见事物的观察和反思所用的时间越长（都是在最大范围之内），对所观察和思考的事物就会越在意。因此，仔细观察和倾听以及后续的反

272

思不仅仅向旁人展现了观察者感兴趣的态度，还会使观察者对其所观察的事物更加感兴趣。对于教师和其他在教室中工作的人来说，这意味着花些时间让自己从实时监护人的角色中走出来，换一种更为超然的视角去观察他们的学生。他们投入的这些时间实际上可以增强他们对所投入事情的参与感。

以一种同情和艺术的观察方式来看待事物会有多真实？"表达性意识"下的物体是只存在于观察者的眼中，像是情人眼里出西施所说的那般，还是说它们真实地"就在那"，如同我们对待客观物体一般？我们已经多次回答了这个问题。在第二章中我们否定了"主观"和"客观"这两个词的区别，在否定的时候便已开始回答这个问题了。现在我们给出的答案稍微有些不同，这是利用我们与艺术作类比而得出的。于是，我们用诗人让·加里克（Jean Garrique）三四十年前所写的话来引出我们的答案。这些文字饱含热情，男性代词的使用让其听上去有点过时，整体上也不算是论述清晰的范例（出于公平，我们必须指出这些文字是在她去世后从许多散页中发现的，可以肯定的是，她生前并没有打算将其出版）。然而，尽管存在许多不足，我们还是为其表达的基本真理而折服。加里克说："如果事实不仅存在于'事实'的光鲜表面之上，而是超出它、隐藏在其背后，那么事实便只存在于诗人的信念里。或许他最为迫切的任务是将他自己与'表面的事实'为他带来的那些错误诱惑分离开来，除掉它、摆脱它，只有这样才能让他自己真正地去观察和体会，凭借这种观察和体会，他所认为的事实或许才能与所见所感事物内在或隐藏的意义相吻合。"①

同加里克一道，我们认为看到的事实是以分层的形式展现出来的。任何想要了解这个世界所蕴含的完整意义的人都必须看到"所见所感事物内在或隐藏的意义"。不过，我们自己对事实组成部分的解释超出了加里克的观察。对她所说的事实的分层，我们要补充一点，即诗人（或者任何

① Quoted in J.D. McClatchy，"Wildness asking for ceremony"，*American Poetry Review*，21（March/April 1992），p. 18.

其他愿意用心去观察周围环境的人）实际上使事实的那些潜在层面在功能的意义上体现出来——我们不妨将其称为实现其功能意义——通过简单、适当的关注，庆祝，贬低，或以其他形式回应它们的存在。例如，一旦当某位教师注意到她的一名学生情绪有些低沉，表现得不太自信；一旦她开始在自己心里用这些词汇描述他，她感知到的事实（在她做教师这一工作时，便已习惯于将自己定位为权威了）便已经历了一场重大的转变，对于这位学生也同样如此（即现在关于这个学生的事实中包含着这位教师对他的看法），虽然他可能永远也不会发现这一变化。

这意味着教师对学生的任何想法、任何她对学生的随意定性都是真 274 实的吗？一方面来说是这样，但另一方面也不是。在她自己的认知世界中，她所想的任何事情肯定都是真实的。她对学生的想法肯定会影响对其作出的反应；而且也会更改她行为方式的一些其他方面。因此，作为一种认知，它肯定是真实的，无论该认知有多少漏洞或有多么不公平。然而，虽然认知在功能层面可能是真实的，但它依然可能是无凭无据或不够妥帖的。这意味着，在无法避免的情况下，延长观察和反思就变得十分有帮助了。没有什么方法能保证我们的认知百分之百精确，但让我们对所见所闻事物的含义越来越有信心的方法却有很多。我们一直在这里描述的观察方式就是其一。

然而，这种认知方法有一个缺点，尤其是对于那些坚持奉行迅速下结论和片面作评判的人而言。我们的例子到目前为止应该已经清晰地解释了这一点。我们对一些普通的事情观察得很仔细、耗费时间很长，是为了真实把握我们所见的事物。但是通常我们观察得越多，对所见事物反思的时间就越长，被认知的物体、场景或是个人就会变得越复杂，而我们也会更倾向于摒弃对其含义或意义的简单化解释。比如，回想一下，经我们最初判断，参与"道德生活项目"的教师在他们的教学领域中即便不是佼佼者，也至少属于平均水平，但我们有多少次看到他们的教学活动出现了问题？在面对这种明显的对比时，我们首先告诉自己的是：人无完人，并以此来说服自己。

这一枯燥的观察，尽管可能是真实的，却掩盖了一个更深层的真相，那就是"一切都只是在被评判为如此含义时才有此含义"。所有的评判都是抽象概念，因此在考虑的过程中不能被忽略，至少应包括其本身具有的内涵，如果考虑不到其外延的话。这不是说我们就不该作评判了，评判是必需的。但我们想提醒大家作评判不要过快。而且我们认为获得最终判断指的仅仅是一个过程的结束，而不是得到了完美无瑕的答案。真理作为一种理想，我们称之为完整的真相，它指的是人类基本理解了评判一切可知事物，一个人、一件物品或是一种情境时所用的方法。按照这一标准，所有的评判，即便是那些由评定委员会（有时这种评判组会被冠以此称呼）一致赞同的评判，也不过只是真理的一小部分罢了。对于那些更喜欢快速下结论的人来说，上述事实可能不受欢迎，但他们也必须承认这一点。

"全部真相"（the whole truth）与"全儿童"（the whole child）一词有着密切关联，尤其是对于教育者而言。后者在教育界已流行了多年，如今依旧广受推崇，尤其是在小学教师和行政管理人员中。它与"进步主义""以儿童为中心"共同代表了一种独特的教学思想。这一思想的重点，众所周知，是坚持将所有年龄段的学生作为完整的人来对待，而不是将他们看作分裂的人，形象地说就是他们的大脑不应是教师唯一关注的器官。提倡这一观点的人认为，"全儿童教育"或是"全人教育"就是将学生的情感、态度、爱好以及诸多因素考虑在内，尽可能地将每一位学习者看作是一个独一无二的个体，这要求教师对他们的回应应该是个性化的。

与那些赞成"以儿童为中心"观点的人一样，我们也认为学生们应该被视为个体，而不是行走着的"大脑"或是只作为抽象概念存在的统计学数值。而且，我们持有的这种观点清晰地展示了将学生（或其他人）看作是个体意味着什么。它意味着我们要从疲于奔命的活动中抽身出来，将我们自己从即刻的教学要求中脱离出来，脱离的时间至少要足够我们思考艾拉、丽萨、贝利先生或是理查德作为一个完整的人是什么样的。它还意味着要将我们对某个人的情感也纳入考虑因素之中，并思考为什么他或她会使我们感觉到开心或恼怒，或是单纯的困惑和不解。总而言之，它意

味着我们将对观察和反思所揭示的有关某个人的一切都保持开放态度。与 276
此同时，我们还要构建一个同情的心理框架来容纳我们不断更新的理解。
采用这些方法后，我们的观点便和大多数多年来坚持"以儿童为中心"的
教育家所倡导的观点一致了。

但是我们的观点也对其他许多人一直提倡的观点作了补充。首先，
它扩展了感知方式的范围。"以儿童为中心"的教育者呼吁教师应将学生
们看成个体，这是毫无疑问的。但在我们看来，他们的主张涉及的范围还
不够广。我们呼吁将这种区分特殊性的观点不仅应用到学生和教师身上，
还应该应用到教室的整体环境中去。这样的延伸有什么意义？它允许我们
考虑与个体本身不相关，却与和个体本身相关的问题同等重要的问题。这
些问题对每一位处于某种特定环境的人的品质有很大的影响，例如，关于
教室气氛和氛围的问题，或者，教师自身对所有人的健康发展作出的道德
贡献的问题。

我们提倡的这个观点是要将教师重新置于舞台中央，即便不是正中
央，也至少是置于舞台之上。这一位置很重要，因为提倡"以儿童为中
心"这一观点的人通常要求教师们从自己的教学方法与以学科为中心的教
学方法之间作出选择。以学科为中心的教学方法认为教师最重要的职责
是传授学科知识，这种描述通常没有吸引力，以至于它根本不会成为一
种选择。在我们提倡的这一观点中，教师必须服务于一位主人：儿童或是
学科。

我们并不是提议要增加第三种选择——以教师为中心的教学方法
（也许会这样命名）。在我们看来这和前两种选择一样有局限性，至少当人
们按其字面意思理解时，或者把它的含义看作是教师应该将自我置于学生
或者学科知识之上时是这样的。事实上，这样描述它会使其听上去不如另 277
外两种观点有吸引力。然而，当我们说自己的观点是将教师至少要置于舞
台之上时（如果不是在舞台中央），我们指的是教师必须得到认可，教师
也要得到自我认可，即他们是每间教室中一个重要的个体，他们的决定、
观点以及大体的世界观对塑造当前环境中发生的事情是十分重要的。我们

不是说别人的观点、决定和世界观一文不值，也不是否认追求所信所求的自由可能在很大程度上受学校和社会力量制约（其中一些制约因素还来自学校之外）。但是我们的确坚信，在这些限制之下，教师必须被视为并自视为扮演着教室中一个关键角色——不是只被简单地当成懂得如何引导高质量讨论或为初级阶段读者传授理解技巧的技术人员，而是应看作一个重要角色。从长远看，他们的人生观，包括教室中所发生的一切将同他们的每一项教学技能具有同样的影响力。正是这种教师责任延伸的观点才使得教学被称为一项道德事业更加妥帖。

我们需要及时承认，这种教学观并没有什么新颖之处。事实上，它由来已久。毫无疑问，它的起源可以追溯到古希腊甚至更久远，但是在当今一些地区，这种教学观已经不再受宠。比如说，当今从事教师培训的那些人都不再相信它的重要性，对于那些从事教学研究的人来说也是如此。甚至教师自己——从最糟糕的教师到最优秀的教师，或许都需要别人时不时地提醒：教学涉及的内容远不止肉眼所见，也远不止教学大纲所允许和禁止的内容。

在"道德生活项目"中，我们每两周都会举办一次小组讨论，在众多观点中有一个事实，那就是教师们或许会偶尔忽视他们教学事业中的一些广受尊崇的真理，这些真理甚至在古代就已为人所知，古人对它们的领悟是促使当今许多人选择教师这一职业的首要原因。那些观点以及那些被再度验证的内容将两点益处联系在一起，即我们讨论的观察方法所带来的益处以及那些从事相同事业的专业人员长期交流所带来的一些额外的益处。就这样，它们形成的一些经验教训恰好为本书做了一个完美的收尾。

共同讨论

对于和我们一起工作的教师来说，该项目到目前为止的最有收获的部分就是我们从未间断的两周一次的晚餐见面会。在见面会上，小组讨论的话题十分宽泛，从个人逸事和当地人们热议的趣闻再到十分严肃和具有道德意义的事宜。不过奇怪的是，尽管这些讨论对每一位在场者来说都很充实、很有意义，但是这些讨论很少能够被引用到这本书中充当材料，只是教师们口头讨论一下就结束了。出现这种情况有两点原因：一个是技术上的，并不重要；而另一个则是实质性的，具有很深远的意义。

技术上的原因很好解释。为了让小组中的每一个人都尽可能地感到舒服，我们从一开始就决定不使用任何电子产品进行录音，而且这一决定贯穿了项目的始终。我们中的一两个人的确会在每次见面会上一边积极地参与讨论，一边试着去记一些笔记。但记下来的东西通常是寥寥几笔，很少会超过一页或两页——更像是一个大纲，而不是对所发生之事的流水记录。直接的引文也很少会超出像电文那样的一两行。

我们极少记笔记，而且即便在参与者已经不会有所不适的时候，我们依旧坚持着最初的原则：不录音。其中的实质性原因是：通常在这些会面中，大家所说的事情没有做记录的价值，至少对于参与者以外的其他人来说是这样。教师们所讨论的大多数问题，即便是他们最终获得的大部分见解，也仅仅是与当地人的利益相关，甚至与在场者的利益都不总是相关。下面是我们中的一个人在该项目第二年秋季的一次见面会上在笔记里记录的有关这一现象的方式："在向外人描述这一讨论组的时候，我们的反应就像是当一个人给别人讲了一个笑话却未能惹他发笑时一样，我们会对听的人说：'你得在场才能听懂。'"整个小组都弥漫着这种无奈之情，那就是无法向外人展示我们两周一次的讨论的独特性和有趣之处，当这个项目接近尾声，需要向资助商和没有参与项目的校内其他同事（教师或行政人员）对组员的成就进行汇报时，这种无奈让我们变得有些窘迫，甚至有些尴尬。

为什么会这样？为什么我们起初会认为我们的报告没有什么能引起他人的兴趣呢？一定程度上是因为我们所得出的大部分"见解"，以及我们所谈论到的大部分关于教学的真理都既非原创，也不新奇。相反，它们都是我们耳熟能详的真相，而且我们讲述它们时使用的语言也时常揭示了

279

它们的年代，换句话说，它们中掺杂着的格言和描述都是在场的每一个人之前都已经听了几十遍的。实际上，人们在讲一些单调、陈旧的事物之前经常认为应该道歉，或者先说一句"哦，还有一句老生常谈……"或是"抱歉，我又要重复一下这个明显的事实，但……"其余的人都会宽容地点头微笑，我们都会时不时做这样的事。

尽管人们所说的事情是大家耳熟能详，甚至是平庸乏味的，但是就它们本身来说，并不会因为重复而让在场者感到疲惫或无聊。恰恰相反，尽管在许多晚上，对话起初都进展得很缓慢，甚至有时让人略感尴尬，但当接近会面结束时，几乎每个人都已经积极地参与进来了，而且通常情绪十分高涨，等到会面结束时，人群中会处处发出抱怨声，因为他们还未尽兴。通常，参与者们在一起回家的路上还会继续讨论，甚至在隔日或之后当他们在学校或其他的地方偶遇时还会回到当时的话题。

280　　那么，此处似乎有些矛盾。一方面，我们大部分的讨论都很平常，我们交谈的内容在表达给大众时也都套用了一些惯例性的语言，看上去似乎对圈子外的人来说，我们谈论的东西毫无吸引力。另一方面，我们这些参与者又通常对会面十分满意，甚至有时对我们所谈论的东西兴奋不已。事实上，参与者们非常享受在一起的时光，以至于大家一致决定，在该项目正式结束后要将讨论延长一年。但是很显然，想要了解这种热情，就必须去亲身体会。即使有人对发生的活动进行描述，甚至是声情并茂的描述，也是无济于事的。

是什么让我们感到这场经历本身是如此的令人难忘和振奋呢？一定程度上只是因为它为我们营造了一个机会去谈论其他教师极少谈论的教学事宜。一天晚上，当一位组员被问到在讨论会上有何收获时，她这样答道："讨论一些道德问题让人感觉很好。"另一个人说："我可以提我感兴趣的问题。"第三个人说："关心那些无法测量的事情很重要。你不能用卷面成绩来衡量一个孩子的成长。"像这样的评论都回应了我们之前提出的观点，即在一个喧嚣的教室中，人们很容易就会否定教学的道德事业性质，因为面对所发生的事情，人们没有时间，也没有动力去思考。

但是让组员们的成就感加深的不单单是能够去讨论一些日常没人讨论的问题。让我们激动的另一个原因在于，当我们忘记了一些曾经知道的东西，但后来又回想起来时的那种感觉。有一位教师这样说道："在教学时，我们通常已经习惯了去测量，忽略了要去营造一个更为人性化的环境。我们遗忘了真正重要的东西，但是这个项目又把它重新展现在我们的眼前。"另一个人补充道："这个讨论组提醒了你，不要为了自己事业的成功而与孩子们走得越来越远。"在许多次会面时我们讨论的主要内容都是发现或重新发现一些被我们暂时忽略的东西。这些解释大部分都是依靠那些陈词滥调表达出来的——就是我们上面提到过的那些老生常谈。那些重新被启用的观点大部分的确是一些很古老的思想，即使不是自传性质的，但是也有些历史了。

281

在最后一部分，我们谈论了认知的真实性，即它们作为真实的力量在塑造我们的行为、影响其他人的行为时起作用的方式。为了强调这一点，我们使用了动词实现的字面含义。我们观察到，想要实现一件事，就是要去将它变成真实存在的，在认知者的世界中赋予它含义。现在我们想要将这一观点扩展到对前文提及的回忆教学的古老真理的观察上。因为回忆这一行为也是一种实现方式。当然，它同首次意识到某种事物不同，但通过这一过程，曾经被遗忘的东西却能再一次恢复生机。遗憾的是，这一复苏并不能确保重新被唤醒的观点就可以经历起考验。想要承受住考验，还必须满足其他条件。我们都知道，忘记我们最近回忆起来的一件事是多么容易。但是有一点是肯定的，那就是除非某件事被回忆起来了，或者用我们常用的词——"实现"了，否则它永远都不会在我们的意识世界中扮演积极的角色，我们也永远不能用它作为范例来指导我们的行为，或是充当做一件事的理由、不做一件事的借口了。因此，对我们来说，事物真实存在与否会深刻影响到我们的回忆行为。

在我们看来，这些关于人类认知属性和记忆程序的反思性观察，不但对理解讨论会（"道德生活项目"的一部分）的内容极为重要，而且对于以一种更为广阔的视角掌握近日学校内发生的事件来说也不容小觑。因为当我们结合自己所有的经验从更广阔的有利角度来观察这些教育机构的现状时，我们发现，不同地方以及不同级别的教育权威机构所欠缺的并不是一些关于"如何做"的新知识（尽管我们非常愿意增加关于教学上"如何做"的知识储备），而是欠缺一些旧知识，即关于教师和学校行政管理人员利用手头的工具能够或可能实现什么。如果我们的猜测是正确的，很大程度上是基于我们从"道德生活项目"的教师身上所学到的知识，至少那些旧知识中有一些不再像曾经那样管用了，原因很简单，它们已经被那些曾应用它们的人遗忘了。被遗忘的方式同我们有时忘记一首歌的歌词或是忘记保险箱的密码不同，相反，倒是比较像我们有时忘记了和爱人说晚安，或是行为与心中理想背道而驰时表现的遗忘方式。这样的遗忘方式让一条旧知识从我们眼前溜走，就像是提醒回电话的便签被压在我们桌子上的一摞纸下一样。因此，它们要苏醒，要重获生机，成为同事之间谈论的主题，供人们思考，被记在本子上，若有必要，钉在公告板上，甚至在某些情况下，用黑色的大字写出来，钉在教室中黑板的上方，像是一条横幅一样让每一个人都能看到。

最后一种可能性并没有像看起来那样奇怪。曾经我们中的一位与一所宗教学校的教师彼得斯先生在一场交谈中提到过，在该项目的第一年，他在教室的公告牌上写了一个提醒，用黑色的大字写着"知识就是力量"。但是，后来不知什么原因，彼得斯先生把它擦掉了，后来被问及原因时，当时的对话如下：

> 访问者：我注意到公告牌上的标语——"知识就是力量"不见了。
>
> 彼得斯先生：我故意擦掉的。
>
> 访问者：怎么回事呢？
>
> 彼得斯先生：它写的是……"知识就是力量"吗？
>
> 访问者：我记得是。
>
> 彼得斯先生："知识就是……？是的，我想你说的没错。不管怎样，我记得把它擦掉了，因为它……我发现它表达不出我想在教

室中表达的东西。在经过反思和考虑我所教授以及我想表达的内容 283
后——那一条不在此列。它单单以黑色大字的形式在那儿就已经在
某种意义上传达了一种力量，还有就是枯燥无趣的知识，只是知识。
因为某些原因，在我第一学年（在这所学校）结束后，它对我来说
有很大意义。我真的是想传达知识的重要性，以及一个人需要知识。
但是在它挂在那儿又一整年后，我感觉到我想要的不是未经加工的
知识或是力量，至少不是（展示板上）表达的那种力量。所以，对
我的班级来说，它变得就没那么有意义了。"

彼得斯先生的经历并不是使旧知识重焕生机的例子（事实上，它是
一个试图忘记曾经被唤醒的旧知识的例子！这让我们很吃惊）。但是它揭
示了一些与之相关的事情，还显示出当一位教师开始思考如标语这种教室
物品的表达性意义，并试图将表达性术语体现的内容同他对重要之事的判
断相匹配时会出现什么情况。就像与彼得斯先生的对话所显示出来的那
样，反思的结果并不仅仅是认知层面的知识融进生活之中，也并非像有些
人将"知道内容"和"知道方法"都归为知识那么简单。还有与信念、忠
诚、意向以及决心有关的状态，它们伴随着知识的苏醒而出现，并将其转
化为行动。这样的情况也必须同旧知识本身一起复活、苏醒，否则知识的
复活也将毫无作用。

我们谈论的这种知识有没有什么例子呢？我们不是要引用单独的例
子来证实我们一直讨论的知识复苏的这类问题，而是决定聚焦一些相互关
联的见解，它们是以主题的方式联系在一起的。事实上，这些主题在我们
为期三年的项目活动的小组讨论中多次出现。有时候它们听起来比较明
显，但有时不会，不过它总是以一种基本的主题呈现出来。这一主题可凝 284
练为一条六字短语，如果让我们选的话，它肯定是最适合做我们小组口号
的短语。这六个字是"我们自我教育"（We teach ourselves）。

我们没有记录这一短语是什么时候出现在我们的讨论之中的，也不
知道是谁第一个提到的。但是这六个简单的字显然激起了许多在场者情感

上的共鸣，不久之前，这一话题在我们之中得到了一次又一次的响应。大多数情况下，这一短语是以一种收尾的形式来使用的，就像是附加在寓言故事后面的道德教育一般。但是经常会有人对其情不自禁地表示赞同，就像是在布道期间，那一声庄严的吟诵"阿门"一样。

教师说"我们自我教育"是什么意思？这些简单的字眼又是如何体现复苏的观点的呢？这一短语起初是用来证实教师自身性格和个人品质的潜能的，不仅仅是作为教学方法以及获取标准教学目标（例如，"他们知道当我生气时，他们最好专心做作业"）的方法，还作为教学内容以及要学习的"课程"。正如特纳先生有一晚说："我教的不仅仅是高中英语，还教特纳101班。"而且，那些体现了每位接受观察的教师处理教室内生活需求的方式的"课程"，我们在第二、三章中讨论过，这些"课程"不是只与某位特定教师相关，也与整体的道德生活相关。

接下来是莫顿女士在一次访问中解释她是如何上这样的"课程"的。开始时，她称她开始相信"教四年级就是……帮助孩子们学习如何读书，如何明白教师的想法。"她又继续讲到一个最近语文测验考得很差的班级。

> 莫顿女士：于是我第二天花了很长的时间与他们沟通："看，我会给你们一次重来的机会。这次我要确切地告诉你们我期待的是什么……你们知道，在我的班级里，我是以抱着收到我期待的回答来提问题的。而这是你们在学校必须学习的事情。你们不但要学习学校里教的知识，还要了解每一位教师对你们的期待。"

然后她继续向采访者解释道：

> 莫顿女士：在四年级，即使是最聪明的孩子也不知道要如何读书。他们需要被告知这是他们学习内容的一部分。他们需要有人以一种容易理解的方式讲给他们。学校里有许多事情是不应该让学生们自行猜想的。他们不必对我进行猜测。

285

采访者：所以你就给他们上了一堂介绍你自己的课。

莫顿女士：一堂关于我自己以及人们如何生活的课。

如果这种"课程"贯穿整个学期，莫顿女士的学生会不会在最后真的根本不必再猜测她？肯定不会。她的独特方面——让学生们持续猜想——绝不会限于对他们应该如何考试以及他们应该如何做好学生的期待。相反，这些方面延伸成了疑问，其答案就隐藏在她表达出的意向的背后，即她想清晰地让她的学生们"更容易"理解她想要的事情。这些疑问是关于她是一个怎样的人，有多美丽、多友善、多严厉、多强硬等。对于教师来说，直白地解释清楚这种问题是很难的。而且，尝试这样做的人还需要承担不被相信的风险。相反，"他或她实际上是什么样的"这类问题的答案必须通过记录这个人言行的笔记才能推断得出。

记录中没有像莫顿女士这么直白的人了，她至少提出"我们自我教育"这门课中的一个方面来吸引学生们的注意力。然而，几乎每一位教师最后都以自己的方式正式或非正式地承认了这样的"课程"是一直都在教室中进行的。因此，"我们自我教育"这一表达几乎立即得到了大家的认同。

在一些关于教师和其他成年人能怎样以及应该怎样影响年轻人的讨论中，"榜样"这一短语时常被提起。据我们所知，教师通常充当着学生们的重要榜样。倘若如此，如上文所述，教师理当表现得像榜样，那么这在本质上也意味着教师们面对学生时应该展现他们的好品质。 286

由于我们在许多讨论中都默认了"我们自我教育"这一口号，人们清楚地发现，当一些事情超越了学校科目的指导规范时，学生们的确会向教师寻求指导。组员们都认为，教师有道德义务据此行事。偶尔，榜样这一隐喻会以十分明确的方式表现出来。比如，神父马兰谈到了"一位教师应怎样树立起控制自己情绪、自我管理的榜样"。詹姆斯先生，一位特殊教育教师，当被问及参与此项目对自己有何影响时，他说道：

> 我感觉到我对自己作为一个榜样的重要意义有了一个更强的意识。（我们的讨论）让我开始思考如何举止恰当，比如，我应该何时控制自己对学生的情感回应，何时应该任其流露。

然而，在多数时候，参与者们并没有广泛地使用"榜样"这一短语。对此我们不是很确定其原因，我们猜测这可能与这个短语的含义有关，像人们普遍使用的那样，它描绘的是一个更为英雄式的姿态，但是一些参与者并不愿意将自己描绘成那样的形象。称别人为榜样是一回事，将自己描述成榜样则是另一回事。而且，教师将自己描述成学生们的榜样（通常不用这一术语），这种榜样所具有的特质与我们谈及的公众人物（我们所宣扬的那些榜样）所具有的标准的美德是不同的。这不同于教师认为自己作为榜样所拥有的勇气、智慧或慷慨等好的品质。它们指的是更为谦逊的美德，比如说，尊重他人；全心投入；谨言慎行；开得起玩笑。的确，有一些教师认为很重要的典范品质实际上都不能被称为美德，至少在通常的认知中不是，它们更像承认人类弱点。例如，莫顿女士向她的学生们展示教师也是可以犯错的，下面则是她对此事重要性的见解：

> 当你是一名教师时，你希望孩子们能够对他们自己说，犯错没什么大不了的……你必须不停地对未知进行探索，而当你这样做时，就会犯错，这很正常，孩子们需要明白这一点，孩子们需要知道成年人也会犯错。这没什么，你不必为此感到内疚。

另一位教师，乔丹先生，表述了一个类似的观点，即便这一观点的重心是放在学生的缺点上，而非他自己。他称自己尽力在班级里营造一种信任的氛围，这样他的学生就会明白"困惑是可以接受的，老师不会惩罚你。"

组员们都知道教师一直都是站在舞台之上（这并非什么新观点），以

榜样的形象展现着自己，即使他们的行为举止并非英雄般的或是满是道德
意义的。但是很多当时的在场者似乎都没有更加深入地或是更加系统地去
思考这一事实。这使得他们中的一些人再次回到课堂后变得更具自我意识
了，或之后得到了证实。这一影响能持续多久是我们没有探讨的一个问
题，但它属于一个我们无法忽视的更大的话题。这一话题涉及本书中贯穿
的双重建议对教师和学生的长久影响——一个建议是号召不同的群体，从
正在接受培训的教师到教育研究人员，系统地将教室内所发生之事看作有
表达性意义的事；另一个是要特别号召教师进一步认识自己潜在的道德主
体作用。我们将在适当的时候回到长期效应这一重要的话题上来。但在此
之前，我们必须在"我们自我教育"这一思想的讨论中体现出的观点上增
加一条更深入的见解。这一见解不是来自教师们自己，而是源于我们当中
一个人最近所读的一本文学批评的书。

　　该见解本身与大家传统印象中的"装门面"这一概念有关，与受环
境所迫，违背自己内心的意愿或"真实"自我有关。正如组员们讨论的那
样，教师需要充分践行上述的榜样品质，为了做到这一点，教师们通常展
现出来的是比他们实际更好的自己，或是至少是好于他们通常认为自己所
拥有的优秀程度，这并不仅仅是教学经常要求他们装门面，而是在呼吁他
们装出一种非常特殊的门面，一个好门面，而不是坏门面（比如装作是很
强硬的那种人），或是完全的假门面（比如戏剧中的演员）。当然，这一好
门面也可以称为是假装的，有时候就会展现出来，比如当一位教师对学生
的某种行为达到了忍耐极限，瞬间爆发。但是其基本上令人满意的性格将
其与其他形式的某些欺骗区分开来。

　　此时那条文学批评用语就派上用场了。在韦恩·布斯（Wayne Booth）
的《我们所交的朋友：小说伦理学》（*The Company We Keep: the Ethics of
Fiction*）一书中，他描绘了一种在作家中出现的类似现象，他指出一个篇
章中的"暗示作者形象"（即好奇的读者或许会想象作者在现实生活中是
什么样的人）即便没有得到肯定，通常也要比现实中作者的为人更加优
秀。布斯称这种对自己形象的夸大写照揭示了作者身上的一种"伪装向上

(hypocrisy-upward)"①，也正是这个短语——为了符合语法，颠倒一下变
成"向上的伪装（upward hypocrisy）"——在一天晚上有人提出让组员们
用其总结他们一直讨论之事时，他们立刻接受了这种颠倒的说法。大家都
一致赞同，向上的伪装是对教师们经常采取的姿态的一种恰当的描绘，换
句话说，即实际表现得比自己认为的姿态更好。正是在此时，他们也开始
发现向上的伪装可能为教师们带来回报，而且不只是作为教学策略带来益
处。他们认为如果他们装了足够长时间的好门面（几年或将近十年），那
将不再是门面了，而成为他们性格中不可分割的一部分。因此这样一来，
教学和其他形式的活动，例如育儿等这些可以被称为"向上的伪装"的
活动，或许可以被看成自我提升的手段，一种让自己真正成为更好的人的
方式。从这个角度看，组员们最喜爱的表达"我们自我教育"开始呈现出
一个全新的含义。现在它所展现的并不仅是教师将自身作为学生学习的
"课程"的事实，而是在此之外，通常这样做，尤其是有意识地去装出一
个好门面时，他们也会不知不觉地将自己教育成了更优秀的人。

我们都知道，远在古希腊，或许更久远，就存在洞察人类本质的观
点，这种观点认为道德的行为会创造道德的人。亚里士多德在《尼各马可
伦理学》（*Nicomachean Ethics*）中对此有详尽阐述。但是当我们将这一古
老的箴言以及其他类似的语句与当前的情况相关联时，它们呈现出一定程
度的新鲜感。在我们的讨论中，教师们时常会提到这些观点。一天晚上，
有一个人意识到了组员们的一个偶然发现与另一个久远的真理相吻合时，
无奈地评论道："我们重新发明了车轮。"但是他的评论并非出于恶意，只
是以他自己的方式承认了那时的一种普遍现象，即当教师们开始分享各自
的经历时，通常又会出现这种重新发现的情况。

从"向上的伪装"可能会给教师和学生带来有益的影响来看，它等
同于大家都赞同通过不断地纠正别人的错误，教师们也在间接地改正着

---

① Wayne C. Booth，*The Company We Keep*：*The Ethics of Fiction*，Berkeley：University of California Press，1988，p. 254.

自己。正如其中一位教师所言："我能在每个孩子身上看见我自己的错误；290
当我纠正他们时，我也是在教育自己。"不过，在这个评论中，它默认了
一种不同于我们一直在讨论的伪装。因为如果教师真的对他们在学生身
上看到的错误感到内疚，那么我们会开始对他们评价他人的权利表示怀
疑了。在这种情况下，一句格言会立即涌入脑海："医生，医治你自己吧！
（Physician，heal thyself!）"然而，那位教师说那句话（以及她后续所说的
话）的意思是，在她的学生的错误或不良行为中，她意识到了自身性格和
人品中潜在的某种倾向。通过纠正学生们的行为，她能够间接地提升自己
把握那些潜在倾向的能力。尽管如此，她认为评判别人可以让自己受益的
这一观点是引用短语"我们自我教育"那些人的观点的自然延伸。

结　语

现在终于到了该说一两句（但也很难多说几句）关于那些经常困扰
读者，而此类书中还无法解答的问题了。他们的问题涉及了各种各样的担
忧，许多是大家常说的结果，一些是因变量，还有一些是关于回报或者有
可能是底线。人们不安地展开了提问，思路大概是这样：采取这些内容中
所提倡的观点能带来什么好处？能让学生们在道德层面更进一步吗？能让
教师更快乐吗？能让他们成为更好的教师吗？能使他们对自己的处境更满
意吗？的确，在指引教师和准教师们思考自己工作的道德意义时，这些观
点可否带来深远的影响？没有耐心的提问者达到了忍耐的极限或许会脱口
而出，当把本书中关于学校的道德生活和教学的道德意义所提及的全部现 291
象置于今日学校所面对的真正问题时，它们除了是一堆碎片，还有什么
价值？

在本书中，我们已经在一些地方以不同的方式回答了这一系列问题，
但我们猜想，这还未能让那些真正的怀疑者满意。我们充分地利用了观察
记录，希望通过大量具体的例子向大家展示道德元素与教室内所发生之事

的每一个细微之处都有着极其密切的关系。我们记录了一些来自教师的原话,有一些证实了他们通过与同事们开展关于道德事宜的连续而畅所欲言的讨论,使他们对自己工作中得到的意义更加敏感,还产生了个人观点层面的变化。我们还对所参观教室中观察到的事物的反应进行了大量详尽的描写,有些反应是及时的,还有一些是有所推迟的。我们作为观察者和评论员的视角的逐渐转变,进一步为我们坚持探索日常教室中所发生之事的内在含义提供了例证。

对于每一种例证我们都可以轻易地总结出更多,而且,如果我们认为仅有足够的数量就可以令人折服,那么我们便会这样做。但是,我们不相信仅在我们已讨论的事情上再多补充一些便可以平息怀疑者的疑虑。他们的纠结之处在于,他们想要一些完全不同的例证,有人或许会称为"硬"例子,而不是我们所提供的"软"例子。在我们看来,怀疑者想要看到的是数字和"事实",想要看到像学生考试分数那样中的,可以揭示他们的老师参加"道德生活项目"后,学生们在道德理解或举止得当方面有多少长进事实。至少,怀疑者想要听学生们自己亲口说,才能确信观察者以及学生的所见。他们还想让教师们说出参加该项目后自己的变化。但与更多的例证相比,怀疑者最想得到来自训练有素的观察者们的定量数据——即在教师参加该项目前后,他们做这件事或做那件事的频率,本书中并未包括这些。

我们无法帮助怀疑者,尽管我们也想尝试。而且,我们认为其他人也帮不上忙。因为他们想要的大部分证据并不只是我们没有的,任何人都没有,至少没有怀疑者想要的那种形式。我们不知道有什么笔试能够评判,在一位善解人意又体贴入微的教师的指导下度过一年左右会带来什么样的短期或长远益处。我们也不知道哪些测试可以衡量,在一位粗心大意教师的指导下度过同样的时间会让人损失什么,也许这样的教师近在咫尺,只有一个走廊之隔。我们不仅不知道有哪些这样的测验,还尤为怀疑这种测验存在的可能性。坦白地讲,我们对此并不感到沮丧。在我们看来,首先,回答与道德优秀或恶劣的教师共处是否有任何影响这一问题,

292

并不需要我们去测验。我们已经知道答案了。我们在进入幼儿园几个月内就知道了答案。而且，这一认识贯穿于我们求学经历的始终。这不是说我们无需再研究学生们如何受其学校经历的影响，而是我们或许可以确认这些影响都是存在的，而不必每一次都要重新确定它们的存在。

其次，有一种观点是，无论友好和理解的行为举止或相反的行为举止是否对学生产生持久的影响（尽管我们知道有影响），这几乎都不重要，因为从影响这一角度看，对学生或任何人体贴入微的最重要原因都不是出于指导的目的，至少基本上不是这样。相反，它的原因在于道德层面。这是一份道德职责。换句话说，在与学生们相处时，教师有义务尽可能地对他们的学生体贴和理解，这不是因为这样的举止与教学有关，或是会带来什么积极的影响，虽然我们可以确定会有积极的影响，但这仅仅因为学生们值得被如此对待。这是他们作为人的权利。若是这样，在我们看来，教师们也有相应的义务，那便是尽可能多地了解自己作为道德主体的潜力以及他们工作所在的学校和班级的道德潜力。后者也正是之前的"道德生活项目"和现在这本书努力阐释的。

因此，对于一系列要求我们提供对学生产生影响的"硬"证据的问题，以及询问教师的道德举止是否有改变的问题，我们只能不予理睬，这不是因为这些问题本身不重要，绝对不是！而仅仅是因为我们已经对它们的答案了如指掌，足以继续前进了。我们还知道并非所有这些回答都是基于实证研究的，有一些依赖于我们选择的生活方式以及我们认为其他人理应被如何对待。这些可能都属于我们前面提到的"被遗忘的知识"那一类，即现如今已经被遗忘、需要重建的真理。所有这些都让我们目睹了参与学校"道德生活项目"的教师们的变化，这些变化都已被证实。从他们的言辞中，我们可以得到些什么？我们可以因为那些严格遵守我们建议的教师有所获益而沾沾自喜吗？

我们愿意这样做的理由之一是，我们自己在这个项目的执行过程中也经历了相似的变化。我们也随之对学校生活的道德层面变得更加敏感了。我们开始理解，尝试将那些模糊的预感和直觉转化为文字是重要的，这些预感和直觉能够激起所有教室观察者的意识，教室观察者在注视他们面前的场景时会关注到自己的内心活动。有时在与他人分享我们的推断并听他们反复确认后，我们会再一次重新证实我们之前的论断。我们开始重视那些我们曾经忽略的司空见惯的事情所具有的道德潜能。简而言之，教师们的言辞几乎与我们自己的经验完全吻合。他们是说了我们想听的吗？这种可能性让我们印象深刻，它与我们了解到的关于这些教师一切其他方面都相距甚远且相互矛盾，以至于我们认为无须迫不及待地对其进行检验，我们也不会这么做，即使我们知道如何做。

最后，我们国家的学校当今面临的一些教育问题远比本书中提及的更为重要，对此，我们应该对统治者说些什么呢？这取决于对此事负责的人对重要一词的理解。是否有更为紧迫的问题，情况万分紧急的事情？毫无疑问，这在某些区域是存在的。一些地区需要筹钱来维护基本的教学设施，一些地方需要扫除学校内的吸毒和暴力行为，这都是很好的例子。在公众的内心，或许还有许多教育者的内心中，是否有更为重要的问题？我们也承认有这样的问题。其中之一肯定是寻找如何增加市中心平民区年轻人的教育机会。另一个可能是阻止他们辍学。读者们可能还会想出公众心中所关心的其他重要问题。

然而，当涉及回答对所有学生都产生影响的问题时，无论年龄或地点，我们想不到还有什么比我们在本书中探讨的这些问题更为重要的了。我们的学校施加的是何种道德影响？正在接受培训的教师以及那些已经步入教师行业的教职人员们，如何深入理解他们自己行为的道德意义和他们努力营造的教室环境的道德意义？从中他们可以相互学到什么？他们该如何唤醒那些已知的知识，使其再次融入他们的职业观当中，并借以丰富与工作相关的智力和情感资源？这些问题我们在本书中都力图进行解答，但依旧需要所有从事教学的人以及所有渴望帮助他们的人给予更加完善、更令人满意的回答。

后记　由此我们将去往何方

　　本书的写作目的是鼓励所有关心教育的人更加理解学校作为物质环境和人类活动熔炉的道德意义。我们在一定程度上实现了这一目的，读者在这一点上应该已经准备好（甚至可能渴望）在他们的学校和教室里，或者能够从他人创设的环境中，确立自己观察和反思的方式，这些方式在本书中我们已经努力论证过。许多人还希望进一步探讨我们在讨论过程中已经详细论证过的某个或多个核心观点。其他人可能希望探讨那些我们仅仅有所触及或由于时间和空间不足而被迫忽视的主题。

　　对于那些希望通过进一步阅读来扩充个人理解的读者而言，我们提供了以下参考文献，大致按照主题编排。我们所采用的四种分类，在每一种分类下所包含的阅读材料并不一定是全面的。相反，它们更像那些熟悉的惠特曼采样器盒子，可以可靠地作为礼物送给朋友和亲戚，而这些人的特殊品味需要我们去猜测。每个列表都提供了一系列文献以供选择，尽管这只不过是这一种类中很少的一部分。想要深入研究某一子主题的读者都可以自己去挑选。但是，我们希望每一部分的参考文献中所包含的条目会
对他们有所帮助，前面个别章节中的参考书目也是如此。

　　对于那些可能完全不熟悉特定文本的读者，我们在每个条目或同一作者的一组条目后都提供了简短的注释。我们必须提醒一下，这些评论只不过是简短的说明，只是为了让读者对这本书的内容有一个非常粗略的概念，有时仅用一两个词语来说明我们为什么将其包括在内，特别是当原因仅从标题中不能明显被看出来时。最重要的是，这些寥寥几语的评论既不能被看作是最权威的总结，也不能被看作是对所涉及文本深思熟虑后的

评价。

为了使每个列表长度一致，并避免某些条目读者难以找到，我们省略了对专业期刊文章的引用。在每个列表的参考文献部分，我们列举了一些期刊的名字，这些期刊的内容通常与某一特定主题或一组主题相关。对某一特定话题或观点的最新进展感兴趣的读者可以查阅这些出版物的最新一期。

参考文献

参考文献依据内容，分为如下几类：

第一，表达和表达性品质。

在整本书中，特别是最后几节，我们相当关注学校教育各个方面表达道德品质的方式，从教师的行为举止到走廊的装饰布置。考虑到这些内容的丰富性，该主题既广泛又深刻，涉及哲学、文学理论、心理学等。我们列出的每个文本都唤起人们对一般体验中普遍存在表达性的关注。每个文本都有关于学习感知和解释表达性品质的内容。

所有英国浪漫主义诗人的作品，都值得所有对这一主题感兴趣的人仔细研究，因为它们包含许多在日常事务中可以发现的表达性品质的例子。华兹华斯（Wordsworth）的 *Preface to the Lyrical Ballads*（版本众多）；柯勒律治（Coleridge）的 *Biographia Literaria*（版本众多），阐明了浪漫主义立场背后的理论；爱默生的许多 *Essays*（版本众多），如 Self-Reliance，Circles，以及 Experience，都包含了对一般经验的表达性品质的评论。目前，经常收录该主题文章的期刊有以下几个：*The Journal of Aesthetic and Art*；*Critical Inquiry*；*The Journal of Aesthetic Education*；*Studies in Art Education*；*Salmagundi*；*Raritan*；*Art in America*；以及 *Artforum*。

Abrams，M. H.（1953）. *The mirror and the lamp：Romantic theory and the critical tradition*. New York：Norton.

Abrams，M. H.（1971）. *Natural supernaturalism：Tradition and revolution in romantic. literature*. New York：Norton.

Abrams，M. H.（1984）. *The correspondent：Essays on English romanticism*. New York：Norton.

艾布拉姆斯分析了英国浪漫主义作家的作品，他们对常规事物及事件的表达性意 297 义有许多观点。

Barfield，O.（1971）. *What Coleridge thought. Middletown*，CT：Wesleyan University Press.

Barfield，O.（1971）. *The rediscovery of meaning and other essays. Middle-town*，CT：Wesleyan University Press.

巴菲尔德捍卫了浪漫主义流派及该流派关于自然和人类生活象征意义的观点。

Booth，W.（1988）. *The Company We Keep：The Ethics of Fiction.* Berkeley：University of California Press.

布斯认为，我们所读的书会影响我们成为什么样的人。

Calvino，I.（1988）. *Six memos for the next millennium. Cambridge*，MA：Harvard University Press.

一些关于文学价值观的简单的演讲，与日常生活的价值观有关。

Cavell，S.（1988）. *In quest of the ordinary.* Chicago：University of Chicago Press.

Cavell，S.（1989）. *This new yet unapproachable America：Lectures after Emerson after Wittgenstein.* Albuquerque，NM：Living Batch Press.

Cavell，S.（1990）. *Conditions handsome and unhandsome：The constitution of Emersonian perfectionism.* Chicago：University of Chicago Press.

卡维尔通过爱默生、梭罗和维特根斯坦等人的著作分析了哲学怀疑主义的根源。

Csikszentmihalyi，M.，& Robinson，R. E.（1990）. *The art of seeing：An interpretation of the aesthetic encounter.* Malibu，CA：J. Paul Getty Museum and the Getty Center for Education in the Arts.

关于博物馆馆长的采访，畅谈感知对于艺术品的意义。

Danto，A. C.（1981）. *The transfiguration of the commonplace.* Cambridge，MA：Harvard University Press.

使用真实和虚构的例子来区分艺术和非艺术。

Dewey，J.（1980）. *Art as experience.* New York：Perigee Books.（Original work published 1934.）

分析艺术，哲学和日常经验之间的联系，许多人将其称为杜威的最高成就。

Eco，U.（1989）. *The open work. Cambridge*，MA：Harvard University Press.

探讨艺术的开放性以及读者与文本之间的互动过程。

Eisner，E. W.（1991）. *The enlightened eye.* New York：Macmillan.

声明在定性研究中个人感知和批判性反思的重要性。

Goodman，N.（1972）. *Problems and projects.* New York：BobbsMerrill.

Goodman，N.（1976）. *Languages of art. Indianapolis*，IN：Hackett.

Goodman，N.（1978）. *Ways of worldmaking. Indianapolis*，IN：Hackett.

古德曼通过将表达这一概念与艺术和一般经验相联系，对其进行解释。其中，《语言艺术》全面地探讨了这一主题。另外两本书中包含的短文，为长期研究该问题提供

298

了有用的介绍。

第二，洞观道德。

在西方思想中，有关道德教育的讨论至少可以追溯到古希腊。例如，柏拉图和亚里士多德都详细追问道德的意义以及如何成为一个道德的人。同样的问题仍然困扰着当今的道德哲学家们，他们从不同往往是冲突的角度来看待它们。它们也是发展心理学家以及其他有兴趣设立项目和进行实践的人关注的焦点，以培育所有年龄段人群，特别是年轻人的道德品质。我们如下列举出各种参考文献，这些文献具有经久不衰的历史连续性和当代多样性。

柏拉图和亚里士多德的著作仍然是以道德问题为中心进行深入思考和讨论的丰富思想源泉，与大多数正统的宗教文本相同，当然包括《圣经》《古兰经》和《托拉》。我们可以看到许多古希腊文本，尤其是柏拉图的《理想国》《普罗泰戈拉篇》《美诺篇》《高尔吉亚篇》（每个都有许多版本）和亚里士多德的《伦理学》《诗学》《政治学》（每个都有许多版本）。许多期刊经常刊登一些可能会引起教育者兴趣的关于道德的文章。这些期刊包括 *Ethics*；*The Philosophical Forum*；*Common Knowledge*；*The Journal of Moral Education*；以及 *Educational Theory* 等。

Blum，L. A. (1980). *Friendship，altruism and morality*. London：Routledge & Kegan Paul.

强调人际关系中感知与情感反应的道德重要性。

Bottery，M. (1990). *The morality of the school*. London：Casell.

认为道德是学校教育的核心，并提供了关于如何提高学生道德健康水平的实用建议。

Carr，D. (1991). *Educating the virtues*. London：Routledge & Kegan Paul.

认真捍卫道德教育，以个人美德和品格的发展为中心。

Chazan. B. I. (1985). *Contemporary approaches to moral education*. New York：Teachers College Press.

调查关于如何进行道德教育的主要观念。

Damon，W. (1988). *The moral child*. New York：Free Press.

揭示成人和同辈群体如何促进儿童道德敏感性的产生。

Dewey，J. (1960). *Theory of the moral life*. Troy，Mo：Holt，Rinehart & Winston. (Original work published 1932.)

Dewey，J. (1966). *Democracy and education*. New York：Free Press. (Original work published 1916.)

300   杜威认为道德思考潜在地融入人的全部行为中，这与本书观点相一致。

Durkheim, E. (1961). *Moral education: A study in the theory and application of the sociology of education* (E. K. Wilson & H. Schnurer, Trans.). New York: Free Press. (Original work published 1925.)

讲授责任、纪律和权威，以及它们在世俗道德和道德教育中的作用。

Eldridge, R. (1989). *On moral personhood: Philosophy, literature, criticism, and self-understanding.* Chicago: University of Chicago Press.

主张通过对叙事的解释，我们逐渐意识到道德的价值以及遵守道德行为的美德。

Foot, P. (1978). *Virtues and vices.* Berkeley: University of California Press.

主张美德和恶习是比目前备受称赞的权利、义务和正义更为重要的道德概念。

Gilligan, C. (1982). *In a different voice. Cambridge*, MA: Harvard University Press.

Gilligan, C., Ward, J. V., & Taylor, J. M. (Eds.). (1988). *Mapping the moral domain.* Cambridge, MA: Harvard University Press.

吉利根激发了从女权主义角度对道德问题的反思。她主张女性往往具有与男性不同的道德敏感性。

Goodlad, J. I., Soder, R., & Sirotnik, K. A. (Eds.). (1990). *The moral dimensions of teaching.* San Francisco: Jossey-Bass.

关于学校教育的道德目的以及将教学视为职业的伦理和道德意义。

Kagan, J., & Lamb, S. (Eds.). (1987). *The emergence of morality in young children.* Chicago: University of Chicago Press.

介绍了多种关于儿童道德发展本质的心理学研究和理论。

Kohlberg, L. (1981). *Essays on moral development: The philosophy of moral development* (Vol. 1). New York: Harper Collins.

Kohlberg, L. (1984). *Essays on moral development: The psychology of moral development* (Vol. 2). New York: Harper Collins.

301   科尔伯格认为道德发展经历六个阶段。他的观点在 20 世纪七八十年代非常具有影响力，直到今天在某些方面依旧如此，尽管后来遭到吉利根（见上文）和其他人的强烈质疑。

Larmore, C. E. (1987). *Patterns of moral complexity.* Cambridge, England: Cambridge University Press.

作者认为，对几种主要道德理论的批评有掩盖人类生活中实际的道德复杂性的危险。

Lickona, T. (1991). *Educating for character.* New York: Bantam Books.

通过强有力的倡导，呼吁学校进行正规的道德教育。

MacIntyre, A. (1966). *A short history of ethics.* New York: Collier Books.

MacIntyre，A.（1984）. *After virtue*（2nd ed.）. Notre Dame，IN：University of Notre Dame Press.

麦金太尔概述了从荷马时代到 20 世纪的道德哲学。在其作品中批判了现代理论和实践，并呼吁回归早期的道德观。

Mitchell，B.（1980）. *Morality：Religious and secular.* Oxford，England：Clarendon Press.

讨论良心在道德行为中的地位以及倾听一个人的良心与宗教思想和情感之间的关系。

Modgil，S.，& Modgil，C.（Eds.）.（1986）. *Lawrence Kohlberg：Consensus and controversy.* Bristol，PA：Falmer.

关于科尔伯格道德发展观的文章。

Murdoch，I.（1985）. *The sovereignty of good*（1970）. London：Ark Paperbacks.

Murdoch，I.（1993）. *Metaphysics as a guide to morals.* New York：Viking Penguin.

默多克提供了一种兼具文学性和哲学性的道德观念，赋予了宗教思想和宗教仪式的核心地位。

Noddings，N.（1984）. *Caring：A feminine approach to ethics and moral education.* Berkeley：University of California Press.

Noddings，N.（1992）. *The challenge to care in schools.* New York：Teachers College Press.

诺丁斯勾勒出一种道德哲学，其中关怀是核心。她主张，学校的主要目标应该是 302 教育人们关心他人、他们自己以及整个世界。

Norton，D. L.（1991）. *Democracy and moral development.* Berkeley：University of California Press.

主张道德行为和道德教育必须以个人美德为基础，而不是外部规则或行为准则。

Nucci，L. P.（Ed.）.（1989）. *Moral development and character education：A dialogue.* Berkeley，CA：McCutchan.

包含关于道德发展和道德教育概念的生动辩论。

Nussbaum，M. C.（1986）. *The fragility of goodness.* Cambridge，England：Cambridge University Press.

Nussbaum，M. C.（1990）. *Love's knowledge：Essays on philosophy and literature.* New York：Oxford University Press.

努斯鲍姆强调了阻碍道德生活的许多困难和冲突，广泛运用了文学作品，并认为第二本书对促进一个人的道德教育不可或缺。

Pincoffs，E.（1986）. *Quandaries and virtues：Against reductivism in ethics.* Lawrence：University of Kansas Press.

捍卫美德的伦理性，与责任相对立，突出道德行为的复杂性及其所形成的张力。

Power, F. C., Higgins, A., & Kohlberg, L. (1989). *Lawrence Kohlberg's approach to moral education*. New York: Columbia University Press.

捍卫将学校本身作为道德和民主教育中心的观点。

Purpel, D. E. (1989). *The moral and spiritual crisis in education: A curriculum for justice and compassion in education*. Granby, MA: Bergin & Garvey.

303 主张彻底修正教育目的和过程。

Shklar, J. N. (1984). *Ordinary vices*. Cambridge, MA: Harvard University Press.

通过阅读狄更斯、奥斯特、孟德斯鸠、福克纳等人的文献，探讨"一般性"的恶。

Sichel, B. A. (1988). *Moral education*. Philadelphia: Temple University Press.

主张品格教育必须是任何道德教育观念的核心。

Stout, J. W. (1988). *Ethics after Babel*. Boston: Beacon Press.

批判了麦金太尔（见上文）等人的观点，并提倡对美国不同社区的道德实践进行实证研究。

Strike, K. A., & Soltis, J. F. (1992). *The ethics of teaching*. New York: Teachers College Press.

介绍了教学中伦理问题的案例研究，并提出了解决问题的思考方法。

Taylor, C. (1989). *Sources of the self*. Cambridge, MA: Harvard University Press.

思考当今世界人之为人的意义；捍卫现代主体性，反对将其视为道德沦丧。

Williams, B. (1981). *Moral luck*. Cambridge, England: Cambridge University Press.

Williams, B. (1985). *Ethics and the limits of philosophy*. Cambridge, MA: Harvard University Press.

威廉姆斯对当代道德哲学提出了持续批判。他主张回归一系列道德标准，这些标准源于对个人反思的承诺。

第三，学校和学校教育。

这一部分所包含的参考文献全部与当今学校所发生之事相关。一些条目描述了人种学研究，其研究人员花费了大量时间在教室中观察并与教师和学生交谈。其他条目则对学校运行提供了更倾向于社会学的观点。

寻求探索关于学校和学校教育大量文献的人，将被建议使用通用指南，例如 The Encyclopedia of Educational Research（现已经历了五个版本）或 Education Index，该索引按季度更新并提供一个列表，最近在任何期刊上发表的文章都囊括在内。一些最近出版的手册也涵盖了教育研究和教育探究的广泛领域，如 *The Handbook of Research on Curriculum*（Macmillan，1992） 或 *The Handbook of Research on Teacher Education*（Macmillan，1990），这些都是研究初期可供搜索的好的文献来源。它们被收录进 The Annual Review of Educational Research 和 The National Society for the Study of Education 年鉴。值得参考的期刊包括 *The American Journal of Education*；*Teachers College Record*；*Harvard Educational Review*；*Phi Delta Kappan*；*Curricum Inquiry*；*The Journal of Curriculum Studies*；以及 *Educational Leadership*。

Bennett，K. P.，& LeCompte，M. D.（1990）. *How schools work*. White Plains，NY：Longman.

从社会学角度分析学校教育。

Cusick，P. A.（1973）. *Inside high school*. Troy，MO：Holt，Rinehart & Winston.

Cusick，P. A.（1983）. *The egalitarian ideal and the American high school*. White Plains，NY：Longman.

库西克探索了高中校园里的社会动力，揭示了教育理想与教育实践之间许多真实和潜在的冲突。

Everhart，R. B.（1988）. *Practical ideology and symbolic community：An ethnography of schools of choice*. Bristol，PA：Falmer.

对教育话语背后的假设进行研究，并说明它们如何经常与实践相冲突。

Goodlad，J. I.（1984）. *A place called school*. New York：McGraw Hill.

古德拉德对当前教育实践进行了广泛调查，发现它们拒绝进行改变，也没有采纳进步主义者的建议。

Grant，G.（1988）. *The world we created at Hamilton High*. Cambridge，MA：Harvard University Press.

仔细观察一所高中的近期历史，描述一组学生如何努力改变学校精神的过程。

Jackson，P. W.（1968）. *Life in classrooms*. Troy，MO：Holt，Rinehart & Winston.

仔细观察小学教室里所发生之事。

Labaree，D. F.（1988）. *The making of an American high school*. New Haven，CT：Yale University Press.

对一所学校连续共同体间不断变化的承诺、信念及经验进行跨代追踪。

Lacey，C.（1970）. *Hightown grammar：The school as a social system. Manchester*，England：Manchester University Press.

对一所英国文法学校校园生活的内部观察。

Lightfoot，S. L.（1983）. *The good high school：Portraits of character and culture*. New York：Basic Books.

包含对美国几所典范高中的印象主义的描述。

Lighthall，F. F.，& Allan，S. D.（1989）. *Local realities，local adaptations：*

Problems，process，and person in a school's governance. Bristol，PA：Falmer.

详细描述了一所学校改进管理过程的尝试。

McNeil，L. M.（1986）. *Contradictions of control.* New York：Routledge & Kegan Paul.

说明试图增加对学校管理的控制是如何适得其反的，这致使教师和学生认为与他们在学校的真正目的相违背。

Metz，M. H.（1978）. *Classrooms and corridors：The crisis of authority in desegregated schools.* Berkeley：University of California Press.

Metz，M. H.（1986）. *Different by design：The context and character of three magnet schools.* New York：Routledge & Kegan Paul.

梅茨研究了学校的非正式文化如何因机构而异，并与正式的组织结构相互作用。

Oakes，J.，& Lipton，M.（1990）. *Making the best of schools：A handbook for parents，teachers，and policy-makers.* New Haven，CT：Yale University Press.

开发一个程序，分析学校完成任务的程度。

Peshkin，A.（1991）. *The color of strangers，the color of friends：The play of ethnicity in school and community.* Chicago：University of Chicago Press.

揭示多种族学校的学生如何将这种多样性转变为形成个人身份和信仰的资源。

Powell，A. G.，Farrar，E.，& Cohen，D. K.（1985）. *The shopping mall high school.* Boston：Houghton Mifflin.

探讨高中学校试图提供令所有人满意的课程所带来的学术妥协。

Rutter，M.，Maughan，B.，Mortimore，P.，& Ouston，J.（1979）. *Fifteen thousand hours：Secondary schools and their effects on children.* Cambridge，MA：Harvard University Press.

记录英国几所中学在校园风气上的差异，这些差异在很大程度上源于管理实践。

Swidler，A.（1979）. *Organization without authority：Dilemmas of social control in free. schools.* Cambridge，MA：Harvard University Press.

通过研究那些试图摆脱权威的学校，来审视权威在学校教育中的作用。

Willis，P.（1977）. *Learning to labor.* New York：Columbia University Press.

研究过去两年学校里一群未来注定从事低技能、低报酬工作的男生。

306

第四，教师和教学实践。

此列表包含两种基本类型的参考文献，尽管它们之间有很多重合。一种是从现象学角度来看待教学，即从局内人的角度看待教学；另一种从局外者的角度看待教学，更加客观。前者的特点是由教师介绍他们自己的经历和工作方式，但也包括一些利用访谈、期刊以及从业者直接记录的其他形式。后者以教师行动的观察或录音为特色，但也包括基于多种数据收集技术的案例研究和历史分析。

几乎所有出现在"学校和学校教育"末尾参考文献中的标题在这里再次出现。我们建议读者们若还未检验前文的参考文献，在这里可以这样做。对于上一节中提到的手册，我们将添加 The Handbook of Research on Teaching (3rd Edition)（Macmillan，1986），它涵盖了广泛的主题。该手册前两个版本也值得研究，并具有超越时代性的价值。读者在探索教师和教学的过程中，如果想走一条更为文学化的道路，可能会被大量的小说所吸引。这些小说的中心人物是教师（例如，缪丽尔·斯帕克的《布罗迪小姐的青春》），或者在这些小说中教学人物很突出（例如，狄更斯《艰难时世》的开篇）。这些作品的数量太多了，无法在这里一一列举。关注教师和教学的期刊包括 *The Journal of Teacher Education*；*The Elementary School Journal*；*The High School Journal* 和 *Theory into Practice*，以及其他许多关注特定学科教学的期刊，如 *The English Journal*；*The History Teacher* 和 *The Physical Educator*。

Allender，J. S.（1991）. *Imagery in teaching and learning*：*An autobiography of research in four world views*. New York：Praeger.

研究意象在人们学习中的地位。

Anderson，L. W.，& Burns，R. B.（1989）. *Research in classrooms*. Oxford：Pergamon Press.

分析进行和判断教师、教学和教室研究的标准，包括各种方法的典范。

Booth，W.（1988）. *The vocation of a teacher*. Chicago：University of Chicago Press.

一位热爱教学的英语教授关于大学教学的反思性文章。

Brookfield，S. D.（1990）. *The skillful teacher*：*On technique，trust，and responsiveness in the classroom*. San Francisco：Jossey-Bass.

一篇关于如何成为一名成熟教师的分析，专为成人教师而写。

Bullough，R. V.（1989）. *First-year teacher*：*A case study*. New York：Teachers College Press.

研究一名一年级教师在学习技巧方面经历的变迁。

Cazden，C. B.（1988）. *Classroom discourse*：*The language of teaching and learning*. Portsmouth，NH：Heinemann Educational Books.

展示了课堂话语如何随着制度和文化的制约而变化。

Coles，R.（1989）. *The call of stories*：*Teaching and the moral imagination*. Boston：Houghton Mifflin.

说明故事在学习如何进行道德生活中的重要性。

Connelly，F. M.，& Clandinin，D. J.（1988）. *Teachers as curriculum planners*：*Narratives of experience*. New York：Teachers College Press.

311

308

包括来自教师的大量证言，关于他们如何决定教什么和怎么教。

Cuban，L. (1984). *How teachers taught*：*Constancy and change in American classrooms*，*1890-1980*. White Plains，NY：Longman.

记录教学实践在一段时间内显著的稳定性，并探讨为什么这些实践很难改变。

Delamont，S. (1976). *Interaction in the classroom*. London：Methuen.

一项社会学研究，关于学生如何以及为何在教室里进行互动。

Elbaz，F. (1983). *Teacher thinking*：*A study of practical knowledge*. London：Croom. Helm.

研究教师个人知识的构成要素，包括认知、评价和认识的情感形式。

Grossman，P. L. (1990). *The making of a teacher*. New York：Teachers College Press.

对是否受过正规培训的教师进行比较，阐明优秀教师教育培养方案的价值。

Haroutunian-Gordon，S. (1991). *Turning the soul*：*Teaching through conversation in the high school*. Chicago：University of Chicago Press.

记录关于高中英语课堂上使用名著的讨论。

Hawthorne，R. K. (1992). *Curriculum in the making*：*Teacher choice and the classroom*. experience. New York：Teachers College Press.

记录教师选择和实施教学内容的高度个性化方式。

Jackson，P. W. (1986). *The practice of leaching*. New York：Teachers College Press.

Jackson，P. W. (1992). *Untaught lessons*. New York：Teachers College Press.

杰克逊从不同角度审视教学，试图阐明其实践中被广为忽视的方面。

Johnson，S. M. (1990). *Teachers at work*. New York：Basic Books.

呼吁关注学校组织特征与教学目的和方法之间的关系。

Lortie，D. C. (1975). *Schoolteacher*. Chicago：University of Chicago Press.

从社会学角度对教师进行的访谈研究。

McDonald，J. P. (1992). *Teaching*：*Making sense of an uncertain craft*. New York：Teachers College Press.

认为教学是一种道德技巧，它的不确定性有助于阐明其优势。

Mehan，H. (1979). *Learning lessons*：*Social organization in the classroom*. Cambridge，MA：Harvard University Press.

研究小学课堂上的语言和社会互动。

Oser，F K.，Dick，A.，& Patry，J. (Eds.). (1992). *Effective and responsible teaching*：*The new synthesis*. San Francisco：Jossey-Bass.

将有效教学的研究置于道德情境中，对"良好教学"的本质提出不同的观点。

Page，R. N. (1991). *Lower-track classrooms*：*A curricular and cultural perspective*. New York：Teachers College Press.

一项对低水平班级及其内部情况的人种志研究。

Paley，V. G. (1981). *Wally's stories：Conversations in the kindergarten.* Cambridge，MA：Harvard University Press.

Paley，V. G. (1986). *Molly is three：Growing up in school.* Chica-go：University of Chicago Press.

Paley，V. G. (1988). *Bad guys don't have birthdays：Fantasy play at four.* Chicago：University of Chicago Press.

佩里记录了她自己作为一名幼儿园教师的经验，其中广泛使用与个别孩子的 310 对话。

Perrone，V. (1991). *A letter to teachers：Reflections on schooling and the art of teaching.* San Francisco：Jossey-Bass.

阐述教师关注学生个体的重要性。

Rose，M. (1989). *Lives on the boundary.* New York：Free Press.

关于一位教师试图帮助学生克服学习障碍的阐释。

Smith，L. M.，& Geoffrey，W. (1968). *The complexities of an urban class-room.* Troy，MO：Holt，Rinehart & Winston.

记录了研究人员和课堂教师参与的协作研究。

Stake，R.，Bresler，L.，& Mabry，L. (1991). *Custom and cherishing.* Urbana，IL：Council for Research in Music Education.

描述了十所小学如何教授艺术或根本不教授。

Tom，A. R. (1984). *Teaching as a moral craft.* White Plains，NY：Longman.

视教学为一项实践性的事业，意义重大。

van Manen，M. (1991). *The tact of teaching.* Albany：State University of New York Press.

提倡对所有学生采取一种体贴和接纳的态度。

Waxman，H. C.，& Walberg，H. J. (Eds.). (1991). *Effective teaching：Current research.* Berkeley，CA：McCutchan.

回顾了有效的教学研究，它是利用新的统计技术所进行的大规模独立研究。

索　引

（本索引词条后的数字页码为原书页码，即本书边码）

责任编辑：武丛伟

封面设计：汪 莹

图书在版编目（CIP）数据

学校的道德生活 /（美）菲利普·W.杰克森，（美）罗伯特·E.布斯特鲁姆，
（美）大卫·T.汉森 著；李艳，李潇君 译 . —北京：人民出版社，2024.6

ISBN 978-7-01-026471-4

（思想政治教育前沿译丛 / 杨晓慧主编）

书名原文：The Moral Life of Schools

I.①学… II.①菲…②罗…③大…④李…⑤李… III.①学校教育–德育–
研究 IV.①G41

中国国家版本馆 CIP 数据核字（2024）第 092203 号

学校的道德生活
XUEXIAO DE DAODE SHENGHUO

[美]菲利普·W.杰克森 [美]罗伯特·E.布斯特鲁姆 [美]大卫·T.汉森 著

李 艳 李潇君 译

人民出版社 出版发行
（100706 北京市东城区隆福寺街 99 号）

北京汇林印务有限公司印刷 新华书店经销

2024 年 6 月第 1 版 2024 年 6 月北京第 1 次印刷
开本：710 毫米 ×1000 毫米 1/16 印张：17.5
字数：251 千字

ISBN 978-7-01-026471-4 定价：68.00 元

邮购地址 100706 北京市东城区隆福寺街 99 号
人民东方图书销售中心 电话（010）65250042 65289539